EDUCATIONAL PSYCHOLOGY
For Scientific Exploration of Education

安藤寿康・鹿毛雅治 [編]

教育心理学

教育の科学的解明をめざして

慶應義塾大学出版会

Preface
はじめに

　本書はもともと慶應義塾大学通信教育課程の教育心理学のテキストとして書き下ろされたものである。したがってオーソドックスな概論書としての内容と体裁を整え，この分野を新たに学ぶ学生の入門のための役割を果たす。しかし本書はそれ以上に，教育心理学の新たな可能性を拓いている。

　教育心理学研究は近年大きな変貌をとげている。まず，心理学の一般理論を教育に応用するだけの応用心理学としての性格が強かった教育心理学が，より実践を意識し，教育独自の学術的関心のもとに自立した学として成長してきた。またもう一方で心理学自体が脳科学や進化学，遺伝学など生命科学や，社会学，文化人類学など社会科学といった隣接諸分野との接点を密にし，その様相を変貌させつつある。教育という人間を人間たらしめる固有の営みの科学的解明の広範な軌跡が，本書には刻まれている。

　その広範な内容をカバーするため，編者らは慶應義塾大学の教育学にゆかりがあり，現在，さまざまな大学や研究機関で第一線の活躍をしている研究者に，本書の骨格となる本文とコラムを，それぞれの専門トピックにふさわしい内容と形式でできるだけ自由に執筆してもらった。またなかには類書には見られない，執筆者の独自の主張が色濃く出た記述もあり，その意味で読み応えのあるテキストになったものと自負している。

　まさに本書は慶應義塾大学の教育心理学研究の誇るべき総結集といって過言ではない。「教育心理学」という窓口から，どれだけ多彩で奥深い世界が広がっているか，それがどれほど楽しく魅力的なものであるかを垣間見ていただけることと確信している。

　　　　　　　　　　　　　　　　　　　編者　安藤寿康・鹿毛雅治

Contents

Contents
目次

序章　教育心理学とは ——————————————（安藤寿康）　2

第1部　発達のメカニズム —————————————— 11
　intro 1　発達とは何か（安藤寿康）　12
　【コラム1】社会歴史的アプローチからみた心の発生的社会性（石黒広昭）　17

第1章　知性の発達 ——————————————（安藤寿康）　20
　1-1　ヒト（人間）の知性　20
　1-2　知性発達のみちすじ　24
　1-3　知性の個人差の形成　33
　【コラム2】道徳的感情としての感謝（内藤俊史）　42
　【コラム3】幼児の数理解を促す文化的支援 — 算数の早期教育は必要か（榊原知美）　45

第2章　言語獲得 ——————（小町将之・磯部美和・大津由紀雄）　49
　2-1　言語の種固有性と領域固有性　49
　　2-1-1　言語の種固有性　49
　　2-1-2　言語の領域固有性　53
　2-2　言語の発達段階　55
　　2-2-1　生後から多語文期まで　55
　　2-2-2　子どもの誤用　57
　　2-2-3　言語経験　58

2-2-4	自然発話の記録	60
2-3	言語獲得の論理的問題	60
2-4	メタ言語意識の発達と教育	68
【コラム4】	かな文字表記の習得（垣花真一郎）	74
【コラム5】	多文化共生につながる"やわらかなまなざし"と"対話力"（倉八順子）	77

第3章　社会性の発達 ──────────── （藤澤啓子）　81

3-1	社会関係	81
3-1-1	親子関係	81
3-1-2	きょうだい関係	86
3-1-3	友人関係	88
3-2	社会的認知	90
3-2-1	自己認知	90
3-2-2	他者認知	93
3-3	社会行動	97
3-3-1	遊び	97
3-3-2	向社会行動	98
3-3-3	攻撃行動	101
【コラム6】	微笑の起源（川上清文）	111
【コラム7】	育児は自分と向き合うこと（柴原宜幸）	114

第4章　パーソナリティ ──────────── （木島伸彦）　117

4-1	パーソナリティの理論	117
4-1-1	代表的なパーソナリティ理論	117
4-1-2	アイゼンク理論	118
4-1-3	ビッグ・ファイブ理論	119
4-1-4	クロニンジャー理論	120
4-2	パーソナリティの構成	122

        4-2-1　気質と性格　　　　　　　　　　　　　　　　122
        4-2-2　気質と性格の遺伝と環境　　　　　　　　　　124
        4-2-3　パーソナリティと精神疾患　　　　　　　　　127
    4-3　パーソナリティへの介入　　　　　　　　　　　　　　129
        4-3-1　ABMT　　　　　　　　　　　　　　　　　　129
        4-3-2　パーソナリティ障碍の治療と性格の成長　　　130
    【コラム8】自尊感情の形成因とは（鎌倉利光）　　　　　　137
    【コラム9】性同一性における遺伝と環境—教育とジェンダー（佐々木掌子）　　140

第2部　学習のメカニズム　　　　　　　　　　　　　　　　　143

intro 2　学習とは何か（安藤寿康）　　　　　　　　　　　144
【コラム10】言語の学習の臨界期（今井むつみ）　　　　　155

第1章　知識獲得　　　　　　　　　　　　　　　（大村彰道）　159

　1-1　記憶の3段階　　　　　　　　　　　　　　　　　　159
　1-2　短期記憶　　　　　　　　　　　　　　　　　　　　160
　　　1-2-1　符号化　　　　　　　　　　　　　　　　　　160
　　　1-2-2　貯蔵　　　　　　　　　　　　　　　　　　　161
　　　1-2-3　検索　　　　　　　　　　　　　　　　　　　162
　　　1-2-4　ワーキングメモリ（作業記憶，作動記憶）　　162
　1-3　長期記憶　　　　　　　　　　　　　　　　　　　　164
　　　1-3-1　符号化　　　　　　　　　　　　　　　　　　164
　　　1-3-2　貯蔵　　　　　　　　　　　　　　　　　　　166
　　　1-3-3　検索　　　　　　　　　　　　　　　　　　　170
　1-4　読解による知識獲得　　　　　　　　　　　　　　　174
　　　1-4-1　メタ認知　　　　　　　　　　　　　　　　　174
　　　1-4-2　概念の獲得と変化　　　　　　　　　　　　　175

第2章　思考 ────────────────── （伊藤貴昭）　178

- 2-1　思考とは何か　178
  - 2-1-1　帰納的推論　179
  - 2-1-2　演繹的推論　181
- 2-2　問題解決　183
  - 2-2-1　問題解決過程　183
  - 2-2-2　ヒューリスティックス　185
  - 2-2-3　類推（アナロジー）　186
- 2-3　思考力を育む　188
  - 2-3-1　批判的思考（クリティカル・シンキング）　189
  - 2-3-2　創造的思考　191

第3章　動機づけ ──────────────── （鹿毛雅治）　195

- 3-1　動機づけとは何か　195
- 3-2　認知論的アプローチ　197
  - 3-2-1　期待と価値　197
  - 3-2-2　随伴性認知と自己効力　198
  - 3-2-3　価値と目標　200
- 3-3　欲求論的アプローチ　202
- 3-4　感情論的アプローチ　204
- 3-5　教育環境と動機づけ　207
- 【コラム11】小中学生の生活満足度（福永信義）　210

第3部　学習環境と教育実践 ─────────── 215

- intro 3　教育実践とは何か（鹿毛雅治）　216
- 【コラム12】異文化への適応（小林亮）　220

第1章　教育方法　——————————————（藤谷智子）224

- 1-1　学習の理論と教育方法　224
  - 1-1-1　教育目標と教育方法　224
  - 1-1-2　教育方法の分類　225
  - 1-1-3　プログラム学習と個別化教育　226
  - 1-1-4　目標の分類学と完全習得学習　227
  - 1-1-5　有意味受容学習と発見学習　229
  - 1-1-6　協同学習　230
  - 1-1-7　習熟度別学習と自己調整学習　231
  - 1-1-8　プロジェクト学習　233
- 1-2　発達過程と教育方法　234
  - 1-2-1　幼児期の学びを支援する教育方法　234
  - 1-2-2　児童期の学びを支援するには　235
  - 1-2-3　思春期・青年期の学びを支援するには　236
  - 1-2-4　足場かけと足場はずし　236
- 1-3　授業をつくる　237
  - 1-3-1　授業をつくるプロセス　237
  - 1-3-2　教師の授業スキルと授業研究　238
- 1-4　特別なニーズをもつ子どもへの学習支援　239
- 1-5　教育方法における今後の課題　240
- 【コラム13】教育環境としての家庭（敷島千鶴）　244
- 【コラム14】理想の保育者像（中野隆司）　249

第2章　学習評価　——————————————（山森光陽）252

- 2-1　学校での学習における評価　252
  - 2-1-1　教育評価と学習評価　252
  - 2-1-2　学習評価の種類　253
- 2-2　学習評価の方法　256

	2-2-1　測定的方法と非測定的方法	256
	2-2-2　測定的方法を用いた評価対象の数値化	257
	2-2-3　非測定的方法としてのパフォーマンス評価	259
	2-2-4　妥当性と信頼性	259
2-3	学習を促進する評価	265
	2-3-1　学習評価の形式が学習者に与える影響	265
	2-3-2　学習評価の結果の戻し方が学習者に与える影響	266
【コラム15】青年期のキャリア形成（大家まゆみ）		270
【コラム16】東アジアと欧州の教科書に描かれた「いい子」像（塘利枝子）		273

第3章　教育とカウンセリング ────────（伊藤美奈子）　277

3-1	はじめに	277
3-2	教師とカウンセラー	278
3-3	教師に求められる臨床的視点とは	281
	3-3-1　「問題」という言葉	281
	3-3-2　意味を読み取る	283
3-4	アセスメント	284
	3-4-1　アセスメントと児童生徒理解	284
	3-4-2　学校現場で求められる生きたアセスメント	284
	3-4-3　複眼的なアセスメントの大切さ	285
3-5	スクールカウンセラーの専門性	286
3-6	スクールカウンセラーの立ち位置	287
【コラム17】大学生のメンタルヘルス ── 長引く「思春期心性」（讃岐真佐子）		291
【コラム18】対人関係から見る摂食障害（前川浩子）		294

第4章　学習環境と個性 ─────（並木博・米倉康江・篠ヶ谷圭太・松沼光泰）　297

4-1	教授学習過程と学習者の個人差	297
4-2	適性処遇交互作用（ATI）	298

4-3　学習能力の個人差　　　　　　　　　　　　　　　　　　301
　　　　4-3-1　知能研究のあらまし　　　　　　　　　　　　　　301
　　　　4-3-2　一般知能因子g　　　　　　　　　　　　　　　　301
　　　　4-3-3　作動記憶（WM）　　　　　　　　　　　　　　　304
　　　　4-3-4　WMの個人差に応じた学習支援　　　　　　　　　309
　　4-4　予習の効果におけるATI　　　　　　　　　　　　　　　311
　　　　4-4-1　ATIパラダイムの重要性　　　　　　　　　　　　311
　　　　4-4-2　予習の効果と個人差　　　　　　　　　　　　　　311
　　　　4-4-3　ATI研究のメリット　　　　　　　　　　　　　　313
　　　　4-4-4　ATIパラダイムから自立した学習者の育成へ　　　316
　　4-5　個人差の問題を扱った英語の教育実践に関する研究　　　317
　　　　4-5-1　個人差と英語の学業成績の関連性を検討した研究　317
　　　　4-5-2　学習内容の理解および個人差に働きかける英語の授業実践に関する研究　319
　　4-6　ATI研究に基づく個別指導の時代を目指して　　　　　　324
　　【コラム19】人性観と教養行為（林文瑛）　　　　　　　　　329

　　索引　　　　　　　　　　　　　　　　　　　　　　　　　　333
　　執筆者紹介　　　　　　　　　　　　　　　　　　　　　　　341

教育心理学

教育の科学的解明をめざして

序章 教育心理学とは

「**教育**」(education),すなわち「教える」(それをどのように定義しようと)という特別な行動に促されてはじめて成り立つ学習は,人間(ヒト)を特徴づける独特な学習のあり方である。人間以外のほとんどのすべての動物は,他個体に対してわざわざ「教える」などという手間のかかる関わりはしない(Caro & Hauser, 1992; Thornton & Raihani, 2008)。また他個体に教えを乞うたり,学習成果の評価をしようともしてもらおうともしない。一個体で,あるいは仲間たちとの共同の活動に加わるなかで,試行錯誤や模倣などを通じて,一人前に生きるために必要な知識や技能を,ひとりで学ぶことができる。ところが人間だけは,他個体に知識を教えようとし,また他個体から知識を教わろうとし,教えたこと／教わったことがうまくできたかどうかの評価をしたい／されたいと思ってしまう。その「教える／教わる」という形によってなされる学習には,お箸の持ち方や物の名前などのように,親や教師が特定の既有知識を例示,説明,訓練などによって教えるという直接的なものから,企業体や国家や自治体などが施設やメディアや法律などによって,広範かつ長期にわたって,状況的・文化的・制度的に発達・成長を「育む」ための学習環境を設計することでなされる間接的なもの,さらには一般に「教育」として自覚的に意識されることすらないような,しかし特定の学習をいやおうなく促してしまう人と人同士の視線や無意識の表情や発話の変化,事物の提示の仕方といった非自覚的なものまで,きわめて多様な形式と内容が

含まれる。そしてただ単に既有知識を伝達することだけでなく，いまだ誰も獲得したことのないスキルに創造的にチャレンジしたり，実現されたことのない新しい人間像を目指す態度を身につけることまで，その目標に設定しさえする。そしてそれらすべてが，人が一人前に生きるために，そして幸福で豊かな人生を営むために，きわめて重要な意味をもつ。

近代の学校の教室の形に類似した机の配列がすでに存在していたことをうかがわせる

図 P-1　メソポタミアの「粘土板の家」

　「教育心理学」（educational psychology）とは，そのような人間に独特で，その生き方の根本に関わる「教育」という学習様式の心理的・行動的なメカニズムを理解し，そのより良いあり方を作るための理論を，エビデンスを基に構築しようとする科学である。

　教育は，きわめて社会的，文化的，歴史的な営みである。それは人間があらゆる動物のなかでもっとも社会的であり，生きる手段として社会的に作り出し，歴史的に蓄積した文化的知識を用いなければ生きることができない動物だからだ。「教育」という概念の発生と変遷，それぞれの文化の中で選ばれた教育の内容や方法とその社会的機能などについては，哲学的，歴史学的，社会学的，法学的，経済学的など，さまざまな人文社会科学的アプローチで理解されるべき多様な側面がある。

　特に**「学校」**という，教育の目的のために高度に設計された社会的制度組織の出現は，教育という営みがもっぱら学校という場でなされ，あるいは学校的な場でなされるような学習——専門の教師が大勢の生徒を前に，教室のよ

うなところで教科書や黒板を使って，あるいは体育館のようなところで手本を見せながら，説明や練習をし，学習の成果を試験によって確認するというような―こそが教育であるとすら感じさせるようになった。歴史的，比較文化的に見てみると，学校の出現とその形式や教育内容はきわめて多種多様である。最古の学校は紀元前2000年前のアッシリア（メソポタミア文明）の遺跡から出土した「粘土板の家」（図P-1）とされ，官僚になるために子ども時代から通って文字や算術を学んでいたという記録が残っている（Cole, 2010）。また紀元前387年にプラトンが古代ギリシアのアテナイに，哲学を学び為政者になるための学校，アカデメイアが作られた。このように国家や学問の成立が学校の発明を促す重要な契機であったことはまちがいないだろう。教育の制度的な多様性は，それがおかれた文化における産業構造や人間観，価値観などと密接に関わっている（Rogoff, 2003）。大人から子どもへの積極的教示がほとんどなされず，文字も学校もないアフリカの狩猟採集民の文化（亀井，2010）がある一方で，生まれる前の胎児に対してすら「大きくなった時に学校でいい成績が取れるように」と教育的働きかけを行おうとする現代の学校化された文化まであることを考えると，そこに普遍的な「教育」という営みを想定することは不可能と思われるかもしれない。

　しかしながら教育は決して「学校」的な学習に限定されるわけでもなければ，文化固有な営みでもない。最近の考古学の研究によると，2万年も前の石器製作の遺跡の中に，「教育」がなされていた可能性を示す痕跡が残されている。その遺跡では石器製作をしていた人たち個人が特定できるばかりか，その接合破片から製作者の熟練度，さらに飛び散った石器破片の方向から製作者の座った向きまでが特定できる。そこではひとりの熟練した石器製作者の周りに上級者や中級者，そして見習いが円形に並んでいるのである（図P-2）（高橋，2003）。彼らは互いに背を向けた形で座っているので，必ずしも向かい合って手取り足取り教えていたのではなかろう。しかしその石器製作の作業場の遺跡では，多数の工程を複数の人びとで分業していた様子も再現されており，おそらく熟練者から技能を組織的に学ぶ場があったこと，す

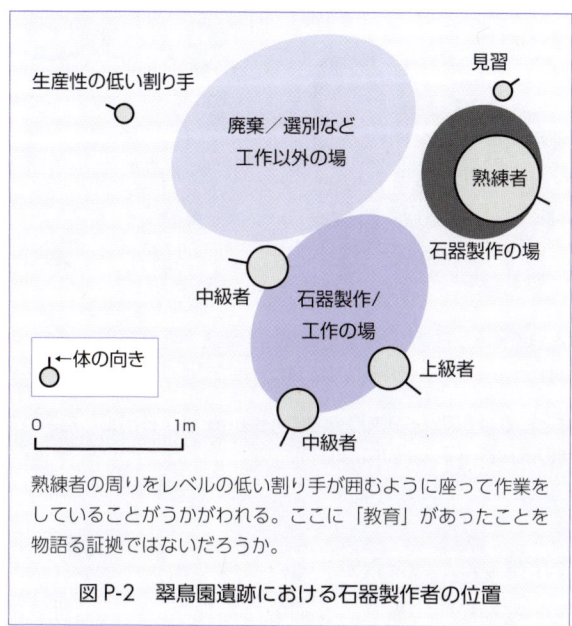

図 P-2　翠鳥園遺跡における石器製作者の位置

なわち教育の場があったことがうかがえる。さらに別の 19000 年前の遺跡には，熟練者が作ったと思われる実際には使われなかった石器の破片が丸ごと原型を再現できるように残っていた（図 P-3）。これはおそらくそれを教材として例示のために用いたと考えられる（Takakura, 2012）のである。

　ホモ・サピエンスとしてのヒトの子どもは，生まれ落ちてから十数年を超す長い時間をかけて，大人として一人前にそれぞれの固有な文化社会に適応しながら生きられるようになるまでに，その社会で必要とされる知識や技能やものの考え方，ふるまい方を学ぶのを，決してひとりきりの力で成し遂げることはできない。われわれはそれぞれの成長の過程に応じて，さまざまな文化的なことがらを，大人たちや仲間たちから促されて学習し，大人になってからも，その社会の維持と発展に寄与するプロセスで，人から人へ知識や技術を伝え合い磨き合い成長し続けている。それが教育による学習である。その意味での「教育」という営みが，いかなる歴史的，文化的背景があろう

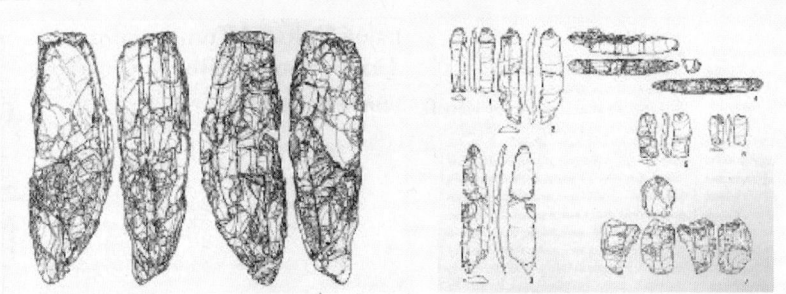

熟練者が作ったと思われる石器が、なぜ実際に使用されることなく、丸ごと残っているのか。おそらく「教材」として手本を見せるために使われたのではないか。

図 P-3　教材としての石器——19000 年前の旧白川遺跡から出土した原型を再現できる石器の破片群（Takakura, 2012）

と、普遍的に存在することを否定することはできない。したがって固有な歴史性や文化性をある程度捨象し、普遍的な心理学的、行動科学的な側面から教育にアプローチをすることは可能である。それが科学としての教育心理学の一つの大きな役割である。

　「教育心理学」が、心理学の他の諸分野、たとえば発達心理学、学習心理学、認知心理学、社会心理学、臨床心理学などと異なるのは、まさに関心が「教育」という営みに向いている点にある。その意味で教育心理学は「教育学」の一分野であるといえる。このことは自明なことのようで、決して自明ではない。「教育」という関心をもたなくとも、人間がどのように発達するか、学習するか、情報処理するか、社会的なふるまいをするか、不適応な状態をマネージするか……などの独自の関心で、教育に関連しそうな心理的、行動的事象を理解し、説明しようとすることは可能である。言語を例にとってみよう。人間が初めてのコトバ（初語）を発するのはいつか、使われる語彙や文法の運用の仕方はどのように発達的に変化してゆくか、テキストを読むときどのような認知的スキルを用いるか、地域や社会階層によって使用される言語の機能はどう違うか……。これらはいずれも心理学的な問いであり、い

ずれも教育と何らかの関わりをもつといえる。だが必ずしも「教育」そのものを問うという関心から発せられるものではないことに気づくだろう。ところがそこに，学習者と，その学習を促している他個体や他エージェントとの関わりについての問い—たとえば初語の発話や子どもの誤ったことばの使い方に対して周りの大人はどのように働きかけるか，その働きかけに赤ちゃんや子どもはどのように反応するか—があるとき，それは教育心理学的な問いとなる。その意味で，教育心理学は決して他の基礎的な心理学の諸領域の知見を教育実践に応用するだけの応用心理学ではない。

とはいえ，教育心理学と他の心理学の諸領域とのこの区別はたぶんに理念的な区別であって，実際にはその境目は明確ではない。それどころか，教育心理学的な問いにアプローチするために，それ以外のアプローチからの知見に立脚しなければならないこともしばしばある。したがって本書でも，教育を理解するうえで必要不可欠なことがらに関わるものであれば幅広く取り上げられている。

教育心理学は応用心理学ではないが，より良い教育を行なうにはどうすればよいかという実践的，価値志向的な性質をもつという点で，応用的な側面をもつ。これは心理学の他の領域と一線を画すといえるだろう。なぜなら教育という営みは，いかなる社会の中でも，その社会における「望ましい成長」「よりよいパフォーマンス」を目指して設計され，文化的・制度的にその社会に実装される価値志向的営みだからである。元来，科学は価値判断に対して中立的であることを，そのもっとも基本的態度に据えてきた。「である」から「べし」を導いてはならず（ヒュームのギロチン），事実命題から価値命題を（**自然主義的誤謬**，naturalistic fallacy），導いてもならないという教えは，科学者として第一に肝に銘じなければならないこととされる。このことは教育心理学においても変わらない。しかしながら，教育という価値志向的な営みに関わる事実についての科学的探究は，しばしば必然的に，その教育の目的や成果の実現にとって，不都合な現象が生まれるメカニズムを明らかにしたり，より良い成果に結びつく具体的方法を示唆する結果をもたらす

ことがある。あるいは積極的にそのような知見を得るための研究が施行されることすらある。たとえば記憶のメカニズムに関する理論とエビデンスによれば，教育方法 A の方が教育方法 B よりも，より効率的に学習内容を記憶できるという事実命題が導き出されたとしよう。そこから，教育方法 A を現場に採用すべきであるという価値命題を導き出すことができる。これは自然主義的誤謬を犯してヒュームのギロチンにかけられるべき「非科学」なこととして批判されなければならないのだろうか。

　ここで次の二つの点に気づけば，教育心理学は非科学的でも自然主義的誤謬を犯しているわけでもないことが理解されるだろう。まず第一に，価値命題は事実命題からの論理的帰結ではなく，社会に向けてのひとつの「提案」だということである。先の例では，実証研究から教育方法 A の優位性が示されたことから教育方法 A を「提案」している。提案であるから，採用するかしないかは現場での意思決定にゆだねられる。それは教育方法 A を採用することが「正しい」という正義の主張でも，「しなければならない」という当為の命令でもない。

　もう一つは，科学が従うべき原則としてあげられる「**反証可能性**」(falsifiability) である。科学的命題は常にエビデンスによって反証される形式でなければならないという科学哲学者カール・ポパー (Karl Popper) の唱えたこの原則は，今日でも科学者の間で広く共有されている。価値判断は，通常それ自体はエビデンスによって反証されるものではなく，その意味で事実命題からは不可侵の位置にある。誰かが「人間は生まれた時から美しい芸術的環境にさらされていなければならない」という教育的価値観をもっていたとすると，それ自身はいかなるエビデンスによっても反証され得ない。しかしながら，教育心理学によって提案される価値命題とは，そのようなア・プリオリな価値観に根差す判断とは異なり，その妥当性を疑うことを許され，エビデンスによる反証の可能性に開かれている。「乳児期にモーツァルトを聴かせて育った子どもは，そうでなかった子どもよりも感受性が高くなる」という仮説は，原理的には心理学的な実証研究によって検証したり反証した

りすることができる。それによって「感受性豊かな子に育てるために，乳児期にモーツァルトを聴かせるのがよい」あるいは「聴かせる必要はない」と提案することができる。

　教育心理学という学問は，このように人間を人間たらしめる独特な学習様式である「教育」という現象を，教育学的な関心に基づく心理学，あるいは心理学的な方法による教育学の視点から理解し，実践へと結びつける独特な性格をもった実証科学である。

　本書では教育心理学を「発達のメカニズム」「学習のメカニズム」「学習環境と教育実践」の三つの切り口から紹介する。発達と学習のメカニズムの理解は，教育を科学的に把握するうえで欠くことのできない車の両輪となる基本的な心理学的メカニズムである。人間は，受胎−出産−乳児期−幼児期−児童期−青年期−成人期−老年期，そして死に至る長い時間軸のなかで，心と行動の機能と社会的役割を大きく量的・質的に変化させる。その時間的変化が発達である。そして発達的変化に伴って教育の内容や形式も変化する。したがって発達の視点を抜きに，抽象的な教育を考えることは無意味である。また教育は「教育による学習」という人間に特有な学習様式であるから，その理解にあたって学習そのものの心理学的理解は必要不可欠である。これら二つの心理学的基礎過程の理解をふまえて，教育による学習の環境のあり方と実践的問題について第三部で展開する。

（安藤寿康）

引用文献

Caro, T. M., & Hauser, M. D.(1992). Is there teaching in nonhuman animals? *The Quarterly Review of Biology*, **67**, 151-174.

Cole, M.(2010). What's culture got to do with it?: Educational research as a necessarily interdisciplinary enterprise. *Educational Researcher*, **39**, 461-470.

亀井伸孝（2010）．森の小さな〈ハンター〉たち―狩猟採集民の子どもの民族誌―　京都大学出版会．

Rogoff, B.(2003). *The cultural nature of human development*. New York: Oxford

University Press.（ロゴフ，B.(當眞千賀子訳)（2006）．文化的営みとしての発達―個人，世代，コミュニティ―　新曜社）

高橋章司（2003）．翠鳥園遺跡における遺跡構造研究　旧石器人たちの活動をさぐる：日本と韓国の旧石器研究から，91-113，大阪市学芸員等共同研究　朝鮮半島総合学術調査団．

Takakura, J.(2012). New insights into skill elarning progress in the lithic production: An analysis of the refitted material from the Kyushirataki 15 site in Hollaido, Northern Japan. In T. Akazawa & Y. Nishiaki (Eds.), *"RNMH2012: The First International Conference"* (pp. 48-49).

Thornton, A., & Raihani, N. J. (2008). The evolution of teaching. *Animal Behaviour*, **75**, 1823-1836.

第1部

The mechanism of development

発達のメカニズム

intro 1
発達とは何か

　まだ立ち上がれるようになったばかりの1歳の子どもに，いきなり鉄棒で逆上がりを教えることはできない。しかし狩猟採集を営むアフリカのピグミーの社会では，この年齢からすでに大人と同じ山刀を持たせる（図1-i-1）。今日の私たちは小学2年生にカント哲学の定言命法を理解させるのは難しいと考えるだろう。しかし江戸時代にはこの年齢から論語の素読をさせていた。母国語もまだ十分に話せない幼児に外国語を学ばせることの是非は，今日，大きな教育上の論点である。年齢に応じてどのような教育がふさわしいかは，歴史的・文化的な多様性があり，普遍的に何が正しいかを決定することは難しそうに思われる。しかしそうであっても，「どの年齢にはどのような教育がふさわしいか」という問い自体は常に教育上の重要な問題であることは間違いがない。ここに教育心理学において「発達」について考える必要性がうまれてくる。

　心理学における「**発達**」（development）とは，受精から死までの大きな時間的推移のなかで生ずる心理的・行動的な変化や持続性を意味する。教育において発達について考えることの必要性は，単にその時の年齢にふさわしい教育のあり方を考えるためだけではない。人間は生涯にわたって，自己と社会とふだんに関わりながらさまざまな経験を積み重ね，人生の物語を築き上げながら発達してゆく。「今」の時点のあなたは，常に過去からの来歴と未来への展望の地平のなかに位置づいて動的に躍動しており，教育の意味も

「いま」だけ，学齢期だけの妥当性だけを問題にしていては理解できないのである。

人間の心理的発達の現象は，それ自体が興味深い科学的探究の対象である。したがって昔から「**発達心理学**」（Developmental Psychology）という研究領域があり，また近年では狭義の心理学的アプローチに限らず，生命科学や社会科学の研究も射程に取りこんだ「**発達科学**」（Developmental Science）も登場している（高橋ら，2012）。しかしそれは上記のような意味で，教育心理学としても重要な関心領域なのである。

図 1-i-1　アフリカ・カメルーンの狩猟採集民バカ・ピグミーの子ども
（2011年3月撮影）

「発達」という現象は，一般には特定の経験によって知識や技能を獲得することによって生じる心理的・行動的な変化，すなわち「**学習**」（learning）とは区別して扱われる。とはいえ学習と発達は互いに無関係ではない。発達のある側面（たとえば語彙量の増大，特定の領域の専門的知識や技能の熟達化など）は，個々の知識や技能の学習の長期にわたる積み重ねによる量的変化として理解することができる（図1-i-2）。特に第2部 intro2「学習とは何か」で述べる行動分析学的な学習理論のもとでの発達観はこれに近く，発達とは長期にわたる学習によって蓄積された知識の組織化の連続的変化として理解される。そしてさらに，一見同じことを長年にわたって繰り返しし続けることによって徐々に熟練するスポーツや芸術のような，経験と知識が蓄積されることによって，同じことがらをあらためて深く，あるいは高度なレベルで学習しなおすような場合，図1-i-3のように表現されるスパイラル（らせん状）の発達観がイメージされる。

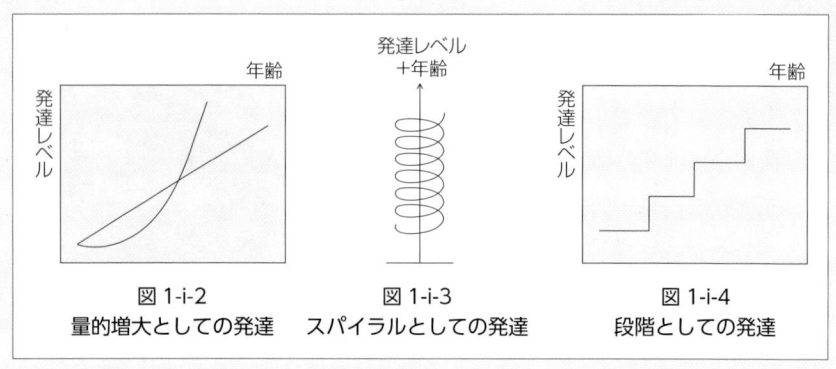

図 1-i-2 量的増大としての発達
図 1-i-3 スパイラルとしての発達
図 1-i-4 段階としての発達

　しかし小学校低学年の子どもに高度で抽象的な哲学的な議論を学ばせることが困難なのは，経験や知識の量的不足によるものというよりも，知識習得の前提となる抽象的で論理的な思考を行なう能力がそもそも熟していないという，質的な変化の問題を考える必要がある。これは発達心理学のなかで「発達段階」という形で扱われてきた。ピアジェ理論に代表されるような発達段階説は，年齢とともに段階を飛ばしたり逆行したりすることなく段階を順に上り（図 1-i-4），学習はその発達段階のもつ形式が与える制約のなかでなされると考える。この場合，発達段階は生得的なプログラムに従って進行する，いわゆる「**成熟**」（maturation）によるものとみなされる場合が多いが，ヴィゴツキー（Vigotsky）の**発達最近接領域**（Zone of Proximal Development）の考え方では，質的な発達段階を認めつつも，それが生得的プログラムに自動的に導かれるのではなく，段階を進めるための契機として社会的な学習を必要とすると考える（図 1-1-8 参照）。またエリクソン（Erikson, E. H.）の描く個体発達分化の図式（表 1-i-1）は，発達段階を考えながらも，その時間的変化が不可逆的なものではなく，どの段階においても，ほかの段階（それぞれが信頼感対不信感，自律性対恥・疑惑のような葛藤を乗り越えることとして特徴づけられている）が内包されており，各段階はその特徴がもっとも顕著に表れるものとして描かれる。

　こうしたさまざまな発達観とそれに伴う学習観は，関心のある教育内容に

表 1-i-1　エリクソンの個体発達分化の図式（Erikson, 1950）

		1	2	3	4	5	6	7	8
VIII	老年期								統合性 対 絶望
VII	壮年期							世代性 対 自己陶酔	
VI	成人期						親密性 対 孤立		
V	思春期					同一性 対 同一性拡散			
IV	学童期				勤勉性 対 劣等感				
III	児童期			自発性 対 罪悪感					
II	幼児期		自律性 対 恥・疑惑						
I	乳児期	信頼感 対 不信感							

応じてそのいずれが科学的に正しいかを実証的に検証しなければならない。明らかに科学的に正しくない，現実に合わない発達観に基づいて教育がなされた場合，それは期待した成果を得ることができず，学習者にとっても教育者にとっても望ましいことではないだろう。が，それらはしばしば科学的な決着が得られておらず，論争の渦中にある場合が少なくない。またそもそもその発達の特徴そのものが人によって異なるかもしれない。教育実践において発達の問題を考える場合，「科学的に正しい学説」あるいは少なくとも「より有力な学説」をきちんと知っておくことが重要であることはいうまでもないが，仮に科学的な決着がついていなくとも，こうした多様な考え方を知り，それらを臨機応変に教育現象の理解のために柔軟に活用できるようになることは有益である。そのためにさまざまな発達理論を学んでおこう。われわれが教育を実践する場合，しばしば信念として，意識的にせよ無意識的にせよ，ある特定の発達観や学習観に基づいて行なう場合が多く，またそれが重要で

あることも少なくない。だが現象を一通りの目でしか見ることができないと，もしそれが不適切であった場合に，対処するための知恵に気づきにくいからである。

　たとえばある能力の早期教育の是非を考える場合，その能力が漸進的な学習による知識の積み重ねにもっぱらよるのであれば，より早くからそれを始めた方がより高いところまで能力を引き上げることができるだろう。しかしもしその能力が成熟による段階的な制約を受けるものだとしたら，誤って漸進的な発達観による早期教育を行なってしまうと，学習者はまだその準備状態（レディネス）のないまま，無理な学習が強いられることになる。その逆もあり，成熟による発達段階説を無批判に信じて，放っておいてもおのずと能力や考え方が育っていると考えて，ある教育環境を設定したところが，実際はしかるべき学習をある程度積んでいなければその教育による学習がなされず，学習者は困難に陥れられるということもあり得る。

　第1部では知性，言語獲得，社会性，パーソナリティの諸側面から，それぞれの発達について検討してゆく。

（安藤寿康）

引用文献

Erikson E. H. (1950). *Childhood and society*, New York, W. W. Norton（仁科弥生（訳）(1977, 1980). 幼児期と社会 1, 2　みすず書房）

高橋恵子・湯川良三・安藤寿康・秋山弘子（2012）. 発達科学入門 1, 2, 3　東京大学出版会.

社会歴史的アプローチからみた心の発生的社会性

石黒広昭

　発達が社会歴史的なものであるといえば，誰も反論しないだろう。「アメリカの子どもと日本の子どもでは確かに育ち方が違う」というように。人の発達にとって，その人が住む社会やその社会の織りなしてきた歴史が何らかの影響を与えると考えるのはきわめて自然なことであり，おそらくそれを否定する人はいない。だが，その理解は，個人の外に社会が培った文化を想定し，個人の行動はその文化という独立変数の影響を受けているというものではないだろうか。この見解は個人を社会と対立させたうえで，両者の相互関係をとらえようとする枠組みを取っている。この枠組みを取ると，社会化される以前の個人が想定されることになる。私的で非社会的な心が他者とふれ合うことによって社会化されていくという理解だ。**社会歴史的アプローチ**はこうした個人と社会の二項対立を取らない。心はそもそも社会的であり，歴史的に形成されている。社会的でない心を想定することなどできないことを主張する。この見解では，人は生まれながらに社会的であり，ユニークな見解をもつ存在である個々人の心の独自性もまた社会的な形成物である。

　上記の基本命題を理解するうえで，心の発生的社会性を例示することが適切だろう。それは**ヴィゴツキー**(Vygotsky, 1934)が**ピアジェ**に対して行なった言語的思考の発生過程についての論争として有名である。ピアジェは「子どもの言語と思考」(Piaget, 1923) という著書で，幼児の誰に語りかけるのでもないぶつぶつとつぶやくような発話の存在を指摘し，その現象的特徴から，それを他者との社会的なコミュニケーションを目指さない個人的な言葉，すなわち「独話」と表現した。ピアジェはコミュニケーション能力の発達はこの他者との交渉能力を欠いた「独話」から対話へ向かうものと考え，そう

した「独話」を他者に向けられない言葉という意味で「**自己中心的言語**」と名づけた。ピアジェにとって，人は「閉ざされた心」からやがて脱中心化し，他者へ開かれた状態に移行する存在である。

　ヴィゴツキーは，ピアジェのその発見を賞賛しつつ，彼のその現象に対する理解に違和感をもった。ヴィゴツキーのグループが行なった実験では，子どもの周りに誰もいない状況と誰かがいる状況では，「自己中心的言語」の出現率には違いがあった。ピアジェが「独話」と呼ぶ子どもたちの発言は，それを聞く他者がいない状況では減少したのだ。仮に他者がいてもその発話が聞き取れないような大きな音が出されている場合にも同様の現象がみられた。このことから，ヴィゴツキーは，そうした発話をする子どもたちは，他者の存在の有無によって「自己中心的言語」を調整していると結論づけた。そうなるとピアジェのいう「自己中心的言語」は本当に子どもにとって他者を意識しない「自己中心的」な発話とはいえないことになる。

　ヴィゴツキーにとって「自己中心的言語」はピアジェがいうように個体発生においてやがて消滅するのではなく，「**内言**」へと変換されていくものである。つまり，「自己中心的言語」は外に漏れ出た「外言」の形を装った「言語的思考」なのだ。やがてそれはほとんど聞き取ることができない「内言」になるが，言語が思考を支え続けることには変わりない。実際，喉の筋肉の動きを調べてみると思考時にその筋肉が動くことが観察される。成人であっても困難に陥ったときに自分を鼓舞する言葉を発言したり，自分の行動を制御するために発話したりするのは自然なことである。

　ヴィゴツキーの発達観をピアジェと比較してみよう。彼は，人は元来社会的であると考える。ピアジェの社会性とは意志をもつ主体である個人が自覚的に社会的行動をする状態を指す。ピアジェにとって，生まれたばかりの乳児は非社会的な生物でしかないが，やがてその個人は認識能力の成長とともに社会化していく。これに対し，ヴィゴツキーにとって人は最初から「社会的存在」である。乳児には自他の分化がなく，「自分」は存在しない。社会歴史性を帯びた他者との出会いのなかで「自分」を社会的に創っていく。そ

の意味で，人格はコミュニケーションの産物であり，社会によって創り出されるものなのだ。こうした人格の発生的社会性を言い当てる言葉が発達の社会歴史性，あるいは社会文化歴史性である。このような見解の下で，認知発達を中心にこれまで多くの研究が行なわれてきた。近年では特にトマセロ (Tomasello, 1999) らの研究が注目されている。

＊この立場の代表的な研究については拙著（石黒，2001，2010，2012）を参照されたい。

引用文献

石黒広昭（2001）．発達に対する社会歴史的アプローチ　中島義明（編）現代心理学「理論」事典（pp. 406-427）朝倉書店．

石黒広昭（2010）．実践としての文化：文化に対する社会歴史的アプローチ　石黒広昭・亀田達也（編著）　文化と実践（pp. 95-146）新曜社．

石黒広昭（2012）．社会歴史的な発達理論の［適用事例］—認知の社会的起源と発達の最近接領域—　中島義明（編）現代心理学「事例」事典（pp. 248-273）朝倉書店．

Piaget, J.(1923). *Le langage et la pensée chez l'enfant.* Delachaux & Niestlé.（大伴茂（訳）(1954)．臨床児童心理学　同文書院）

Tomasello, W. M.(1999). *The cultural origins of human cognition.* Harvard University Press.（大堀壽夫・中澤恒子・西村義樹・本多啓（訳）(2006)．心とことばの起源をさぐる：文化と認知　勁草書房）

Vygotsky, L. S.(1934). Мышление и речь （柴田義松（訳）(2001) 思考と言語　新読書社）

1. 知性の発達

1-1 ヒト（人間）の知性

　ヒト（人間）が学名で *Homo sapiens*（知恵をもつヒト）と呼ばれるように，**知性**（intelligence）は人間を特徴づけるもっとも重要な特質と考えられている。知性というコトバは，一般的には狭く「頭（だけ）を使うこと」を指し，「心を使う」感情や「実際に行動する」意志，あるいは「体を使う」運動能力と区別されることが多い。しかし近年，**感情知性**（emotional intelligence）(Goleman, 2005) や身体知性（somatic intelligencce）などという概念が生まれているように，感情や意志や運動能力も，それらをどのように認識し制御するかという側面からみれば，広義の知性としてとらえることができる。教育においても，ともすれば狭義の知性だけがその対象のようにとらえられがちだが，感情や意志に基づく行動，身体運動まで含む広義の概念として知性をとらえて考える必要があるだろう。

　知性を，環境に適応するための，生体の情報処理システムの変化を伴った問題解決と学習の能力と定義すれば，これは必ずしもヒトだけの特質ではない。あたかも本能だけで生きているかのように見えるミミズや，あるいは単細胞生物であるゾウリムシですら，特定の環境に適応するために，それぞれの環境条件に自らの行動をカスタマイズするための学習（第2部参照）を行

なっており，そこに知性の萌芽をみることができるだろう。

　しかしヒトの知性の際立った特質の一つは，他の動物と比較して，きわめて広範な対象と内容を扱うことのできる一般性と創造性をもっているという点にある。ヒトに進化的・遺伝的にもっとも近く，ヒトに次ぐ高度な知性をもつとされるチンパンジーやボノボは，他個体を識別しながら複雑な社会構造を構築し（たとえば社会的地位を認識してそれにふさわしい独特のあいさつやグルーミングなどを行う），事物の因果関係を理解して自然物を道具として用いる技術を発明し（たとえば木の枝から葉を落として釣竿として木の穴に差し込み，中に住むアリを釣り上げて食べる），ヒトが訓練すれば文字や数字のようなシンボルの意味すら理解して，それらを記憶したり操作したりコミュニケーションの手段として用いることもできる（松沢，2011）。しかしそうした能力が適用される範囲は限定的であり，ある文脈で学んだ知識をそれと大きく異なる別の文脈に応用させたり，異なる領域の知識を組み合わせて新しい問題解決を行なったり，長い時間的展望をもって行動を調整したり，シンボルそれ自体を操作して抽象的な思考をすることはほとんどできない。それらを可能たらしめているのがヒトの知性であり，特に**一般知能**（general intelligence）と呼ばれる能力である（4-3 節参照）。

　一般知能とは，さまざまな領域の知識や概念を統合的に操作することのできる能力である。認知考古学者のマイズン（Mithen, 1996）は，20 万年前に現生するヒトとともに地球上に繁栄し，ヒトよりも大きな脳すらもって死者を埋葬するほどの精神性すらうかがえる知性を示しながら，石器をほとんど改変しないまま滅亡してしまったネアンデルタールと，道具を次々に改変・創造し，高度な文明を築き上げた現生のヒトとの違いは，図 1-1-1 に示すような一般知能の働きの差によるものだと考えている。すなわち（a）ネアンデルタールは博物的知能，社会的知能，技術的知能，言語などをほぼ独立して働かせていたのに対して，（b）ヒトはそれらを一般知能によって統合し，他者と知識を交換して，さまざまなアイデアを結びつけて，創造性と創造したものの伝達を可能にしたというのである。私たち人間が一見，本能にまっ

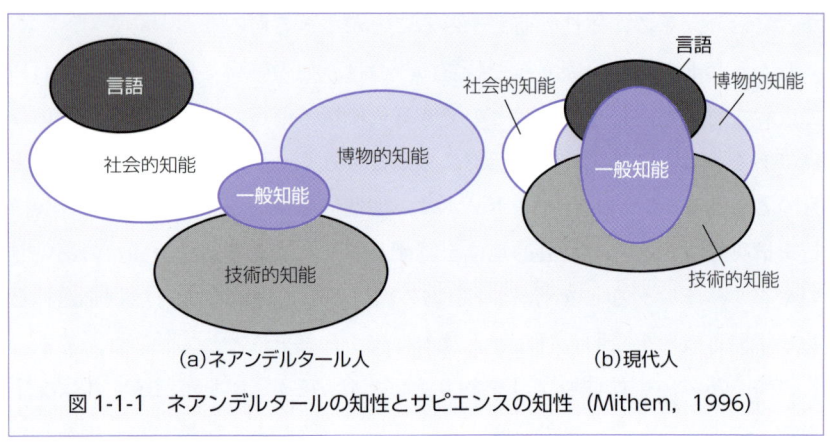

図 1-1-1　ネアンデルタールの知性とサピエンスの知性（Mithem, 1996）

表 1-1-1　一般知能の存在を示すさまざまなテストの間の相関（Spearman, 1904 より）

	古典	フランス語	英語	数学	音程の弁別	音楽的才能
古典	1.00					
フランス語	.83	1.00				
英語	.78	.67	1.00			
数学	.70	.67	.64	1.00		
音程の弁別	.66	.65	.54	.45	1.00	
音楽的才能	.63	.57	.51	.51	.40	1.00

たく頼らず，すべての知識を学び，教えねばならないかのようにみえるのも，この統合的な一般知能によるものと考えることができる。

　スピアマン（Spearman, 1904）は，高校生のさまざまな科目のテスト得点について，互いにある科目の得点が高ければ別の科目の得点も高いという正の相関関係がある（表 1-1-1）ことから，これらすべての能力に共通する一般因子（すなわち一般知能）と，それぞれの能力に特殊な独自因子（すなわち特殊知能）の 2 因子によってこの相関行列が説明できることを数学的に示し，知能の 2 因子説を唱えた。このように統計学的に因子を抽出する方法は因子分析と呼ばれ，心理学では今日でも幅広く用いられている。ホーンと

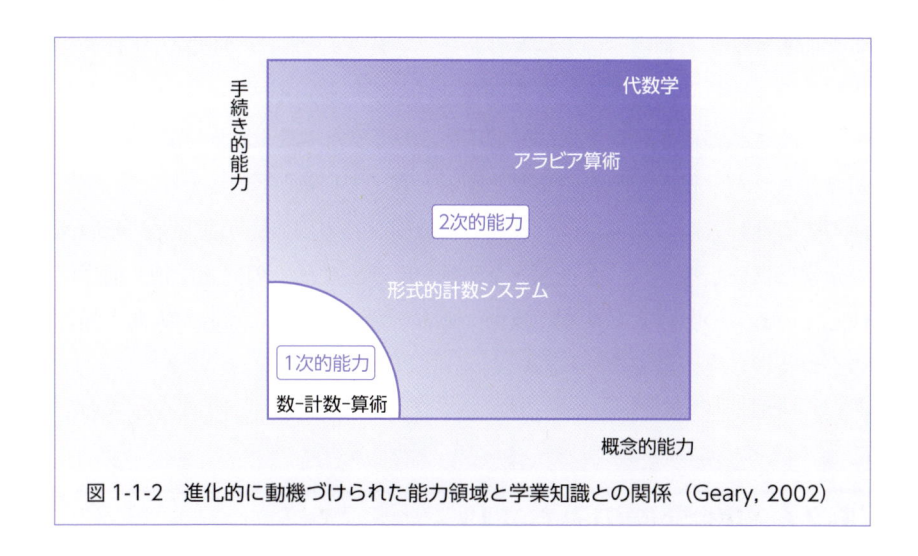

図 1-1-2　進化的に動機づけられた能力領域と学業知識との関係（Geary, 2002）

　キャッテル（Horn & Cattell, 1966）は，同じく因子分析を用いて，この一般知能が，さらに新奇な問題を発見的・創造的に解決する能力に相当する**流動性知能**（fluid ability, gf）と，経験によって獲得された既有知識を適用して問題を解決する能力に相当する**結晶性知能**（crystallized ability, gc）からなることを示した。このうち流動性知能の働きは18〜20歳をピークにその後減少するが，結晶性知能はほぼ生涯を通じて上昇するとされる。

　一方で，知能は異なる内容や領域ごとに独立した機能をもつことも古くから知られており，大学生に課した57種類のテストの因子分析から空間，数，言語，知覚，推理，記憶，語の流暢性の7因子を抽出したサーストン（Thurstone, 1938）の多因子説や，因子分析によらず脳神経学的な証拠などを手掛かりに言語的，論理数学的，音楽的，身体運動的，空間的，対人的，内省的，博物学的，宗教的といった領域があるとするガードナーの**多重知能**（Multiple Intelligence, MI）理論（Gardner, 1983）が唱えられている。ギアリー（Geary, 2002）は，ヒトが進化的に素朴物理学（物の動きや力の働きを理解する能力），素朴生物学（生物と無生物，動物と植物を分けて理解する能力），素朴心理学（人の心を理解する能力），および数といった異なる独立の領域

を志向する学習の動機づけを持ち合わせ，それぞれの領域に固有な1次的知識は独力で獲得する（たとえば簡単な計数など）が，そこから派生して文化的に創造され蓄積された2次的知識（たとえば算術や数学）を学ぶためには，組織化された学校的な教育が必要となると考えている（図1-1-2）。

　このように人間の知性には一般性と領域固有性の両側面が共存し，その両者が常に機能しながら，さまざまな知識を学び，生活上の問題を創造的に解決しているものと考えられる。教育による学習もまた，こうした人間の知性のもつ特質に導かれてなされていく。

1-2　知性発達のみちすじ

　図1-1-3はヒトを含むさまざまな霊長類の生活史を描いたものである。ここから，ヒトが他の霊長類と比べて格段に長い「子ども期」をもつ独特な種であることがわかるだろう。この十余年にわたる長い子ども期は，同時に脳が成人の大きさに達するまでの発達の期間にほぼ相当する（図1-1-4）。この間，栄養の多くは脳の発達に費やされ，脳が成人並みに発達した12歳を過ぎた頃から，ようやく再び栄養が身体の成長に費やされて，いわゆる「思春期スパート」と呼ばれる身体成長の再加速化が見出される（図1-1-5）ことからも，この時期の脳の発達がいかに重要でコストのかかる生物学的出来事かがうかがえる。

　このような進化の過程で獲得した脳の発達に伴う長い子ども期は，それがまさに大人になるために習得しなければならないさまざまな知識を学習するために与えられたものと考えることができるだろう。それはまず家庭において親と子どもの間で，また家庭の外では異年齢の子どもたちが集団を作り，その中で文化的・社会的学習をもたらす機会を与えるものと考えられる。特に年上の子どもが年下の子どもの面倒をみ，ともに遊ぶような社会的関係（第

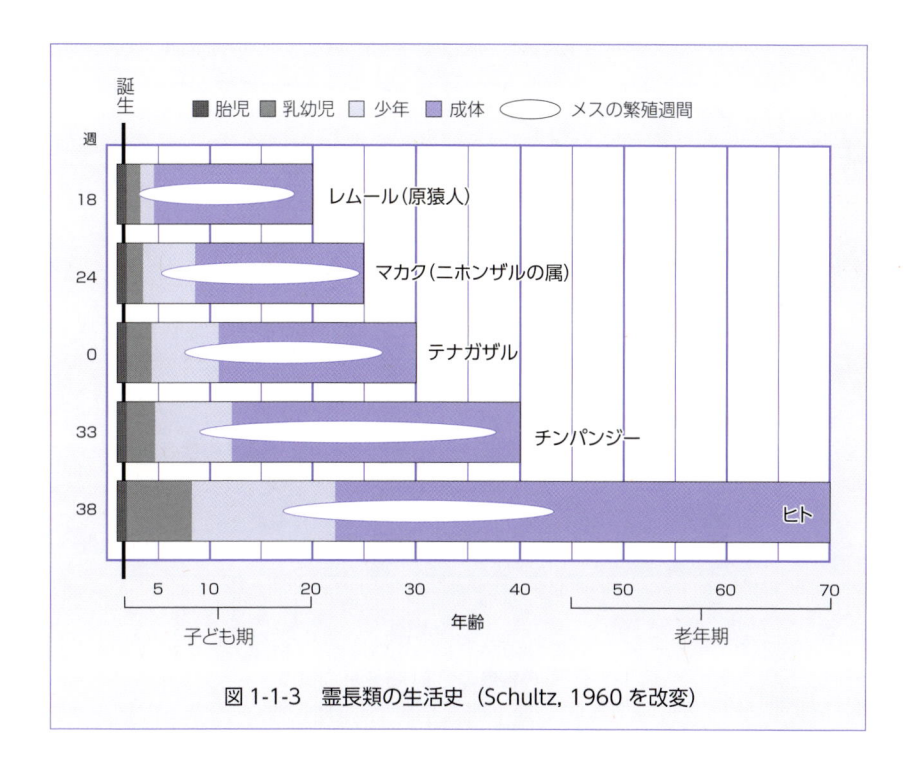

図 1-1-3　霊長類の生活史（Schultz, 1960 を改変）

2章参照）のなかで，大人社会のことがらを遊びを通じて学ぶときに，大人と仲間の模倣とともに，広義の教育的働きかけがなされていると考えられるのである。またヒトは，その老年期（閉経後の期間）も同じ霊長類のなかで例外的に長い。生殖機能を喪失すればすぐに死に至る他の霊長類と比較したとき，なぜそのような生物学的に「無意味」な期間が人に与えられたのか。その理由の一つとして，老年期の人びとが親に代わって子どもの子育てをすることで，親世代が次の子どもを産んで遺伝子を残すことに寄与したとする説（おばあさん仮説）がある（Hawks et al., 1998）。もしそれが正しいとすれば，老年期の人びとと子どもとの出会いから生まれるであろう教育による学習もまた，ヒトの進化をもたらした重要な要因であったことがうかがえるのである。ヒトはこのように親以外にもさまざまな人びとの助けに支えがな

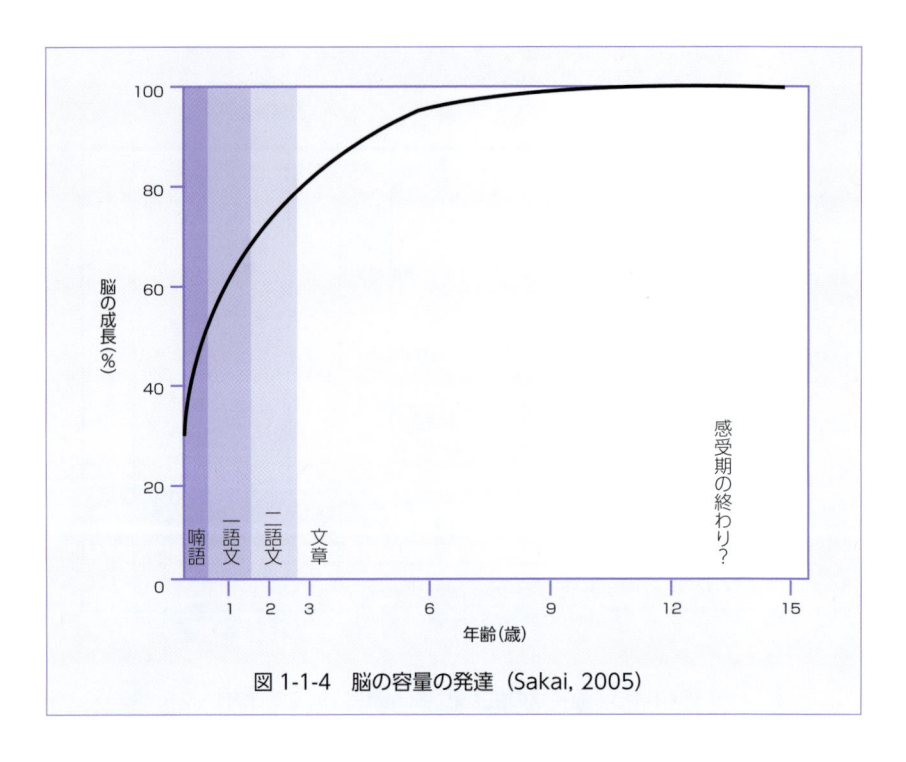

図 1-1-4　脳の容量の発達 (Sakai, 2005)

いと生きることのできない動物なのである。そして近代になると，親や親族に代わってこの教育による学習を専門的に担う人と場が生まれ，学校として機能するようになった。

　ヒトの知性の発達のみちすじのなかで教育を考えるとき，ピアジェの発達段階説は有益な手掛かりを与えてくれる（Piaget, 1970）。それは表 1-1-2 に示すような 4 段階からなる。出生からの約 2 年間は「**感覚運動期**」（sensorimotor period）と呼ばれ，身体的，感覚的な刺激によって外界からの情報を認知的枠組み（**シェマ**，schema）に取り入れ（**同化**，assimilation），また外界に合わせてシェマを**調節**（accomodation）し，その同化と調節の作用を**均衡**（equilibration）させながら，徐々に心的な表象を論理的に操作できる知性を発達させてゆく。とはいえ，およそ 2 歳を過ぎて，コトバを使ったり，積み木を車やマイクに見立てて遊ぶような，ヒト特有の象徴的な対象の

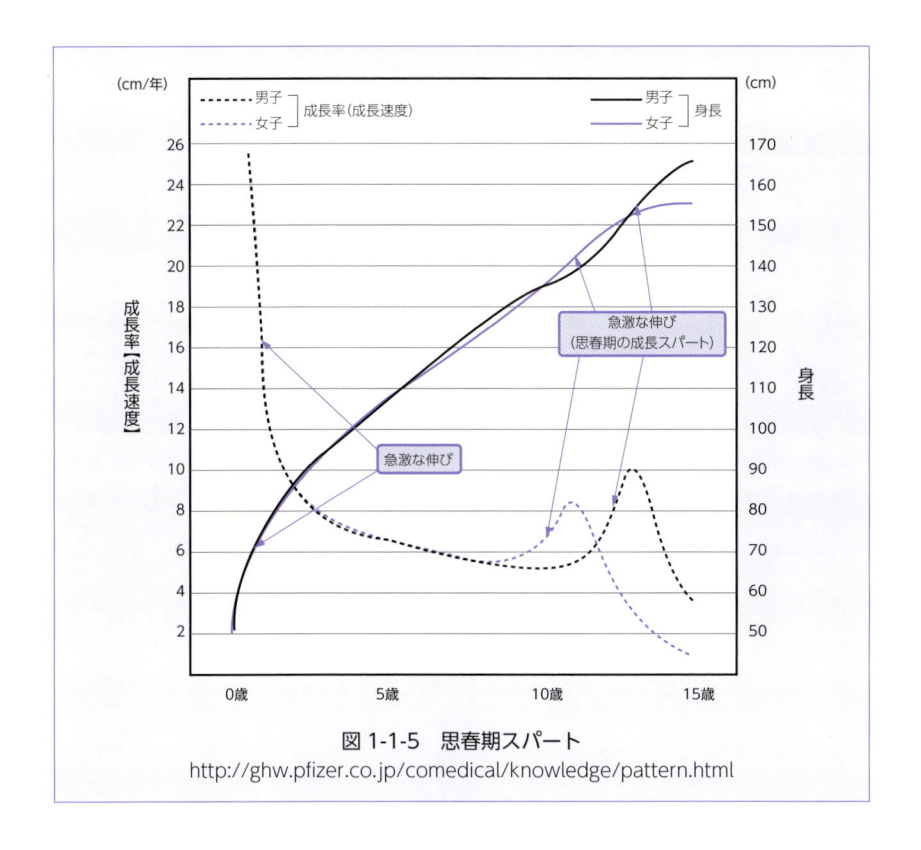

図 1-1-5　思春期スパート
http://ghw.pfizer.co.jp/comedical/knowledge/pattern.html

操作ができるようになっても，当分の間，**保存**（conservation）概念が獲得されない（図 1-1-6），**自己中心性**（self-centration）を示す（図 1-1-7）といった，正しい論理的な心的操作が達成されないことから，この時期を「**前操作期**」（preoperational period）と呼ぶ。この時期は言語の爆発的な獲得期にあたり，また大人や年上の子どもとの関わりのなかからさまざまな知識を学ぶが，それらはしばしば論理的というよりは直観的で個人的な思考の性格をもつとされる。

　6歳を過ぎた頃から，保存概念が獲得され，「いま・ここ」での具体的な事物については論理数学的な操作が可能になる。ここからが「**具体的操作期**」（concrete operational period）であり，自己中心性が徐々に**脱中心化**

表 1-1-2　ピアジェの知性の発達段階

	年齢	特徴
感覚運動期	0〜2歳	外界の情報を，コトバやイメージによる表象ではなく，感覚的な身体運動によって把握する。①反射的活動→②身体運動を繰り返す第一次循環反応→③外界物を動かす動作を繰り返す第二次循環反応→④対象の永続性の獲得と手段・目的関係が分化→⑤試行錯誤的実験を繰り返す第三次循環反応→⑥洞察，と発達する。
前操作期	2〜6,7歳	心的象徴を扱えるようになり，コトバや数を獲得し，ごっこ遊びや見立て遊びができるようになる。だが保存概念がなく，思考も自己中心的である。
具体的操作期	6,7〜12歳	「いま・ここ」にある具体的事物についての論理的思考が成立する。保存概念は確立され，脱中心化ができるようになる。
形式的操作期	12歳〜	「いま・ここ」に見えないものについても，形式的，抽象的な思考によって認識できるようになる。仮説演繹的思考が可能になる。

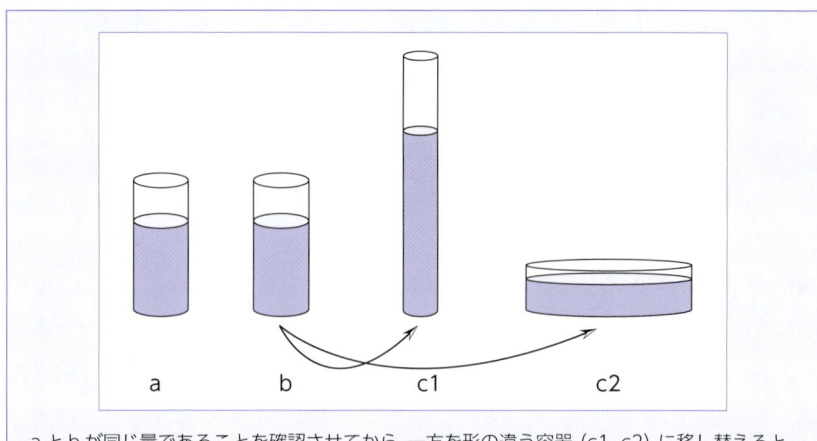

aとbが同じ量であることを確認させてから，一方を形の違う容器（c1, c2）に移し替えると，c1やc2の方が多い，あるいは少ないと判断する。つまり量の保存概念が成立していない。

図 1-1-6　「量の保存」課題

（decentration）して，具体的な事物に即して個人的な次元を超えた普遍的な知識が獲得できるようになる。西欧近代社会ではどの国でも，ちょうどこ

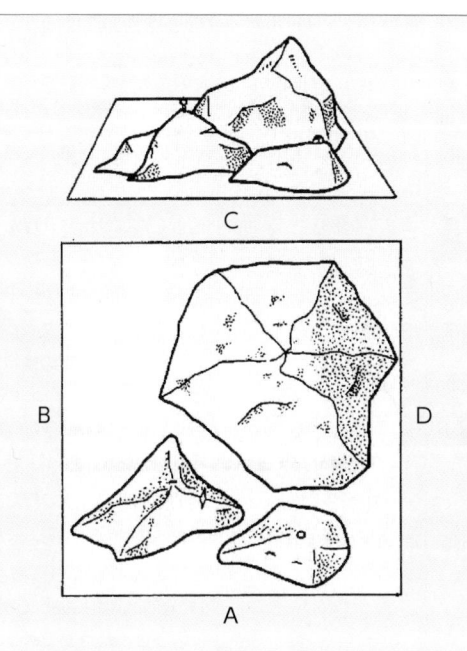

子どもをAに座らせた位置で，B，C，Dから見るとどのように見えるかを写真から選ばせると，自分の位置からの景色を選ぶ子どもが多い。これが「自己中心性」を表している。

図1-1-7　三つ山問題（Piaget & Inhelder, 1956）

の頃から初等教育が開始されて，国語，算数，理科，社会のような教科内容が教育によって学習可能になる。しかし，たとえば算数は，つるかめ算のように具体的な事物に即した方法の方が扱いやすい。それが未知数を x, y といった文字で表現するような，抽象的・演繹的・形式的な推論と思考ができるようになるのが「**形式的操作期**」（formal operational period）である。これはおおよそ12歳頃に移行するが，それはヒトの脳の容量がようやく成人に達する時期に相当し，第二次性徴を経験して性的にも成熟して，近代以前の文化ではおおむねこの頃に大人の仲間入りをはたす。すなわち先住民文化では成人になるための通過儀礼が，戦国時代の武士階級では初陣への参加が，また江戸時代の町人の徒弟制では寺子屋を終えて丁稚奉公がはじまる。そし

表 1-1-3　コールバーグの道徳性発達段階

慣習的水準以前	第1段階	罰と服従への志向	罰せられるか褒められるかという行為の結果のみが，その行為の善悪を決定
	第2段階	道具主義的な相対志向	具体的な物・行為の交換が「公正」であることが問題
慣習的水準	第3段階	対人的同調，あるいは「よい子」志向	他者を喜ばせたり助けたりするものがよい行為。多数意見や紋切り型のイメージに従う。行為の動機が善意の判断に重要となる。
	第4段階	「法と秩序」志向	社会的権威や定められた規則を尊重し，すでにある社会秩序の維持するようそれに従うことが正しい。
慣習的水準以降	第5段階	社会契約的な法律志向	正しいとは，社会にはさまざまな価値観や見解が存在することを認めたうえで，社会契約的合意に従って行為すること
	第6段階	普遍的な倫理的原理の志向	正しい行為とは法を超え，論理的包括性，普遍性ある立場の互換性から構成される「倫理的原理」に従って判断された「良心」にのっとった行為である。

て近代学校制度においてはこの時期から中等教育がはじまって，それまでの具体的な知識の理解から，抽象的な水準で知識の再構築が促される。すなわち算数は数学となり，言語の形式的な文法規則を扱う外国語（英語）が導入され，理科や社会科でも単に事物やできごとの事実的な事柄の理解から，より科学的，普遍的な内容が扱われるようになる。ピアジェの発達段階説は，こうした私たちが経験的に感じ取っていた知性の変化を的確にとらえているものとして理解できるだろう。

　人間の知性が個人的，直観的，具体的なレベルから普遍的，論理的，抽象的な段階へと発達し，原則として段階を逆行することがないとするピアジェの発達段階の考え方を道徳性の判断の領域にあてはめたのがコールバーグ（Kohlberg, 1984）である。それは表 1-1-3 に示すように，いわゆる「よい子らしさ」や「法律」といった慣習的な水準の道徳的判断が獲得される以前に，

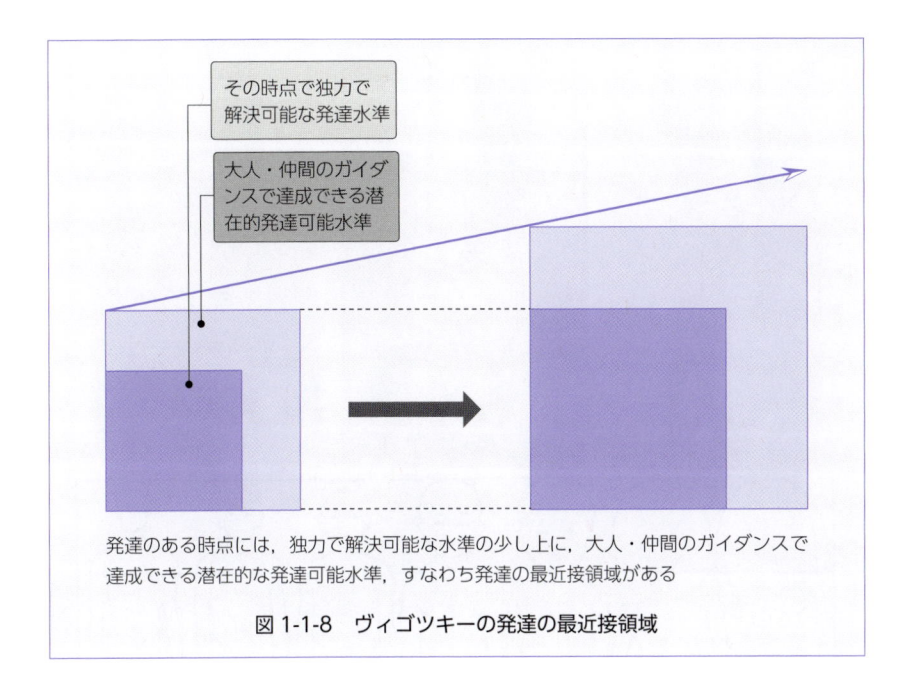

```
┌─────────────────────────────────────────────────┐
│   ┌──────────────┐                              │
│   │その時点で独力で│                              │
│   │解決可能な発達水準│                            │
│   └──────────────┘                              │
│   ┌──────────────┐                              │
│   │大人・仲間のガイダ│                            │
│   │ンスで達成できる潜│                            │
│   │在的発達可能水準 │                             │
│   └──────────────┘                              │
│                                                 │
│       [図：発達の最近接領域の模式図]              │
│                                                 │
│ 発達のある時点には，独力で解決可能な水準の少し上に，大人・仲間のガイダンスで│
│ 達成できる潜在的な発達可能水準，すなわち発達の最近接領域がある           │
│                                                 │
│         図 1-1-8　ヴィゴツキーの発達の最近接領域      │
└─────────────────────────────────────────────────┘
```

「罰と服従」や「道具主義」（目には目を）のような直観的・具体的な考え方をする段階があり，そしてそれ以後の抽象的な水準がより高まった「社会契約」「普遍的な倫理の黄金律」という抽象度の高い段階への発達が描かれている。

　ピアジェやコールバーグの発達段階がとらえているのは，ヒトとしての普遍的な発達の階段であり，それはピアジェの理論に明確に描かれているように，生物学的な成熟を基盤とした環境との相互作用によると考えられている。こうした発達観に対して，それはあまりに個人的で生物学的な事象としてとらえすぎており，社会的，文化的な性質が十分に考慮されていないという批判が向けられた（Siegal, 1995）。なかでも旧ソ連の夭折した天才的な心理学者ヴィゴツキー（Vygotsky, 1932）は，人間の発達には個人の独力で達成できる水準の少し上に，他者からの手助けによって達成できる「**発達の最近接領域**」（zone of proximal development）があり，それがやがて次の独力でで

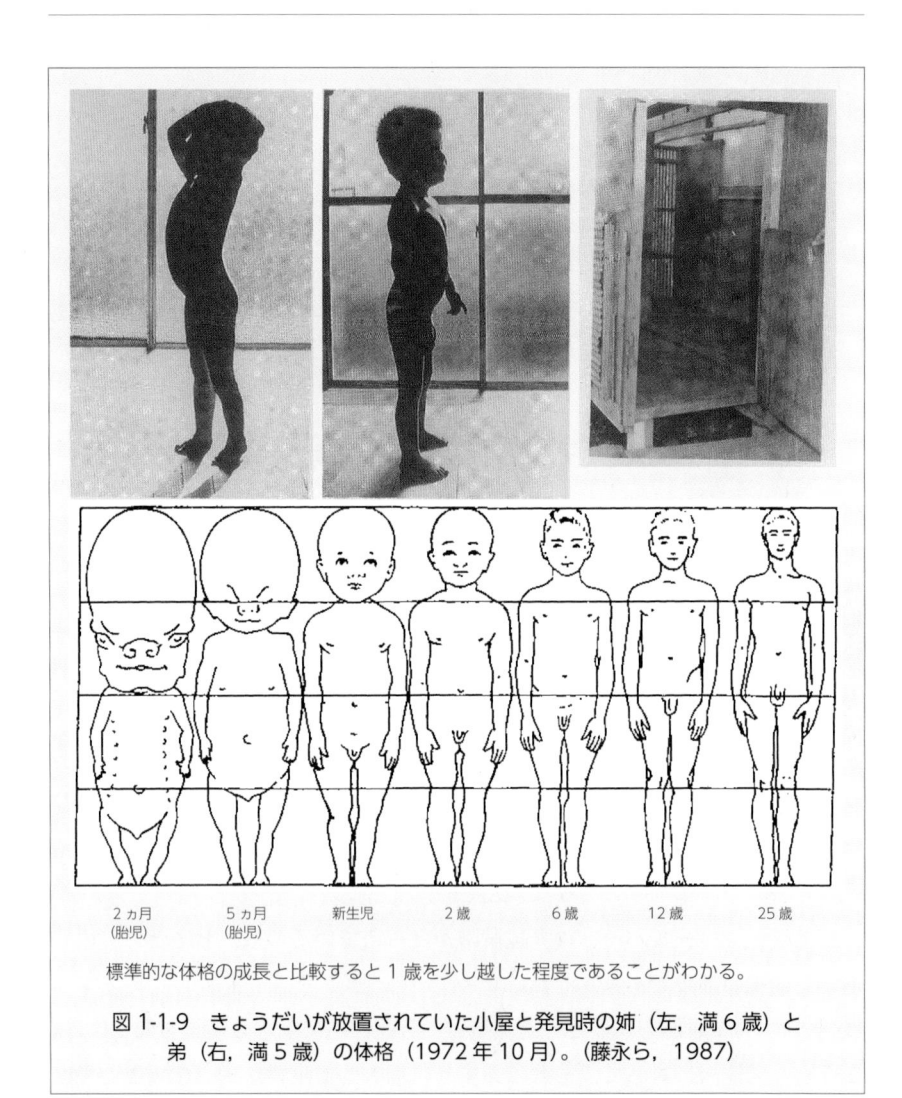

標準的な体格の成長と比較すると1歳を少し越した程度であることがわかる。

図 1-1-9　きょうだいが放置されていた小屋と発見時の姉（左，満6歳）と弟（右，満5歳）の体格（1972年10月）。(藤永ら，1987)

きる水準になるという発達観を説いた（図1-1-8）。教育による学習はまさしくこの発達最近接領域をふだんに発達しつづける学習者に与える営みであるといえる。また女性心理学者ギリガン（Gilligan, 1982）は，コールバーグの道徳判断の，普遍的で自立的な判断へと向かう発達段階が，男性的な発達観

であり，女性は自立性や普遍性よりも，人間関係のなかでの思いやりを重視する異なる発達段階を経るものだと反論した。これら社会的・文化的要因を重視する考え方は，生物学的な側面に光を当てる立場と矛盾するものではなく，発達という現象がこれらすべての多様な要因の相互作用によってふだんに再構成されつづけることを意味している。

　かつてわが国で，生まれてからずっと狭い小部屋に放置して育てられた6歳の姉と5歳の弟きょうだいが発見され救出された（図1-1-9）。発見された時に体型はほとんど満1歳児程度で，大きな言語遅滞があった。しかしその後，研究者らによる計画的で継続的な育児と教育の働きかけにささえられて，身体的・認知的・社会的にほぼ正常の域にまでに回復することができた（藤永ら，1987；藤永，2001）。これは，「オオカミに育てられた子」の俗説（鈴木，2008）が示唆していたように，初期に極端に劣悪な環境で育つと正常な発達を遂げることはできないと信じられていたことに反する画期的な事例である。これは劣悪な環境の下で，生命がふつうの成長プロセスを進むことを控え，いつの日か訪れるかもしれないしかるべき環境からの刺激が与えられるのを待っていたかのごとくである。遺伝子が勝手に知性の成熟のプログラムを進行させるのでもなく，またその時にさらされた環境によって知性を完成させてしまうのでもなく，生命は予測不能な事態に対してすら適応的に対応して柔軟に発達の速度を調整したと考えられる。

1-3　知性の個人差の形成

　多人数を同時に教えねばならない学校教育においてもっとも大きな問題の一つは，学習能力に大きな**個人差**（individual differences）があることだろう。同じように教えても，飲み込みのすこぶるよい生徒から，理解のおぼつかない生徒までいる。こうした知性の個人差はなぜ生ずるのだろうか。また，学

習能力自体を教育によって高め，その個人差をなくすことができるのだろうか。

　知性や学習能力の個人差の原因として考えられるのが**遺伝**（genetic）要因と**環境**（enviromental）要因である。人間一人ひとりはみな異なる遺伝子の種類の組み合わせをもつと同時に，異なる生育環境の下で育つ。もし知性や学習能力の個人差の大部分が環境要因に起因するとすれば，それを明らかにしコントロールすることによって，その個人差を小さくすることができるだろう。しかしもし遺伝要因が，身長や体重のように，ある程度，無視できないほど関わっているとしたら，個人差をなくすことは期待できず，むしろ遺伝的個人差のあることを前提とした教育のあり方を模索する必要に迫られるであろう。

　遺伝と環境の両要因の影響を明らかにする方法が行動遺伝学で用いられる**双生児法**（twin method）である（安藤，2012（4-2-2 も参照））。遺伝子を 100% 共有し生育環境も共にする一卵性双生児と，生育環境は一卵性とほぼ同じだが遺伝子は一卵性の半分の 50% しか共有しない二卵性双生児を比較したとき，一卵性双生児の類似性が二卵性より大きければ大きいほど遺伝要因が関与していると考えられる。また一卵性と二卵性の類似性にあまり差がないとすれば，それは遺伝要因というよりもむしろ一緒に育ったことによる**共有環境**（shared environment）の影響によるものと考えられる。さらに同じ生育環境で育った一卵性双生児でも似ていない部分があるとすれば，それは環境要因，特に家族でも共有しない非共有環境（nonshared environment）の影響である。

　ちなみにここでいう「遺伝の影響」とは，親から子への伝達率を意味するものではなく，ある集団の個人差のうち遺伝的な差で説明できる割合であることに留意してほしい。両親のもつ遺伝子のセットは，減数分裂によっておおむねランダムに，それぞれその半分ずつが子どもに伝わり，新しい遺伝子の組み合わせとなる。同じ両親からもさまざまな遺伝的素質の子どもが生まれるのであり，遺伝の影響があるからといって「かえるの子はかえる」とい

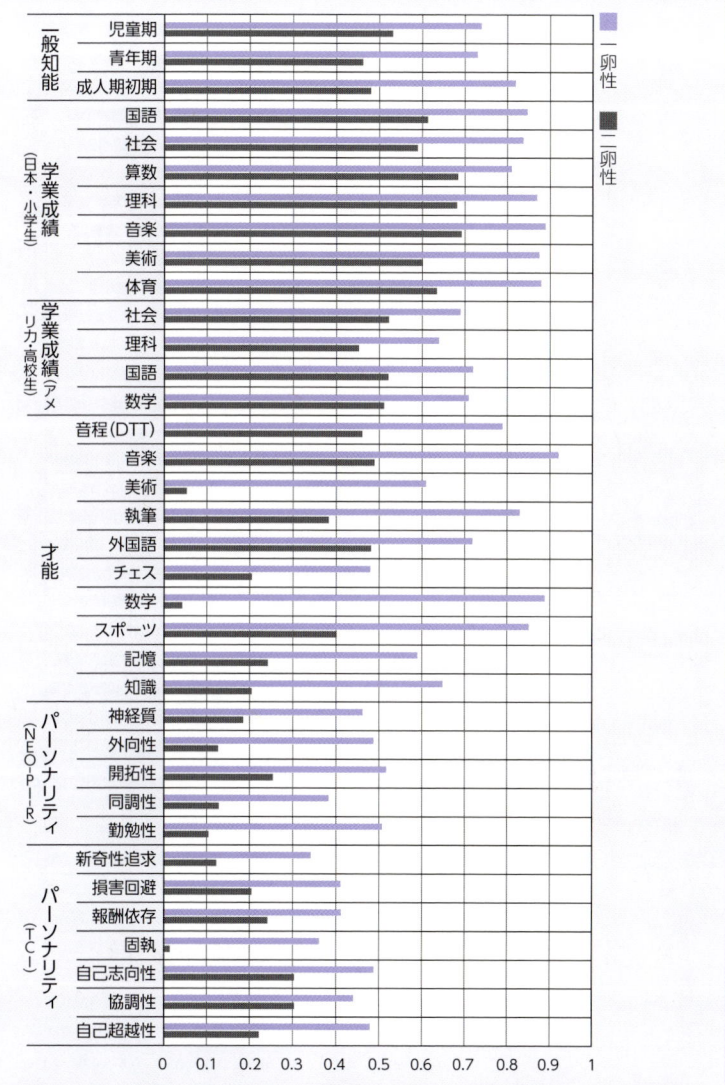

出典：一般知能：Haworth et al. (2010)，学業成績（日本）：副島（1972），学業成績（アメリカ）：Loehlin & Nichols (1976)，才能：Vinkhuyzen et al. (2009)，パーソナリティ（NEO-PI-R）：Shikishima et al. (2006)，パーソナリティ（TCI）：Ando et al. (2004)

図 1-1-10　さまざまな能力やパーソナリティにおける双生児の類似性（相関係数）

図 1-1-11　さまざまな能力やパーソナリティの個人差に占める遺伝と環境の割合

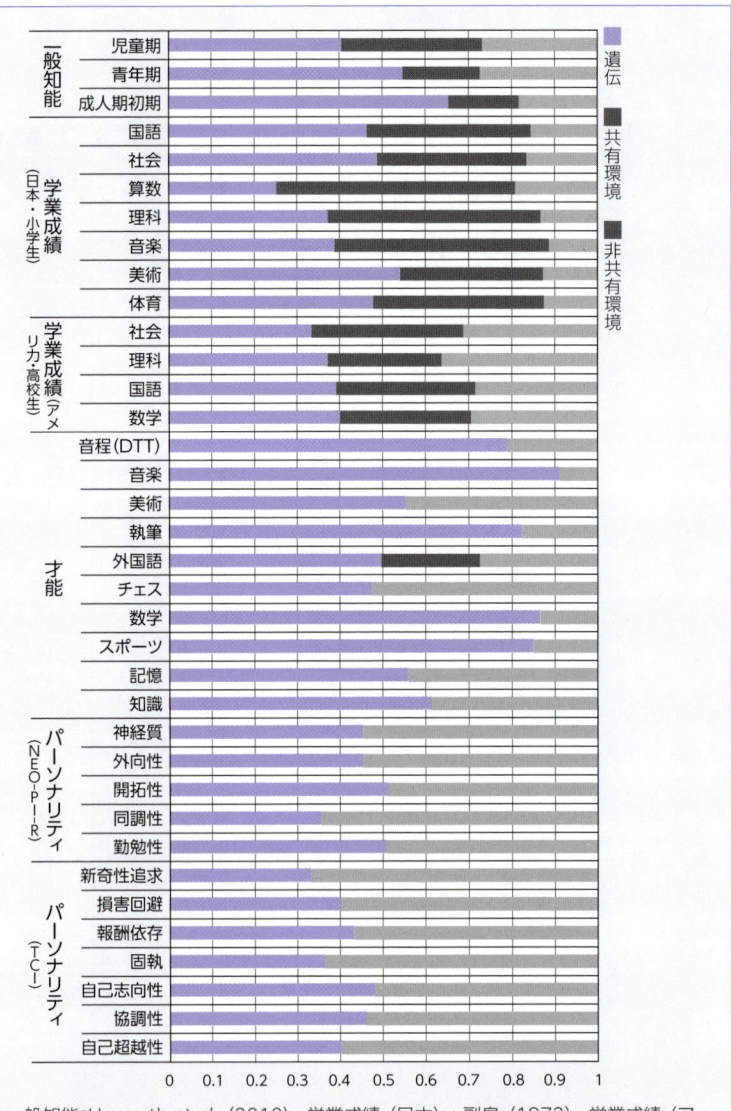

出典：一般知能：Haworth et al. (2010)，学業成績（日本）：副島 (1972)，学業成績（アメリカ）：Loehlin & Nichols (1976)，才能：Vinkhuyzen et al. (2009)，パーソナリティ (NEO-PI-R)：Shikishima et al. (2006)，パーソナリティ (TCI)：Ando et al. (2004)

う単純な伝達が起こるわけではない。

　図1-1-10は一般知能の発達的変化や各教科ごとの学業成績，さまざまな領域の文化的才能，そして学習適性と考えられるパーソナリティの諸次元について，一卵性双生児と二卵性双生児の類似性の程度の比較を表している。そのすべてにおいて一卵性の類似性が二卵性を上回っており，遺伝の影響があることがうかがえるが，そこから遺伝要因，共有環境要因，非共有環境要因の相対的な大きさを統計学的に推定したものが図1-1-11に示されている。総じて，遺伝要因はほぼすべてにみられ，知能や学業成績ではおよそ4割から5割が遺伝よって説明されることがわかる。このことは残る5割から6割が環境によることも意味するが，特に一般知能や学業成績には，パーソナリティや才能にはみられない共有環境の影響が3割から4割を説明することも示されている。つまり遺伝も環境も両方ともほぼ同程度に，一般知能や学業成績の個人差の形成に関わっており，特に環境要因には家庭の影響が少なくないことがわかる。

　特に学業成績の個人差に関わる共有環境要因としては，親の愛情が乏しかったり親から拒絶や体罰を受けることが少ないといった，人間らしく生きるための基本的な人間関係（Roisman & Fraley, 2008）や，子どもの頃に親が子どもとおもちゃや絵本で遊びながら知識を伝えてあげたり，家庭の中で知的な言葉づかいをしたり，いろいろなところに連れて行っていろんな経験をさせてあげたり，またもちろん勉強を直接うながしてあげたりすることなど，親子関係の間に作られる子どもの知的能力に直結するような環境（Son & Morrison, 2010），夫婦はじめ家族の関係が円満であることや家の中が整理整頓されていることなど，家庭全体の雰囲気を作り上げている環境要素（Hanscombe et al., 2011）が，遺伝要因を統制してもなお有意に関わっていることが示されている。さらには「孟母三遷」といわれるように，その家族の住んでいる地域の教育レベルが影響しているという報告もある（Dupere et al., 2010）。

　身長や体重への遺伝の影響はおよそ8割程度であることと比べれば，一般

知能や学業成績に及ぼす遺伝の影響は少ない。とはいえ遺伝と環境の両方がほぼ同程度にその個人差に寄与していること，一般知能と学業成績との遺伝はほぼ共通していること（Wainwright et al., 2005），また一般知能のへの遺伝の影響力が児童期から成人期にかけて発達とともに大きくなることを考えると，いわゆる「子どもの頃から一生懸命お勉強をさせれば，どんな子どもでも一流大学に合格できる」と考えるのは幻想に近いことが示唆される。

　人間の心理的，行動的な特徴には，一般知能のみならず，パーソナリティをはじめ，ほぼあらゆる側面に無視できない遺伝的個人差の影響がある以上，やみくもに学校の成績をよくすることだけのために環境や努力の重要性を強調することには無理があるだろう。遺伝子が織りなす全体的な個性を発揮しながら，一人ひとり社会の中で他者と協力し合い，それぞれの役割を見出し，自己実現していけるような能力を形成するための学習環境をふだんに作りつづけるのが教育本来の役目であろう。

（安藤寿康）

引用文献

安藤寿康（2012）．遺伝子の不都合な真実―すべての能力は遺伝である―　筑摩書房．
Ando, J., Suzuki, A., Yamagata, S., Kijima, N., Maekawa, H., Ono, Y., & Jang, K. L.(2004). Genetic and environmental structure of Cloninger's temperament and character dimensions. *Journal of Personality Disorders*, **18**, 379-393.
Dupere, V., Leventhal, T., Crosnoe, R., & Dion, E.(2010). Understanding the positive role of neighborhood socioeconomic advantage in achievement: The contribution of the home, child care, and school environments. *Developmental Psychology*, **46**(5), 1227-1244.
藤永保（2001）．ことばはどこで育つか　大修館書店．
藤永保・斎賀久敬・春日喬・内田伸子（1987）．人間発達と初期環境　有斐閣．
Gardner, H.(1983). *Frames of mind: The theory of multiple intelligences*. New York: Basic Books.
Geary, D. C.(2002). Principles of evolutionary educational psychology. *Learning and*

Individual Differences, **12**, 317-345.

Goleman, D.(2005). Emotional intelligence: Why it can matter more than IQ. Bantam Books.(土屋京子（訳）．EQ―こころの知能指数― 講談社 1998)

Gilligan, C.(1982). *In a different voice*. Harvard University Press.(岩男寿美子（訳）(1986). もうひとつの声―男女の道徳観のちがいと女性のアイデンティティ― 川島書店)

Hanscombe, K. B., Haworth, C. M. A., Davis, O. S. P., Jaffee, S. R., & Plomin, R.(2011). Chaotic homes and school achievement: A twin study. *Journal of Child Psychology and Psychiatry*, **52**(11), 1212-1220.

Hawks, K., O'Connell, J. F., Blurton Jones, N. G., Alvarez, H,. & Charnov, E. L.(1998). Grandmothering, menopose and the evolution of human life histories. *Proceedings of National Academy of Science*. **95**, 1336-1339.

Haworth, C. M. A., Wright, M. J., Luciano, M., Martin, N. G., de Geus, E. J. C., van Beijsterveldt, C. E. M., Bartels, M., Posthuma, D., Boomsma, D. I., Davis, O. S. P., Kovas, Y., Corley, R. P., DeFries, J. C., Hewitt, J. K., Olson, R. K., Rhea, S-A., Wadsworth, S. J., Iacono, W. G., McGue, M., Thompson, L. A., Hart, S. A., Petrill, S. A., Lubinski, R. K., & Plomin, R.(2010). The heritability of general cognitive ability increases linearly from childhood to young adulthood. *Molecular Psychiatry*, **15**, 1112-1120.

Horn, J. L., & Cattell, R. B.(1966). Refinement and test of the theory of fluid and crystallized intelligence. *Journal of Educational Psychology*, **57**, 253- 270.

Kohlberg, L.(1984). *Moral stages: A current formulation and a response to critics*. S Karger Pub.（岩佐信道（訳）(1987). 道徳性の発達と道徳教育―コールバーグ理論の展開と実践― 麗澤大学出版会）

Loehlin, J. C., & Nichols, R. C.(1976). *Heredity, environment and personality*. Austin: University of Texas Press.

松沢哲郎(2011). 想像するちから―チンパンジーが教えてくれた人間の心― 岩波書店．

Mithen, S.(1996). *The prehistory of the mind*. London: Thames and Hudson. (松浦俊輔・牧野美佐緒（共訳）(1998). 心の先史時代 青土社)

Piaget, J.(1970). Piaget's theory. In Mussen, P. H.(Ed.). *Carmicael's manual of child's psychology*.(3rd ed): Vol. 1. Chapter 9(pp. 703-732). NY: John Wiley 6 Sons.(中垣啓（訳）(2007). ピアジェに学ぶ認知発達の科学 北大路書房)

Piaget, J., & Inhelder, B. (1956). *The Child's Conception of Space*. London: Routledge & Kegan Paul.

Roisman, G. I., & Fraley, C.(2008). A behavior-genetic study of parenting quality, infant attachment security, and their covariation in a nationally representative sample. *Developmental Psychology*, **44**, 831-839.

Sakai, K. L.(2005). Language acquisition and brain development, *Science*, **4**, 815-819.

Schultz, A. H.(1924). Growth studies on primates bearing upon man's evolution. *American Journal of Physical Anthropology*, **7**, 149-164.

Schultz, A. H. (1960). Age changes in primates and their modification in Man. In J. M. Tanner (Ed.), *Human Growth* (pp. 1-20). Oxford: Pergamon.

Shikishima, C., Ando, J., Ono, Y., Toda, T., & Yoshimura, K.(2006). Registry of adolescent and young adult twins in the Tokyo area, *Twin Research and Human Genetics*, **9**, 811-816

Siegal, M.(1995). *Knowing children: Experiments in conversation and cognition*. Psychology Press.(鈴木敦子・鈴木宏昭（共訳）（1993）．子どもは誤解されている—「発達」の神話に隠された能力—　新曜社）

副島羊吉郎（1972）．学業成績における遺伝の影響—双生児法による—　心理学研究，**43**(2), 68-75.

Son, S. H., & Morrison, F. J.(2010). The nature and impact of changes in home learning environment on development of language and academic skills in preschool children. *Developmental Psychology American Psychological Association*, **46**(5), 1103-1118.

Spearman, C.(1904). "General intelligence" objectively determined and measured. *American Journal of Psychology*, **15**, 201-293.

鈴木光太郎（2008）オオカミ少女はいなかった—心理学の神話をめぐる冒険—　新曜社．

Thurstone, L. L.(1938). A new conception of intelligence. *Educational Record*, **17**, 441-450.

Vinkhuyzen, A. A. E., van der Sluis, S., Posthuma, D., & Boomsma, D. I.(2009). The heritability of aptitude and exceptional talent across different domains in adolescents and young adults. *Behavioral Genetics*, **390**, 380-392.

Vygotsky, L.(1932). Vygotsky, L. S.(1986). *Thought and language*. Cambridge, MA: MIT Press(original work published 1934).(柴田義松（訳）（1962）．思考と言

語（上）（下）　明治図書）

Wainwright, M. A., Wright, M. J., Luciano, M., Geffen, G. M., & Martin, N. G.(2005). Multivariate genetic analysis of academic skills of the Queensland core skills test and IQ highlight the importance of genetic g. *Twin Research and Human Genetics*, **8**, 602-608.

教育心理学コラム 2

道徳的感情としての感謝

内藤俊史

　道徳教育（moral education）の目的には，思いやりをはじめとしてさまざまな道徳的感情の育成が含まれる。しかし，道徳的感情についての研究は十分とはいえず，また共感性や罪悪感の研究に限られていた。2000年代になって，より広い範囲の道徳的感情に研究者の目が向けられるようになった。たとえば，2003年に出版された感情科学のハンドブックでは，**道徳的感情**（moral emotion）としてさまざまな感情があげられている（Haidt, 2003）。それらは，恥，当惑，罪意識などの自意識に関わる道徳的感情，軽蔑，怒り，嫌悪などの他者非難に関わる感情，同情，共感のような他者の苦難に関わる感情，感謝や畏怖といった他者への賞賛に関わる感情である。これらは，道徳的感情のほぼ全体像を描いているといえよう。そのなかには，怒りのように，不正への怒りなどに限定され文脈に大きく依存するものもあれば，道徳的な性質を比較的常にもつ感情も含まれる（罪悪感，感謝など）。

　その一つとして，**感謝**（gratitude）がある。感謝は，他から恩恵を受けたときに，その恩恵を与えた者またはそれに関係する者に対して感じる感情である。一般に，他者から恩恵を受けたときには，相手への好意，さらには相手への敬意などが含まれることがある。加えて，負債感，すまないという感情などいわゆる負の感情も含まれることもあるだろう。感謝をどの範囲の感情として扱うかは，必ずしも研究者の間で一致しているわけではないが，ここでは，正の感情を主としたものに限定をして話を進める。この意味での感謝は，従来道徳的感情として取り上げられてきた罪意識や恥意識と比較して，肯定的な感情であり精神的健康などと関連をもつという特徴がある。すなわち，次のようなことがこれまでに見出されている。

a　感謝感情は，援助，分かち合い等の向社会的行動を生じさせる傾向がある。

　　他者から恩恵を受けたとき，恩恵を与えてくれた相手に対して返報行動（恩返し）が生じる傾向があることは明らかであろう。しかし，恩恵を与えてくれた人以外の人びとに対する援助行動も増すことがいくつかの研究で示されている。

　b　感謝をする傾向の高い人は，社会的活動性や精神的健康の得点が高い。

　　米国の大学生を対象とした研究では，感謝傾向尺度（GQ-6）は，生活満足度，主観的幸福感，バイタリティ，楽観性と正の相関をもち，不安，抑鬱傾向と負の相関をもつことが見出されている（McCullough, et al., 2002）。

　それでは，感謝をする傾向の高い人びとは，なぜ，これらの傾向をもつのだろうか。いくつかの説明が提案されているが，感謝の感情やそれに基づく行為が，社会的相互作用にプラスに働くことは容易に想像できる。第1に，行動の面から考えれば，感謝をされた者は，援助行動が社会的に強化されたことになり，相互の社会的相互作用を高めることになる。第2に，感謝をする傾向の高い人の場合，以下のような認知的傾向が推測されるので，その結果として適応的な行動が生じやすいと考えられる。すなわち，感謝の感情が生じるときには，他者との相互依存的な関係の認識がともなうことが多く，その結果として，社会的な活動性を高めることにつながると考えられる。

　これまで，感謝を正の感情として話を進めてきた。しかし，他者からの援助に対して感じる感情の1つとして，すまないという感情がある。日本では，援助を受けたとき，相手に対して「ありがとう」という場合とともに，「すみません」という場合も多い。そこで，すまないという感情の働きや，感謝とすまないという感情の関係が問題になる。初めに示唆したように，感謝と近い感情には，負債感やすまないという感情がある。これまでの米国での研究は，感謝と負債感とを区別したうえで，感謝のもつ積極的な面をもっぱら明らかにしてきた。たとえば，助けてくれた人が見返りを求めている場合は，

見返りを求めていない場合よりも感謝の感情は小さくなるが，負債感はあまり変わらないかむしろ大きくなるという結果が得られている（Watkins et al., 2006）。

しかし，すまないという感情は，少なくとも日本の社会では無視し得ない機能をもっている。たとえば，自然に対するすまない，感謝，負債感などの一般的な感情と，環境保護態度との関係を調べた調査では，自然に対するすまないという感情は感謝とともに，環境保護態度と正の相関をもっていた（Naito et al., 2010）。また，一般に，感謝，すまない，負債感という感情は，相互に関連する感情であり，また，すまないという感情とありがたいという感情は相互に転化する可能性さえあるとされてきた。これらの感情の関係，そしてそれぞれの機能については，今後さらなる研究が期待されている。

引用文献

Haidt, J.(2003). The moral emotions. In R. J. Davidson, K. R. Scherer, & H. H. Goldsmith(Eds.), *Handbook of affective sciences*(pp. 852-870). Oxford: Oxford University Press.

McCullough, M. E., Emmons, R. A., & Tsang, Jo-Ann(2002). The graceful disposition: A conceptual and empirical topography. *Journal of Personality and Social Psychology*, **82**, 112-127.

Naito, T., Matsuda, T., Intasuwan, P., Chuawanlee, W., Thanachanan, S., Ounthitiwat, J., & Fukushima, M.(2010). Gratitude for, and regret toward, nature: Relationships to proenvironmental intent of university students from Japan. *Social Behavior and Personality*, **38**, 993-1008.

Watkins, P. C., Seheer, J., Ovnicek, M., & Kolts, R.(2006). The debt of gratitude: Dissociating gratitude and indebtedness. *Cognition and Emotion*, **20**, 217-241.

教育心理学コラム 3

幼児の数理解を促す文化的支援
― 算数の早期教育は必要か ―

榊原知美

　算数をめぐる子どもの学習・発達について，幼い子どもをもつ親からよく聞かれる質問に，「算数の**早期教育**は必要か」というものがある。確かに，近年の研究では，幼児期に身につける数知識が就学後の算数学習の重要な基盤であることが明らかになっている。たとえばDuncanら（2007）は，過去に行なわれた6つの縦断研究のデータを再分析し，子どもが就学時までに身につけた数スキルが，その後の算数の成績を予測することを明らかにした。また，たとえば米国の低所得層の子どもなど，小学校での算数学習に困難を示す傾向がある子どもは，**幼児期の数知識**が少ないことも指摘されている（e.g., Jordan & Levine, 2009）。そのような子どもは，算数学習の準備が整っていない状態で小学校に入学するため，入学直後から算数の学習に困難を経験しやすいのである。

　日本の場合はどうだろうか。日本の小学生の算数能力が国際的にみても高い水準にあることはよく知られているが，同様の傾向が幼児期の数知識についてもみられることが数多くの研究で報告されている。たとえば，StevensonとStigler（1992）は，日本，台湾，米国の5歳児各288名を対象に，計数，位取り，加減算をはじめとする基礎的な数概念の理解と操作能力を検討し，日本の幼児が台湾や米国の幼児よりも高い得点を示したことを報告している。Ginsburgら（1997）もまた，架空のお誕生日会の設定で，5ヵ国の4歳児の基礎的な数的思考について検討し，日本を含むアジア（中国と韓国）の子どもが，米国やコロンビアの子どもよりも高い成績を示したと報告している。

　このような豊富な数知識を日本の幼児はどのようにして身につけているの

だろうか。幼稚園を対象とした研究では，日本の保育が体系的な指導に頼らないかたちで，効果的に幼児の数理解を促していることが示されている。榊原（2006）は，幼稚園7園を対象に2年間にわたり保育活動の観察を行なった。その結果，日本の幼稚園では，体系的に数を教える活動はほとんど行なわれていないものの，数の支援は，歌詞に数や大きさが含まれている歌を選択して歌う，製作の材料の数や形を子どもと一緒に確認する，出欠を確認する時に男女の欠席人数の合計を子どもに質問するなど，日常の保育活動に埋め込まれるかたちで，頻繁に行なわれていることが明らかになった。さらに，そのような支援の効果について検討したところ，支援を多く与えられたクラスの子どもは，支援がより少ないクラスの子どもよりも，数に関わる知識をより豊富にもっていることも明らかになっている。日本の幼児は，こうした**埋め込み型の支援**をさまざまな場面で受けることを通して，国際的にみても豊富な数知識を身につけているのである。

興味深いことに，保育者へのインタビューから，保育者はこのような埋め込み型の支援を意識的に行なっているわけではないことも明らかになっている。確かに，保育活動の観察においても，保育者は歌や製作などの活動を行なう際に，非常に頻繁に数の要素を持ち込んでいたが，それは子どもに数を教えることを目的としたものではなく，あくまでも，子どもの興味・関心を惹きつけたり，活動を発展させるための手段としてであった。保育者がこのような支援を効果的に行なうためには，子どもの数知識の状態を把握したうえで，子どもが興味をもって挑戦することができる適度なレベルの課題を見つけ出さなければならない。この点で，埋め込み型の支援は，意識されずに行なわれてはいるが，数発達の最近接領域に適切に働きかける非常に高度な教育的支援になっているといえよう（Vygotsky, 1934）。

日本において，このような埋め込み型の支援は，家庭でも日常的に行なわれていると考えられる。お風呂で数を数えることなどは，その一例であろう。このように幼稚園や家庭において行なわれる日本の**文化**に特徴的な支援は，直接的な教授を行なう早期教育とは異なるかたちで日本の幼児に小学校での

算数学習に必要となる知識の獲得を促してきたのである。

　以上のことをふまえると，日本の子どもについては，「早期教育」のかたちで早い時期から体系的な指導を行なう必要はないように思われる。子どもの数理解を促すためには，むしろ，子どもの興味・関心を尊重する埋め込み型の支援をさらに豊かなものにしていくことの方が重要なのかもしれない。では，どのような取り組みが考えられるだろうか。一つは，子どもが経験する数の領域の拡張である。これまでの研究から，たとえば保育では，数に関する活動は非常に頻繁に行なわれているものの，算数につながる他の領域に関する活動（たとえば，測定，算術，パターンなど）はあまり頻繁に行なわれていないことがわかっている。米国や中国で行なわれた研究によれば，子どもは自由遊びにおいて数え上げよりも，パターンや形に関わる活動に自発的に取り組んでいることが報告されている（Ginsburg et al., 2003）。この傾向が日本の子どもにもみられるのであれば，これらの領域についても埋め込み型の支援を行なうことで，算数に関わるより包括的な経験を子どもに提供できるはずである。

　もう一つは，子どもの数理解を効果的に促す活動の種類を特定し，それを保育や家庭の中に取り入れていくことである。今のところ，こうした活動として，双六を単純化したようなボードゲームが指摘されている。米国で数知識が少ない低所得層の子どもに，このようなゲームで遊ぶ活動をさせたところ，数の大きさに対する子どもの理解が効果的に促されたという報告もある（Siegler & Ramani, 2009）。日本の保育にみられる非常に多様な活動のうち，どれが特に子どもの数理解を促す効果をもつのか。今後さらに研究を進めていくことで，早期教育とは異なるかたちで幼児の数理解をより豊かに促す支援が可能になるかもしれない。

引用文献

Duncan, G. J., Dowsett, C. J., Claessens, A., Magnuson, K., Huston, A. C., Klebanov, P., et al.(2007). School readiness and later achievement. *Developmental Psy-*

chology, **43**(6), 1428-1446.

Ginsburg, H. P., Choi, Y. E., Lopez, L. S., Netley, R., & Chi, C. Y.(1997). Happy birthday to you: The early mathematical thinking of Asian, South American, and U.S. children. In T. Nunes & P. Bryant(Eds.), *Learning and teaching mathematics: An international perspective*(pp. 1-45). East Sussex, England: Erlbaum/Taylor & Francis.

Ginsburg, H. P., Lin, C., Ness, D., & Seo, K. H.(2003). Young American and Chinese children's everyday mathematical activity. *Mathematical Thinking and Learning*, **5**(4), 235-258.

Jordan, N. C., & Levine, S. C.(2009). Socioeconomic variation, number competence, and mathematics learning difficulties in young children. *Developmental Disabilities Research Reviews*, **15**, 60-68.

榊原知美（2006）．幼児の数的発達に対する幼稚園教師の支援と役割：保育活動の自然観察にもとづく検討　発達心理学研究, **17**(1), 50-61.

Siegler, R. S., & Ramani, G. B.(2009). Playing linear number board games –but not circular ones- improves low-income preschoolers' numerical understanding. *Journal of educational psychology*, **101**(3), 545-560.

Stevenson, H. W., & Stigler, J. W.(1992). *The learning gap*. New York: Simon & Schuster.

Vigotsky, L. S.(1934). Мышление и речь（柴田義松（訳）（2001）．思考と言語　新読書社）

2. Language Acquisition
言語獲得

2-1 言語の種固有性と領域固有性

▶▶ 2-1-1 言語の種固有性

　人間（生物学的にいえば「ヒト」）は，**言語**（language）の使用によって他の生物種と本質的に区別される。ある言語表現がこれまでに接したことのないものでも，自らの母語の規則体系（これを**文法**（grammar）と呼ぶ）に適ってさえいればわれわれはそれを理解することができるし，また，新しい言語表現を自分で組み立てることもできる。さらに人間は，自らを取り巻く状況に応じて自分の思考や思想を自由に表現することができ，特定の場面や特定の心の状態において，特定のセリフを話さなくてはいけない，といった束縛は受けない。人間の言語使用におけるこれらの特徴は**言語使用の創造的側面**（creative aspect of language use）と呼ばれる（Chomsky, 1966, 1980）。

　このような特徴をもつ人間の言語は，どれほど知的能力が低いヒトの個体でも特別な努力を払うことなく獲得され，個体間の差異に影響を受けない。この意味において，言語はヒトという種に均一的（species-uniform）である。その反面，チンパンジーやボノボなどの系統的にヒトに近い類人猿に，言語やそれに類する記号体系を教える試みがいくつもなされているにもかかわら

ず，人間の言語（と同等の記号体系）を学習したといえる例は認められない（Gardner & Gardner, 1969; Lieberman et al., 1972; Miles, 1990; Terrace et al., 1979; Savage-Rumbaugh & Lewin, 1996; 松沢，1991）。このような観察によって人間の言語は，系統的に近い生物種における個体の知的能力がどれほど高くても獲得することはできず，ヒトという種に固有の（species-specific）システムであるということができる。人間の脳には，このような言語の使用を可能にする，種に固有な認知的基盤が備わっていると考えられる。その中核には**言語機能**（faculty of language）あるいは**言語知識**（knowledge of language）と呼ばれる認知システムの存在が仮定されるが，そのメカニズムを明らかにすることによって，人間が人間であるもっとも根本的な要因に迫ることが期待できる。

　言語の**種固有性**（species-specificity）に関する主張は，時として強い抵抗をもって受け取られる。その背景にあるのは，人間は他の生物とも豊かなコミュニケーションをとることができる，という直観だろう。「言語」という概念は，日常的な用語法においても多様な意味で用いられ，他の生物種のコミュニケーション手段が「動物のことば」などといわれることもあるので，研究者の間でも専門分野や隠れた前提によって議論が嚙み合わないことも多くあった。しかし，次にあげるいくつかの概念整理に関わる努力によって，人間と動物の「ことば」の比較は実質的な成果をあげながら生産的に進展し，現在では学際的な研究領域として言語進化（言語の系統発生）の観点からも重要な意味をもつようになっている（岡ノ谷，2004，2010；藤田・岡ノ谷，2012；池内，2009）。

　異なる生物種間の記号体系を比較するために，たとえばHockettは，記号とその意味の間には直接的な関係がないとする「恣意性」や，それ自体意味をもたない有限個の要素を組み合わせることで無限個の有意味な表現を作れるとする「パターニングの二重性」など，言語設計上の特徴（design features of language）を13項目提案している（Hockett, 1960）。このような基準は，記号体系が満たす特徴をこれらに照らして比較し，ヒトの記号体

系に固有の特徴を絞り込むことができる，という点で有用である。

　また，人間の言語を研究対象として明確にするうえで重要な役割を果たしているのが **I-言語**（I-language）という概念である（Chomsky, 1986）。I-言語は人間の認知システムとしての言語能力だけを指すものとして定義され，それ以外の意味を排除する。たとえば，日常的な意味では「言語」は，紙に書かれたり印刷されたりしたインクの染みを指すことがあったり，空気のある種の振動を指すことがあったりするが，I-言語は，このような「言語」の使い方（これを「**E-言語**（E-language）」と呼ぶことがある）とは明確に区別される。これにより，日常的にあいまいな用語法にとらわれていた「言語」という概念を，人間性の本質の探究における重要な手がかりに位置づけることができるようになった。近年はさらに，**広義の言語機能**（faculty of language in the broad sense: FLB）と**狭義の言語機能**（faculty of language in the narrow sense: FLN）に区別して，言語の種固有性を FLN に求める方向性も提案され，その構成要因についての議論も展開されており，言語の性質の理解はさらなる進展を見せている（Hauser et al., 2002; Pinker & Jackendoff, 2005; Fitch et al., 2005; Jackendoff & Pinker, 2005）。

　言語とコミュニケーションについては，もう少し確認しておく必要があるだろう。両者はもちろん無関係ではないが，言語はコミュニケーションそのものではないし，それらの認知的基盤が同一であると見なす根拠もない。しかも，言語はコミュニケーションに最適化されたシステムですらない。この主張の正当性は，旧約聖書にあるバベルの塔の物語を持ち出すまでもなく，人間言語には多数の個別言語（日本語，英語，フランス語など）があり，その多くは相互に理解することすらできないという事実によっても支持される。

　また，同一の個別言語内においてさえ，コミュニケーションに有用だとは思えない要因を見出すことができる。たとえば(1)にあげた例を見てみよう。

(1)　a. 二人の横綱の母親
　　　b. やさしい顔の描き方

これらの表現はいずれも複数の解釈を許し,多義的である。(1a)の場合,「横綱が二人いる」という解釈と「母親が二人いる」という解釈があるし,(1b)の場合は,「やさしい(＝優しい)顔を描く」という解釈と「やさしい(＝易しい)描き方」という解釈がある。これらの複数の解釈は,与えられた文脈に応じて,どちらかの意味で解釈しわけなくてはいけない。他方,(2)のように,一見したところ多義的でありそうな文の解釈が,多義的ではなく一意に決まることもある。

(2) なぜ敦が買った本が盗まれたの？

(2)において「なぜ」という疑問詞は,表面的な語順だけを見れば,「本」を修飾する連体修飾節(以下の(3)において[ ]で括った語句)の中に含まれる場合(3a)と,含まれない場合(3b)の二つの可能性が与えられてもよさそうに思われる。

(3) a. [なぜ敦が買った]本が盗まれたの？
b. なぜ[敦が買った]本が盗まれたの？

(3a)の解釈が与えられた場合,疑問詞「なぜ」は敦が本を買った理由を尋ねることになるし,(3b)の解釈が与えられた場合,疑問詞「なぜ」は本が盗まれた理由を尋ねることになる。しかし,実際に日本語の表現として(2)の文が許すのは,(3b)によって与えられる解釈のみである。

これらの例は,言語表現がその背後に「コミュニケーションのため」だけではない抽象的な構造や規則を有していることを示唆している。もし言語がコミュニケーションに最適化されているとすれば,多義的な解釈を許したり許さなかったりといった,簡単な情報伝達にさえ混乱をもたらし得る要因を含む理由をうまく説明できない。人間言語の本質を明らかにする際には,コミュニケーションへの有用性という視点だけでは十分ではないことを,われ

われは認識しておく必要があるだろう。

▶▶ 2-1-2　言語の領域固有性

　心の仕組み全体の中で，ヒトに固有の言語能力はどのように位置づけられ，他の認知システムとの間にどのような関係にあるのだろうか。ある特定の認知的領域が固有の原理に支配されていることを**領域固有性**（domain-specificity）というが，この問いは，「言語能力がどの程度領域固有性を有するか」と述べなおすことができる。

　認知機能の領域固有性の根拠は，**二重乖離**（double dissociation）の推論によって得られる。すなわち，ある認知システムが領域固有性を有するのであれば，そのシステムによって支えられる機能は，他の認知システムによって支えられる機能とは異なる原理に支配されているのだから，障害を受ける場合にもそれぞれを区別して観察することが可能だというものである。言語能力に関していえば，（A）他の認知能力に問題がないにもかかわらず言語に関してだけ障害がみられる場合と，（B）言語に関しては問題がないにもかかわらず他の認知能力に問題がみられる場合の双方が認められるとき，言語の領域固有性が支持される。

　（A）に相当する事例は，言語に依存しない他の認知機能は正常であるのに言語のみに欠陥がみられる特異性言語障害（specific language impairment）や失語症（aphasia）の数々の症例にみることができる。たとえば，因果関係の推論や「心の理論（theory of mind）」と呼ばれる他者の心を推論する認知能力に関しては問題ないにもかかわらず，文法性判断や動詞の理解において困難がみられる失文法患者の症例報告がある（Varley & Siegal, 2000）。

　反対に，（B）に相当する事例は，何らかの形で知的障害を負っているにもかかわらず言語の機能は保持されている，という症例にみることができる。知能指数が 40 程度の知的障害児ローラの例では，知的障害にもかかわらず，複雑な文構造や難解な語彙の獲得が可能であることが報告されている

(Yamada, 1990)。また，遺伝子疾患として知られるウィリアムズ症候群（Williams syndrome）の症例に関して，空間認知や知的機能に問題がみられるにもかかわらず，言語に関しては構造的に問題がない自発的発話が観察されるという報告がある（Bellugi et al., 1993）。さらに，クリストファーというサヴァン症候群（savant syndrome）の患者の例では，言語に関わらない知的能力においては著しく低い能力しか示さないのに，言語に関していえば，既知の言語の流暢さだけでなく，未知の言語を驚くべき速さで獲得することが報告されている（Smith & Tsimpli, 1995）。

　言語哲学者フォーダーによって**心のモジュール性**（modularity of mind）という考え方が提示されて以来（Fodor, 1983），領域固有性を有する認知機能は，それを担う認知モジュールを独立して形成している，という可能性が探られるようになった。この考え方をもっとも強力に方法論として取り込んだのが，チョムスキーの提案する**生成文法**（generative grammar）理論である（Chomsky, 1980）。すなわち，ある認知機能を担う認知モジュールの存在をまず仮定して，そのモジュール内における原理を明らかにしていく，というものである。方法論的なモジュール性の仮定は，そのまま実在的なモジュール性を主張することにはならないが，仮にモジュールとして仮定した認知機能が，他の認知機能とは区別された独自の原理によって支配されていることを支持する証拠が得られれば，その限りにおいて当該の認知機能のモジュール性が実質的な主張としての意味をもつ。反対に，ある認知機能が他の認知機能と共通の原理によって説明されることがわかれば，当初の仮定に反して，当該の認知機能は独自のモジュールを形成しないと結論づけることになる。

　フォーダーによるモジュール性の考え方は，心の仕組みの考え方に大きな影響を与えたが，モジュール性のとらえ方については，さまざまな異論も提出されている。たとえば，フォーダーによる定義では，モジュール性を有するということは，領域固有性を有することのほかにも，生得的であることなどが含まれている。しかし，カーミロフ・スミスは，生後すぐには領域一般

(domain-general)であった認知機能が，発達の過程で領域を形成していく可能性を示唆することにより，発達の視点の重要性を強調している（Karmiloff-Smith, 1995）。また，心の仕組み全体についても，フォーダーは入力系と中央系を区別したうえで，入力系についてのみモジュール構造を認めているが，チョムスキーはそのような区別を認めず，心の仕組みは全体としてモジュール構造を有しており，それぞれのモジュールが相互に作用し合うひとつの体系であるという考えを提示している（Chomsky, 1980）。

2-2 言語の発達段階

▶▶ 2-2-1 生後から多語文期まで

　子どもが初めて産出することばは**初語**（first word）と呼ばれ，生後12ヵ月前後に現れる。それまで乳児がことばを産出できない理由の1つに，音声器官の未発達がある。新生児ののど（咽頭・喉頭）の構造は大人ののどと異なり，声帯の振動に共鳴を与えられないため，言語音を産出できないのである。音声器官が未発達であっても，生後2ヵ月～4ヵ月頃になると，「アーアー」，「ウーウー」などの音を発するようになる。これはクーイング（cooing）と呼ばれている。6ヵ月～8ヵ月頃からは，**喃語**（babbling）と呼ばれる音を発する。喃語は［bababa］［nanana］のように，子音と母音の組み合わせの連続であるものや，［bagidabu］のように，さまざまな子音と母音の組み合わせからなるものが認められる。

　12ヵ月前後には初語が産出されるが，日本語を母語にする子ども（以下，日本語児）の初語としては，「ママ」，「マンマ」，「パパ」，「バー」，「バイバイ」，「ブーブー」，「ワンワン」などの語が多い。また，日本語に限らず，どの言語を母語にする子どもでも，「ママ」，「マンマ」，「パパ」に似た語が初語であると報告されており，また，多くの言語の幼児語において，父親・母親・

食べ物を指す語は，[p] [m] のような閉鎖音と，母音のなかでも発音しやすい [a] の組み合わせから成ることは興味深い。その理由として，この組み合わせが，両唇を閉じた状態から，口を大きく開くことによって作り出され，子どもが発音しやすい音であることが関係すると考えられている。

1歳ぐらいになり，子どもが50語程度を産出できる頃を過ぎると，語彙は急速に増加する。これを**語彙爆発**または**ボキャブラリー・スパート**（word explosion/vocabulary spurt）と呼ぶ。この時期に増える語彙は，物を表す普通名詞がもっとも多い（小林，2008）。この頃の子どもの発語は一語からなるので，この段階は**一語文期**（one-word stage）と呼ばれている。その後2歳の誕生日を迎える頃になると，語と語を組み合わせた二語文がみられるようになる（**二語文期**，two-word stage）。その後(4)のような文を産出する**多語文期**（multi-word stage）に至る。

(4) a. ここに　もう１つ　入ってるね（2歳3ヵ月）
　　b. これを　おしまいして　これ　読もう（2歳3ヵ月）(Miyata, 2004)

以上，子どもの発話に基づく言語の発達段階を概観したが，産出される発話が子どもの言語知識すべてを反映しているわけではないことに留意する必要がある。生後間もない子どもであっても，音韻的特徴に基づいて自分の母語と外国語を区別することができることを多くの研究が明らかにしている。一例として，フランス語を母語とする生後4日の新生児が，フランス語とロシア語を聞き分けられることを報告した研究に着目する（Mehler et al., 1988）。この研究の実験では，対象となった新生児におしゃぶりを吸わせながらロシア語を聞かせる。一定の時間この状況が続くと，これに慣れた子どもは，あまりおしゃぶりを吸わなくなる。この段階で，ある子どもには，聞かせる音声をロシア語からフランス語に切り替え，他の子どもにはそのままロシア語を聞かせ続ける。すると，フランス語を聞く子どものおしゃぶりの吸う回数が増加するという結果が得られた。

また，乳幼児が文を産出（production）できなくても，大人の言う文を理解（comprehension）しているだろうと思われる場面は多くある。実際に，英語を母語とする16〜18ヵ月児が正しく他動詞文を理解していることが実験により示されている（Hirsh-Pasek & Golinkoff, 1996）。この実験では，参加児に対して，たとえばAがBをくすぐっている場面とBがAをくすぐっている場面を同時に見せ，"See A is tickling B!"（ほら，AがBをくすぐっているよ）と聞かせる。すると，子どもは聞いた文と合致する場面を注視したのである。このような判断は子どもがもつ言語知識に基づいて行なわれると考えられるため，子どもの言語の発達段階を解明するには，発語産出と理解の両面からのデータが必要となる。

▶▶ 2-2-2　子どもの誤用

　子どもの発話産出における誤用として，以下のようなものがある。音声・音韻的誤用として，ある音を他の音で代用する誤りが見られる。たとえば，父親のことを「トートン」，「トータン」のように呼ぶ誤りは，[s]の音を[t]の音で代用することにより生じており，一般的に見られる（窪薗, 1998）。また，ケーキや銀行のことを「チェーチ」，「ジンコー」と発音する誤りは，[k][g]という音が[tʃ][dʒ]に代わっていることに起因する。これらは，音声器官の未発達によるものと考えられる。

　また，「とうもころし」（とうもろこし），「おたかづけ」（おかたづけ），「エベレーター」（エレベーター）のように，単語を構成する音が入れ替わる音位転倒（metathesis）もしばしば報告される誤用である（寺尾, 2002を参照）。

　日本語児に多く見られる統語的誤用の一例として格助詞の誤用がある。「が」，「を」，「の」などの格助詞は，名詞句の後ろについて，主語・目的語など文における名詞句の役割を表す。横山（2008）などの観察によれば，格助詞の最初の使用は2歳0ヵ月前後にみられるが，同時に誤用も多く認められる。たとえば，(5)のように「を」を使うべきところに「が」を用いたり，不必要な「の」を付加する誤用がある。

(5) a. しょうほうしゃが　みた（消防車を見た）（2歳7ヵ月）
　　b. おおきいの　ふくろ（大きい袋）（2歳10ヵ月）

(横山，2008)

　ここで取り扱った誤用は自然発話においてみられるものだが，正用と比べて目立つので，あたかも頻繁に起こっているかのように感じられる。しかし，発達過程にある子どもの自然発話全体において誤りが占める割合は実際は，ごくわずかであることが指摘されている（Snyder, 2007など）。また，大人であっても，時に言語知識から逸脱した発話をすることがある。たとえば，「いどろり」（いろどり）のような音位転倒，「本人が楽しまず，人が与えた時楽しいわけがない」（人に）のような格助詞の誤用などが報告されている（寺尾，2002）。このような誤りは言い間違い（speech error）と呼ばれ，通例，言語知識の欠損を示唆するものとは受け取られない。したがって，ある誤用がその時点における子どもの言語知識に起因するものなのか，あるいは言い間違いなど他の理由によるものなのかは慎重に判断する必要がある。

▶▶ 2-2-3　言語経験

　子どもが言語を獲得する際に周囲の人びとから得られる言語情報のうち，言語獲得に必要な情報として取り込むものを言語経験と呼ぶ。

　子どもが言語獲得に利用すると考えられる，大人からの話しかけは，大人同士の会話にはみられない特徴をもつ。この大人から子どもへの発話は，**子どもに向けられた発話**（Child Directed Speech：CDS）あるいは**マザリーズ**（**母親語**）（motherese）と呼ばれている。特徴としては，大人同士の会話と比べて高い声でゆっくりと話されること（音韻的特徴）や，「クック」，「ネンネ」などの幼児語が使われること（語彙的特徴），短い文や単純な構造の文が使用されること（統語的特徴），発話の繰り返しや疑問文が多用されること（語用論的特徴）などがあげられる。

　言語経験の特徴として，その基盤をなす言語情報がすべての子どもに同様

に提示されるような整理されたものではないということがある。それぞれの子どもに関与する大人は異なるうえ，あらかじめ言語情報の提示時期や提示順序が決められているわけではないので，それらは一定ではない。さらに，**否定証拠不必要の問題**（no negative evidence problem）と呼ばれる問題がある。大人の発話には，「ある言語形式が，子どもが獲得しようとしている言語において文法的に正しくない」という否定情報がほとんど含まれていない。また，(6)の例が示すように，仮に否定情報が与えられても，子どもはそれを証拠として必ず受け入れるわけではない。

(6)　子：おとうちゃん，まどあいて。
　　　父：まどあけて，だろ。
　　　子：うん，まどあいてよ。
　　　父：まどあけて，だよ。
　　　子：いいから，まどあいてよ。おとうちゃん。

(大津ら，2002, p. 185)

　経験にこのような特徴があるにもかかわらず，子どもは誰でも言語獲得に成功する。さらに，身につけた言語知識は，同じ言語を母語とする人びとのもつ言語知識と同質である。すなわち，日本語を母語とする人（日本語母語話者）であれば誰でも，各個人が得た言語経験の違いにもかかわらず，同質の日本語文法を備えているのである。

　ここで注意したいのは，言語経験には上述の特徴があるものの，言語獲得には欠かせないものであるという点である。それを示すものとして，ジーニー（Genie）（仮名）の不幸な事例がある。アメリカ・カリフォルニア州で生まれたジーニーは，生後20ヵ月から13歳まで父親により部屋に監禁されるという虐待を受けた。ジーニーには最低限の食事は与えられたが，誰からも話しかけられることもなく，また，ジーニーが声を出すと父親から体罰を受けた。1970年に救出された後，言語学者・心理学者・精神科医らによる集中

的な治療を受けたが，健常な子どもが獲得するのと同質の言語知識を身につけることができなかった（Curtiss, 1977）。

▶▶ 2-2-4　自然発話の記録

CHILDES（The Child Data Exchange System, https://childes.talkbank.org）（MacWhinney, 2000；宮田ら, 2004）は，言語獲得過程にある子どもが，いつどのようなことを発話できるようになるのか，また大人からどのようなCDSを得ているのかを概観・調査するのに便利なデータベースである。CHILDESには，たとえば，子どもが1歳半から3歳になるまでの週1回1時間，といったように，定期的に収集された子どもと大人の会話が書き起こされたコーパスが収録されている。日本語のコーパスも無料で利用可能であり，それらに関する詳細は宮田ら（2004）を参照されたい。一部のコーパスは，文字だけでなく実際の音声や映像も閲覧することができる。

また近年，英語を母語とする子どもが生後受け取るすべての経験を記録・分析する試みがなされている（Roy et al., 2006）。このプロジェクトの研究代表者は，自らの家のすべての部屋にマイクとビデオカメラを設置し，自分の息子が生後家に来た時から3年もの間，家族の生活をすべて毎日録音・録画した。プロジェクトでは，このデータに基づき，子どもがどのような単語をいつ獲得したか，また，その獲得に経験がどの程度関与しているかが分析されている（分析結果の一部はhttps://www.ted.com/talks/deb_roy_the_birth_of_a_word?language=jaから知ることができる）。

2-3　言語獲得の論理的問題

「あなたがもっている日本語の知識とはどのようなものですか」と聞かれて，即答できる人はいないだろう。母語というのは空気のようにあまりに身

近で，物心ついた時から使っているので，それがどのようなもので，どのように身につけてきたかをはっきりと説明できる人はほとんどいない。しかし，どのような言語であってもその母語話者は，ある文がその言語に照らして，文法的に適格であるかどうかを判断することができる。したがって，日本語母語話者ならば誰でも，(7)の文は日本語の文としては許容できないと判断できる。また，(8)の文は現実にはあり得ない場面を描写しており，生まれて初めて見る文であっても，日本語母語話者なら誰でもこれが日本語の文として正しいということが判断できる。

(7) して卒業宏はに商社を慶應した入社。
　　（宏は慶應を卒業して商社に入社した。）
(8) このサッカーボールは，図書館の地下にある海に浮かんだ飛行機を，あの赤ちゃんに売却するつもりだ。

(8)のような初見の文であっても，それが日本語として適格であると判断できるということは，母語の知識は「今まで聞いたことのある文の集合」から成るわけではないということがいえる。これまでになされてきた個別言語の研究から，母語は文の集合といった具体的なものではなく，抽象的であり，かつ複雑な知識の集合体であることが明らかにされてきた。その具体例として，日本語の「自分」という語を含む文を考察する。

(9) a. 紀子が自分の帽子をかぶった。　　　　　（自分＝紀子）
　　b. 紀子が雅子が自分の帽子をかぶったと言った。(自分＝紀子または雅子)
　　c. 紀子が雅子に自分の帽子をかぶらせた。　（自分＝紀子または雅子）
　　d. 紀子が雅子に自分の帽子を渡した。　　　（自分＝紀子）

「自分」という語の興味深い点は，それが生起する文に応じて指し得る人が変わることにある。(9a) の文では「紀子」を指すが，(9b) の文においては，

状況によっては「紀子の帽子」の場合も「雅子の帽子」の場合もあると考えられる。ここまでの例からであれば、「『自分』が指し得るのは助詞の『は』または『が』がつく人である」という規則があるのではと推測できるかもしれない。しかし、(9c) の例では、状況によっては「自分」は「紀子」だけでなく、助詞「に」がつく「雅子」も指し得る。その一方、(9d) の「自分」は「紀子」のみであって、「に」がついた「雅子」を指すことはできない。

大人は、自らがどのような規則に基づいて「自分」という語を用いているのかを説明できないのだから、子どもに対しても具体的にこの語がどのような条件でどのように用いることができるのかを教えることはできないはずである。また、CDS に「自分」が含まれている可能性は高いが (Sano et al., 2014)、子どもがどのようにこの語の規則を導き出すかは不明である。それにもかかわらず、3～4歳の日本語児が、(9)のような文において「自分」が誰を指すかを、大人と同様に判断できることがわかっている (大津、1997；Okabe, 2007)。

このように、母語は抽象的で複雑な知識が集まって成り立っており、子どもが前節で概観した言語経験のみから、抽象的で複雑な知識体系を帰納できるとは考えにくい。子どもが得る言語経験と、最終的に子どもが身につける言語体系の間に質的な隔たりが存在する状況を**刺激の貧困** (poverty of (the) stimulus) と呼ぶが、どの子どもも刺激の貧困の状況にありながら、生後短期間で、やすやすと無意識のうちに母語を獲得してしまう。なぜこのようなことが可能なのだろうか。この問いは**言語獲得の論理的問題** (logical problem of language acquisition) といわれているが、この問いに対する解答を導き出すために、さまざまな理論が提案されてきている。理論の具体例の1つとして、2-1-2項で紹介したチョムスキーによる生成文法がある。この理論では、言語の獲得のみに専用の知識が、人間に生まれながらに（すなわち生得的に）備わっていると仮定されている。一方、**用法基盤モデル** (Usage-Based Model) と呼ばれる別の理論においては、生成文法が仮定するような、言語という領域固有の生得的知識を認めず、言語に特化しないあ

らゆる知識を身につけるための**一般的（汎用的）知識獲得機構**（general learning mechanism）（具体的には類推（analogy）や一般化（generalization），など）が重要な役割を果たすと仮定している。本節では，言語の領域固有性と生得性を仮定する「生成文法」についてさらに論じる。（用法基盤モデルについては（Tomasello, 2003）を参照。）

　生成文法は1950年代にチョムスキーによって創始された理論である。この言語理論では，生得的な言語の知識である**普遍文法**（Universal Grammar: UG）（あるいは，近年では**言語機能の初期状態**（initial state of the language faculty）とも呼ばれる）を仮定し，これが経験と相互作用することにより母語が獲得されると考えることによって，言語獲得の論理的問題を解決しようとしている（Chomsky, 1981, 1995など）。1980年頃から提案されている普遍文法に対する原理とパラメータのアプローチ（Principles-and-Parameters approach to UG）では，普遍文法は，すべての人間の個別言語に共通の性質である，いくつかの**原理**（principles）と，各個別言語に対応する，いくつかの**パラメータ**（parameters）から成ると規定されている（具体例は後述）。そして，原理は，子どもの言語獲得の過程におけるごく初期の段階から発現すると考えられている。また，パラメータは2つの値（values）をもつと仮定されている。そして，言語獲得過程にある子どもは，それぞれのパラメータに関して自分が獲得中の言語に照らし合わせて，2つのうちのどちらがふさわしい値なのか選択すると提案されている。(10)は生成文法が仮定している言語獲得過程を図式化したものである。

(10)　言語経験　→　普遍文法(言語機能の初期状態)
　　　　　　　　　・原理(束縛原理Aなど)　　　　　　→　個別言語
　　　　　　　　　・パラメータ(主要部パラメータなど)　　　（日本語，英語など）

(9)でみてきた「自分」という語には，普遍文法の原理の1つが深く関わっていると考えられている。その原理は**束縛原理 A**（Binding Principle A）と呼ばれるものであり，日本語の「自分」のほかに，英語の 'herself/themselves' などの -self，中国語の「自己」，オランダ語の 'zich' など世界の言語の**照応形**（anaphors）の解釈がこの原理によって規定されている。束縛原理 A についての詳細は，大津ら（2002, p.108）や渡辺（2009）等を参考にされたいが，概略以下のように定義される。

⑾　束縛原理 A
　　照応形は，樹形図において構造的に高い位置にある名詞句を先行詞に取らなければならない。

2-1-1 項において，耳に聞こえたり目に見えたりするレベルの奥に，文が抽象的な構造を有することを学んだ。以下に，(9c) を除く (9) の3つの文を，構造を示す [ ] とともに再掲し，(9a) と (9b) の文の構造を示した**樹形図**（tree diagram）を提示する。樹形図とは，文の構造を視覚的にわかりやすく示したもので，どの単語とどの単語がまとまり（すなわち，**名詞句**（noun phrase：NP），**動詞句**（verb phrase：VP）といった**句**（phrase））をなし，さらにどの句同士がより大きなまとまりをなし，最終的に全体が**文**（sentence：S）としてまとまっているのかを理解することができる。

(9)　a. [s 紀子が自分の帽子をかぶった]　　　　（自分 = 紀子）
　　 b. [s 紀子が [s 雅子が自分の帽子をかぶったと] 言った]
　　　　　　　　　　　　　　　　　　　　（自分 = 紀子または雅子）
　　 d. [s 紀子が雅子に自分の帽子を渡した]　　（自分 = 紀子）

```
(9a)         S                    (9b)            S
           /   \                              /       \
         NP     VP                          NP         VP
        /\     /  \                        /\         /  \
      紀子が  NP   V                     紀子が       S    V
             /\    |                                /  \   |
         自分の帽子を かぶった                     NP   VP  言った
                                                  /\    / \
                                                雅子が  NP  V
                                                       /\   |
                                                 自分の帽子を かぶった(と)
```

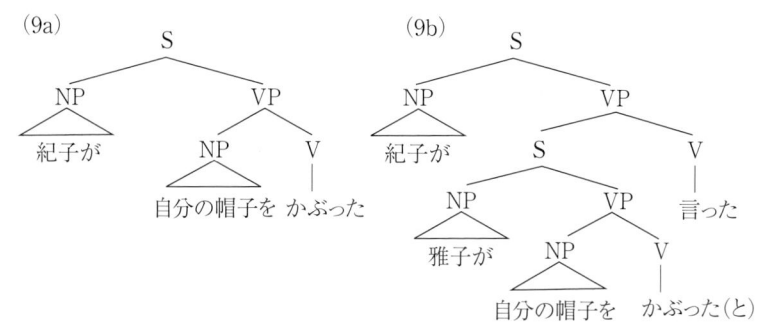

（△は句の中の構造を具体的に示さず，省略して書く際に用いられる。）

(9a), (9b), (9d) の各文において，先行詞になれる名詞はすべて「自分」よりも構造的に高い位置にある。このように，私たちは無意識のうちに，束縛原理Aを満たす状況下でのみ「自分」という語を用いているのである。同様に，日本語だけでなく，世界のどの個別言語においても，照応形は束縛原理Aを満たして用いられていることがわかっている。さらに，3～4歳の日本語児が「自分」を正しく解釈できるように，英語児やオランダ語児など，さまざまな言語を母語とする子どもが照応形を正しく解釈できることも報告されている (Guasti, 2002など)。このように，束縛原理Aは，どの個別言語にも共通している抽象的な言語概念であるが，子どもが類推などの一般的知識獲得機構のみで導き出せたり，大人が子どもに教えられたりできる情報だとは考えにくい。ここから，束縛原理Aが生得的な言語知識である普遍文法の一部であり，言語の獲得過程において機能していると考えられている。

しかしながら，束縛原理Aだけでは (9c) における「雅子」がなぜ先行詞になり得ないのかが説明できない。これには，束縛原理Aに付随していながら，日本語に独自な規則が関与している。それは，「日本語や中国語などの言語の照応形においては『自分』の先行詞になれるのは，文の主語である」というものである。

(9c) [ₛ 紀子が [ₛ 雅子に自分の帽子をかぶ] らせた]

（自分＝紀子または雅子）

(9c) では，「紀子が〜させた」という文に「雅子が自分の帽子をかぶる」という文が埋め込まれることにより文が構築されていると分析される（「かぶる」に「させた」がつくことで，音声は「かぶらせた」に変化する）。そのため，「雅子」も文の主語と考えられ，「自分」の先行詞になれるのである。この規則は日本語独自のものなので，日本語児は日本語獲得の過程でこの規則を身につけなければならない。したがって，「自分」を大人と同じように正しく使える日本語児においては，(11)の「束縛原理 A」が機能しており，また，「自分の先行詞になれるのは主語のみである」という規則を獲得済みであるといえる。

次にパラメータについて検討する。パラメータは，それぞれの個別言語がどの範囲でどのように異なっているかを定めているものである。研究の進展により，各個別言語は，見た目には多くの異なる特徴が認められるものの，実際はある一定の範囲内のみで異なっていることが明らかにされてきた。本節では，これまでに提案されてきたパラメータのうち**主要部パラメータ**(Head Parameter) を取り上げる。

日本語と英語の語順は(12)に見るように大きく異なり，さまざまな句において，鏡像関係をなしている。

(12)

	日本語	英語
名詞句	本を買った<u>学生</u>	<u>student</u> who bought the book
動詞句	太郎を<u>見た</u>	<u>saw</u> John
前/後置詞句	東京<u>から</u>	<u>from</u> New York

(12)の各句における下線部は，その句の性質を決定する役割を果たしており，**主要部**（head）という。英語の句では，主要部がほかの語や句に先行して

いるが，日本語の場合は主要部はほかの語や句に後続する。英語だけでなく，フランス語などの多くの欧米言語も英語と同じ語順であることから，日本語の語順は特殊であるように見える。しかし実際は，日本語と同じ語順である言語は多数存在する。たとえば動詞句に着目すると，英語のように動詞が目的語に先行する言語は 705 言語，日本語のように動詞が目的語に後続する言語は 712 言語あると報告されている（Dryer, 2013）。(13)にトルコ語の例を示す（Dryer, 2013 より，日本語訳と下線挿入は筆者による）。

(13)
名詞句	kitab-ı	al-an	öğrenci	
	本を	買った	学生	
動詞句	Mehmed-i	gör-dü-m		
	メフメットを（人名）	見た（私が）		
後置詞句	Ankara	ya		
	アンカラ	へ		

(13)の各例における各語の日本語対訳を順序通りつなげてみると，正しい日本語の句ができあがる。これは，トルコ語が日本語と同じく，主要部がほかの語や句に後続しているからである。

　英語と同じ語順をもつ言語には，タイ語，クメール語（カンボジアの公用語），アフリカのニジェール・コンゴ諸語，南北アメリカ大陸の先住民のいくつかの言語などがある。一方，日本語と同じ語順である言語としては，バスク語（スペインとフランスの国境付近にあるバスク地方の言語），ニューギニアの多くの言語，エスキモーの言語などがあり，どちらの語順に関しても地域的な偏りがあるわけではないことがわかる（Baker, 2001, p. 61）。このように，世界の言語は，主要部が他の句に先行するか後続するかのどちらかの特徴をもっている。この異なりに関して，(14)のような主要部パラメータが提案されている（Baker, 2001, p. 68 を参照）。

⒁ 主要部パラメータ
　　より大きな句を作る際に，主要部は句に ¦先行する / 後続する¦。

そして，子どもは生後，主要部パラメータの2つの値（「先行する」または「後続する」）のうち，言語経験に合致する値を選択する。主要部パラメータを含む，各パラメータ値の設定は，二語期である18ヵ月前後に完了すると考えられている（Wexler, 1998 など）。日本語児においても，主要部パラメータの値を言語獲得の早期段階で設定すると示唆する研究報告がある（Sugisaki, 2004 など）。

2-4　メタ言語意識の発達と教育

　ここまで述べてきたように，われわれは自らが有する言語知識の性質について通常自覚的ではない。しかし束縛原理Aの例（2-3節）からもわかるように，言語知識そのものを意識化の対象とすることもできる。もっとも，束縛原理Aは言語研究者たちが科学的方法論に基づいて長い時間をかけて蓄積してきた成果であるから，個人のレベルでこのような自覚的状態に到達することは難しいが，自らの言い間違いへの訂正や言葉遊び，文章の推敲など，言語知識およびその使用を意識化することは日常的に観察することができる。このような，言語知識を自覚化する認知機能のことを，**メタ言語意識**（meta-linguistic awareness）あるいは**ことばへの気づき**などと呼ぶ。この芽生えは幼少期よりみられ，音韻的な側面にはじまり，語，文，談話などの諸側面について，数多くの報告がある（鈴木，1986に詳細なレビューがある）。

　この認知機能がどのような認知的基盤に支えられているのかについては，これまでのところ明確な共通理解はない。この認知的基盤が言語という領域に固有でない**メタ認知能力**から導かれるとする考え方も提出されているが

(Gleitman & Gleitman, 1979)。2-1-2 項で言語知識について展開してきたように,モジュール化したメタ言語能力という認知システムを方法論的に仮定することから出発することも可能である。また,メタ言語意識という概念そのものが十分に整理されていないという現状もあるので,その背後にある心のメカニズムを明らかにするためには,この能力がもつ性質について理論的に検討することも非常に重要である。

メタ言語意識はまた,言語教育や科学教育の観点からも注目されている (Honda, 1994; Honda & O'Neil, 2008; Denham & Lobeck, 2010)。言語知識の種均一性とは対照的に,この能力には個人差がみられることが知られているが (Fillmore et al., 1979 における諸論考が参考になる),自覚化の程度を高めることによって,より高度な思考に到達したり,より効果的なコミュニケーションを取れるようになったりすることから,教育による効果が大いに期待できる領域である。近年は日本国内においても,特に英語教育の小学校への導入等,外国語教育に関する日本国内における政策論争をきっかけとして,メタ言語意識を言語教育に利用することの重要性が強調されている。そのなかには,母語教育を通じて学習者自身のメタ言語意識を発達させることが,母語の使用だけでなくその後の外国語学習に効果的であるとする考え(大津・窪薗,2008)や,語学教師が言語の体系の複雑さを心得ておく基盤としてメタ言語意識を位置づけ,学習者にとって,より質の高い言語入力を提供する支えとすべきという考え(遊佐,2013)などがある。

(小町将之,磯部美和,大津由紀雄)

引用文献

Baker, M. C.(2001). *The atoms of language: The mind's hidden rules of grammar.* New York: Basic Books.(郡司隆男(訳)(2010).言語のレシピ—多様性にひそむ普遍性をもとめて— 岩波現代文庫)

Bellugi, U., Marks, S., Bihrle, A., & Sabo. H.(1993). Dissociation between language and cognitive functions in Williams syndrome. In D. Bishop & K.

Mogford (Eds.). *Language development in exceptional circumstances* (pp. 177-189). Hove: Psychology Press.

Chomsky, N. (1966). *Cartesian linguistics: A chapter in the history of rationalist thought.* New York: Harper.

Chomsky, N. (1980). *Rules and representations.* New York: Columbia University Press.（井上和子・神尾昭雄・西山佑司（訳）(1984). ことばと認識　大修館書店）

Chomsky, N. (1981). *Lectures on government and binding.* Dordrecht: Foris.

Chomsky, N. (1986). *Knowledge of language: Its nature, origin, and use.* New York: Praeger.

Chomsky, N. (1995). *The minimalist program.* Cambridge, MA.: MIT Press.

Curtiss, S. (1977). *Genie: A psycholinguistic study of a modern day wild child.* New York: Academic Press.（久保田競・藤永安生（訳）(1992). ことばを知らなかった少女ジーニー──精神言語学研究の記録──　築地書館）

Denham, K., & Lobeck, A. (Eds.) (2010). *Linguistics at school: language awareness in primary and secondary education.* Cambridge: Cambridge University Press.

Dryer, M. S. (2013). Order of object and verb. In M. S. Dryer & M. Haspelmath (Eds.) *The world atlas of language structures online.* Leipzig: Max Planck Institute for Evolutionary Anthropology. (Available online at http://wals.info/chapter/83, Accessed on 2021-02-09.)

Fillmore, C. J., Kempler, D., & Wang, W. S-Y. (Eds.) (1979). *Individual differences in language ability and language behavior.* New York: Academic Press.

Fitch, W., Hauser, M. D., & Chomsky, N. (2005). The evolution of the language faculty: Clarifications and implications. *Cognition*, **97**, 179-210.

Fodor, J. (1983). *The modularity of mind.* Cambridge, MA: MIT Press.

藤田耕司・岡ノ谷一夫（編）(2012). 進化言語学の構築　ひつじ書房.

Gardner, R. A., & Gardner, B. T. (1969). Teaching sign language to a chimpanzee. *Science*, **165**, 664-672.

Gleitman, H., & Gleitman, L. (1979). Language use and language judgment. In C. J. Fillmore et al. (Eds.), *Individual differences in language ability and language behavior.* New York: Academic Press.

Guasti, M. T. (2002). *Language acquisition: The growth of grammar.* Cambridge,

MA: MIT Press.

Hauser, M. D., Chomsky, N., & Fitch. W. T.(2002). The faculty of language: What is it, who has it, and how did it evolve? *Science*, **298**, 1569-1579.

Hirsh-Pasek, K., & Golinkoff, R. M.(1996). *The origins of grammar: Evidence from early language comprehension.* Cambridge, MA: MIT Press.

Hockett, C. F.(1960). The origin of speech. *Scientific American*, **203**, 89-97.

Honda, M.(1994). *Linguistic Inquiry in the Science Classroom: "It is science, but it's not like a science problem in a book," MIT Occasional Papers in Linguistics, 6.* Cambridge, MA: MITWPL.(Doctoral dissertation, Harvard Graduate School of Education)

Honda, M., & O'Neil, W.(2008). *Thinking linguistically: A scientific approach to language.* Malden, MA: Blackwell.

池内正幸（編）（2009）．言語と進化・変化　朝倉書店．

Jackendoff, R., & Pinker, S.(2005). The nature of the language faculty and its implications for evolution of language(Reply to Fitch, Hauser, & Chomsky). *Cognition*, **97**, 211-225.

Karmiloff-Smith, A.(1995). *Beyond modularity: Developmental perspective on cognitive science.* Cambridge, MA: MIT Press.

小林春美（2008）．語彙の獲得　小林春美・佐々木正人（編）新・子どもたちの言語獲得（pp. 89-117）　大修館書店．

窪薗晴夫（1998）．音声学・音韻論　くろしお出版．

Lieberman, P., Crelin, E. S., & Klatt, D. H.(1972). Phonetic ability and related anatomy of the newborn, adult human, Neanderthal man, and the chimpanzee. *American Anthropologist*, **74**, 287-307.

MacWhinney, B.(2000). *The CHILDES Project: Tools for analyzing talk.* (3rd ed.). Mahwah, NJ: Lawrence Erlbaum Associates.

松沢哲郎（1991）．チンパンジーマインド　岩波書店．

Mehler, J., Jusczyk, P., Lambertz, G., Halsted, N., Bertoncini, J., & Amiel-Tison, C.(1988). A precursor of language acquisition in young infants. *Cognition*, **29**, 143-178.

Miles, H. L.(1990). The cognitive foundations for reference in a signing orangutan. In S. T. Parker & K. R. Gibson(Eds.) *'Language' and intelligence in monkeys* and apes: Comparative developmental perspectives (pp. 511-539). New York: Cambridge University Press.

Miyata, S.(2004). *Japanese: Tai Corpus*. Pittsburgh, PA: TalkBank. 1-59642-057-X.

宮田 Susanne・森川尋美・村木恭子（編）（2004）．今日から使える発話データベース—初心者のためのCHILDES入門— ひつじ書房．

Okabe, R.(2007). Children's acquisition of causatives and bi-clausality in Japanese: An experimental study. In A. Belikova, L. Meroni, & M. Umeda(Eds.), *Proceedings of the 2nd Conference on Generative Approaches to Language Acquisition North America (GALANA)*, (pp. 309-319). Somerville, MA: Cascadilla Proceedings Project. www.lingref.com, document #1571.

岡ノ谷一夫（2004）．動物のコミュニケーション行動とことばの起源 大津由紀雄・波多野誼余夫（編）認知科学への招待 (pp. 141-158) 研究社．

岡ノ谷一夫（2010）．さえずり言語起源論 岩波書店．

大津由紀雄（1997）．「じぶん」ふたたび—文法獲得理論の視点 認知・言語の成立—人間の心の発達 (pp. 113-122) クバプロ．

大津由紀雄・池内正幸・今西典子・水光雅則（編）（2002）． 言語研究入門：生成文法を学ぶ人のために 研究社．

大津由紀雄・窪薗晴夫（2008）．ことばの力を育む 慶應義塾大学出版会．

Pinker, S., & Jackendoff, R.(2005). The faculty of language: What's special about it? *Cognition*, **95**, 201-236.

Roy, D., Patel, R., DeCamp, P., Kubat, R., Fleischman, M., Roy, B., Mavridis, N., Tellex, S., Salata, A., Guinness, J., Levit, M., & Gorniak, P.(2006). The Human Speechome Project. *Proceedings of the 28th Annual Cognitive Science Conference*.

Sano, T., Shimada, H. & Fujiwara, Y.(2014). The lack of nominative-orientation for a Japanese anaphor *zibun* in L1 acquisition and its implication. *Proceedings of the 38th BUCLD.* (pp. 393-402).

Savage-Rumbaugh, S., & Lewin, R.(1996). *Kanzi: The ape at the brink of the human mind*. Wiley.

Smith, N., & Tsimpli, I-M.(1995). *The mind of a savant*. Oxford, Blackwell.（毛塚恵美子・小菅京子・若林茂則（訳）（1999）．ある言語天才の頭脳 新曜社）

Snyder, W.(2007). *Child language*. Oxford: Oxford University Press.

Sugisaki, K.(2004). Early acquisition of basic word order: New evidence from Japanese. *Proceedings of the 29th BUCLD*, (pp. 582-591).

鈴木敏昭（1986）.言語意識の発達　鳴門教育大学研究紀要, **1**, 81-102.

寺尾康（2002）.言い間違いはどうして起こる？　岩波書店.

Terrace, H. S., Pettito, L. A., Sanders, R. J., & Bever, T. G.(1979). Can an ape create a sentence? *Science*, **206**, 891-902.

Tomasello, M.(2003). *Constructing a Language: A usage-based theory of language acquisition*. Cambridge, MA: Harvard University Press.(辻幸夫・野村益寛・出原健一・菅井三実・鍋島弘治朗・森吉直子（訳）(2008).ことばをつくる　慶應義塾大学出版会)

Varley, R., & Siegal, M.(2000). Evidence for cognition without grammar from causal reasoning and 'theory of mind' in an agrammatic aphasic patient. *Current Biology*, **10**, 723-726.

渡辺明（2009）.生成文法　東京大学出版会.

Wexler, K.(1998). Very early parameter setting and the Unique Checking Constraint: A new explanation of the Optional Infinitive Stage. *Lingua*, **106**, 23-79.

Yamada, J.(1990). *Laura: A case study for the modularity of language*. Cambridge, MA: MIT Press.

横山正幸（2008）.文法の獲得〈2〉─助詞を中心に─　小林春美・佐々木正人（編）新・子どもたちの言語獲得　141-164　大修館書店.

遊佐典昭（2013）.普遍文法　JACET SLA研究会（編著）第二言語習得と英語科教育法（pp. 78-91）　開拓社.

かな文字表記の習得

教育心理学コラム 4

垣花真一郎

　ウサギという単語にはいくつ音が入っているだろうか。大人には自明なこんな質問も，3歳くらいの子どもには，実は難しい。3，4歳くらいまでの子どもにとって，単語はそれぞれ切れ目のない「塊」のような状態で認識されている。実際，この頃の子どもに「ウサギの最初の音は何か」とたずねても答えられなかったり，一音ずつ区切っていわせようとしても，「ウサ，ギ」のように間違った位置で区切ったりする。

　それもそのはずで，単に音声で言葉をやり取りする分には，単語内の個々の音を意識する必要はないのである。しかし，文字はそうではない。文字は本来切れ目のない単語を，一音一音に区切って表したものである。文字を習得するためには，この一音一音に対する自覚的な認識，すなわち**「音韻意識」**（phonological awareness）の発達が重要であると考えられている。

　天野（1970）の研究は，そのさきがけである。彼は，子どもに「ウサギ」などの言葉を提示し，その単語に含まれる音の数だけ積み木を並べるよう求めた。この問題に対する正答率は3歳前半までの子どもでは50％程度であり，これが100％近くになるのは，4歳の後半頃であった。これを，子どもたちのかな文字の読みテストの結果と合わせて分析したところ，この音韻意識が発達するのと期を同じくして，読める文字の数が急速に伸びることがわかったのである。

　上記では単に「音」と表現したが，実は，言語音には下記のような階層状の構造がある。

単語	usagi	densha	ko:ri
音節	u-sa-gi	den-sha	ko:-ri
モーラ	u-sa-gi	de-n-sha	ko-o-ri
音素	u-s-a-g-i	d-e-n-sh-a	k-o-r-i

　天野の実験で試されたのは，主に，もっとも分解の単位が大きい「音節」(syllable) の音韻意識である。かな文字は基本的にこの音節に対応しているので，このレベルの音韻意識が重要なのである。ところが，かな文字表記には一部，「**モーラ**」(mora)，「**音素**」(phoneme) のレベルを表示しているものがある。これらを習得するには，さらに，それぞれのレベルの音韻意識が必要になってくるのである。

　モーラは，子音+母音の「音節前部」と，それより後部の「音節後部」をそれぞれ1単位とする。日本語の音節は，「音節後部」をもたない「子音+母音型」(例 ka) が基本なので，ほとんどの場合，1音節=1モーラである。しかし，日本語にも「音節後部」をもつ音節がわずかながら存在している。たとえば，den や ko: のような場合である。これらの場合，音節後部の n,:（母音の延長部分）は独立したモーラになる。これらは特殊モーラと呼ばれ，撥音（デン̱シャ），長音（コオ̱リ），促音（キッ̱テ）の3種があるとされる。

　4，5歳の子どもには，音節の音韻意識はあっても，特殊モーラの音韻意識が未発達な場合が多い。つまり，その部分を自覚的に認識することが困難なのである。このことは，子どもの書き取りによく現れる。この頃の子どもの書き取りには「ぱだ」（ぱんだ）や「おかさん」（おかあさん）など，特殊モーラの文字が抜けたものが多くみられる。天野 (1986) の調査によると，小学校1年生にさえこのような誤りが15%程度みられるという。

　さらにかな文字には，「音素」を表示したものもある。「きゃ」や「きゅ」などの拗音表記である。小書きの「ゃ」「ゅ」部分を正しく読み書きするためには，kya, kyu に含まれる a や u を意識しなければならない。これは音素レベルの認識であり，就学前の幼児にはかなり困難である。実際，清音・

濁音の読みの正答率が90％を超える小学校入学直前でも拗音表記の読みの正答率は70％に満たないことが知られている（島村・三神，1994）。

　それでは，音韻意識の発達を促すにはどうすればよいのだろうか。意図的な訓練もよいが，しりとり遊びや，一音ずつ区切る歌の活動だけでも効果的だろう。これらの言葉遊びは「言葉の中の音の単位を見出す」という音韻意識の訓練そのものになっているからである。実際，すでに，幼児のしりとりの実行力と音韻意識の発達の間に関連があることが示されている（高橋，1997）。

　言葉は本来，切れ目のない音の流れである。文字は，先人たちがその流れのなかに「音の単位」を見出し，紙の上に定着させた「人工物」である。文字の習得とは，「音の流れに単位を見出す」という先人たちが歩んだその道を，子どもたちが，再びたどっていく過程なのである。

引用文献

天野　清（1970）．語の音韻構造の分析行為の形成とかな文字の読みの学習　教育心理学研究, **18**, 76–89.

天野　清（1986）．子どものかな文字の習得過程　秋山書店.

島村直己・三神廣子（1994）．幼児のひらがなの習得―国立国語研究所の1967年の調査との比較を通して―　教育心理学研究, **42**, 70–76.

高橋　登（1997）．幼児のことば遊びの発達："しりとり"を可能にする条件の分析　発達心理学研究, **8**, 42–52.

教育心理学コラム 5

多文化共生につながる"やわらかなまなざし"と"対話力"

倉八順子

2011.3.11の帰国ラッシュとバックラッシュ（反感感情）

　1000年に一度といわれる東日本大震災によって，私たちは，21世紀の多文化社会を生きるうえでの多くの気づきを与えられた。

　3.11直後から，在日外国人の帰国ラッシュが始まり，3月に31万人が出国した。これは前年3月の出国者の2倍にのぼる人数であった。そんななか，仙台国際交流協会をはじめとする外国人を支える機関は，24時間態勢で外国人の支援を行なった。日本語力の点で，必要な情報アクセスの点で，また社会的つながりの点で支援を必要とする外国人のために，食事や住むところの提供を行なった。外国人を対象とした支援に対して，「日本人ですら大変なのに，なぜ外国人を特別扱いして支援する必要があるのか」という声が少なからず寄せられた。緊急時に，ふだん支援を行なっていた外国人に対して**反感感情（バックラッシュ**，Backlash）をもつのは，多文化主義をとっている国に共通にみられる傾向である。詳しくは塩原（2011）を参照。

　親和欲求をもつ人間は，自分とつながる人に"やわらかな"まなざしを向け，自分とつながらない人に"つめたい"まなざしを向ける傾向をもっている。外国人を自分とつながらない人という"つめたいまなざし"，あるいは，支援が必要な人だから助けてあげなければならない人という"パターナリズム（父権主義）のまなざし"で見る場合，自己が脅かされる緊急の状況がきっかけとなって，外国人への反感感情が起こる。

真のつながりによるエンパワメント（社会参加）

　その一方で「日本とつながりたい」と考えた多くの外国人が，日本にとどまる決意をしたのも事実であった。詳しくは川村（2012）および文化庁（2012）

```
                対話力 ………………●  異質な集団で共に行動する・
                                    自律的に行動する・
                                    言葉や技術を相互作用的に使う

      やわらかなまなざし ………………●  他者の立場に立ち
                                    自らを省みることができる
                                    思慮深さ
```

図 5-1　21 世紀に必要な心性

を参照。たとえば，気仙沼に住む日本人と結婚し 2 人の子どもをもつフィリピン人女性（多文化家族）は，震災をきっかけに，それまでの水産加工の工場労働を離れ，日本人との関わりを求めて，介護ヘルパーの資格を取り，地域社会に根づいて生きるようになった。津波の中を日本人に助けてもらい，地域の日本人に「家族のような」絆を感じたからだという。この事実は，「つながる」ことで，社会に参加して共に生きようとする姿勢（エンパワメント）がもたらされることを示している。

21 世紀になぜ多文化共生が必要なのか

　世界の人びとが国境を超えて移動するようになった 21 世紀は，その必然として，多文化の人びとが同じところに住む社会（多文化社会）をもたらした。多文化社会では，多文化に囲まれていることを，資源ととらえ，異なりから生じる摩擦や葛藤を乗り越え，多文化の人たちと協働して新たなものを創造していく姿勢—**多文化共生**（multiculturalism）の姿勢—が求められる。単文化社会の単なる集合ではなく，単文化が「つながる」ことによって，新たな創造を生み出す社会である。

　多文化主義先進国カナダにおいては，1970 年代から多文化主義がとられ，

さまざまな摩擦や葛藤を超えて，多様性と平等，社会の凝集性をいずれも犠牲にしない社会作りが行なわれてきた。詳しくは岸田（2011）を参照。

日本においても，2006年に行政の方針として，パターナリズムを超え，エンパワメントの側面に光をあてる考え方としての「**多文化共生社会（multicultural symbiotic societies）**」が打ち出された。「多文化共生とは国籍や民族などの異なる人びとが互いの文化的ちがいを認め合い対等な関係を築こうとしながら，地域社会の構成員として共に生きていくこと」（総務省，2006）と定義されている。

多文化化が進む日本

法務省の統計によれば，2011年現在，日本の総人口は1億2806万人，このうち外国人登録者は213万人で総人口の1.67%にあたる。1989年に100万人以下であった外国人登録者はこの20年で倍以上に増えている。外国人登録者の国籍は191ヵ国に及んでおり，この数字からも，多文化化が進んでいることがわかる。

また最近の特徴として，永住資格を取得する外国人が増加していることがあげられる。2001年に約22万人であった一般永住者は2011年には約59万8000人と3倍近くに増えており，特別永住者約38万9000人とあわせると，外国人のうちの約半数の47.5%が永住者となっている。多文化化が進み永住者が増えている日本において，外国人は，共に社会を創っていく人—共生する人—なのである。

多文化共生を生きるために必要な心性

ヨーロッパ連合（EU）は，一つの共同体としてつながる人を育成するために，1993年の設立以来，言語政策（コミュニカティブ・アプローチ，複数言語主義など）や教育政策を実施してきた。経済協力開発機構（OECD）は，多文化社会が進む21世紀を生きる人に必要な心性（信念および知識技能）について研究を行ない，2003年に最終報告書を発表した。詳しくはライチェン（Rychen et al., 2003）を参照。図5-1は，OECDの報告書に基づき，21世紀に求められる心性を図化したものである。基礎にあるのは他者への"や

わらかなまなざし"であり，その上に築かれるのが"対話力"ととらえることができる。この心性を育てることが，これからの教育につながる，地球上のすべての人に求められている。"対話力"については倉八（2001）を参照。

"やわらかなまなざし"と"対話力"を育てる

　日本には213万人の外国人が住んでいる。日本は外国人とつながることなくしては，もはや生きていけない多文化社会である。外国人を"やわらかな"まなざしで見ること，そして，言葉を用いて，他者と協働して新たな関係を築いていくこと－対話すること－なくして，多文化共生社会は成立しない。

　21世紀の時代精神を身につけ，適応的に生きる人を育むために，教育に関わろうとしている皆さんが，自らの中に"やわらかなまなざし"と"対話力"を育み，新たな時代を切り拓く人を育む仕事に取り組まれることを念じている。

引用文献

文化庁（2012）．平成24年度文化庁日本語教育大会　地域日本語教育と住民の社会参加―外国人の視点から考える―．

川村千鶴子（編著）（2012）．3.11後の多文化家族　明石書店．

岸田由美（2011）．多様性と共に生きる社会と人の育成―カナダの経験から―　馬渕仁（編著）「多文化共生」は可能か　第6章（pp. 106-123）

倉八順子（2001）．多文化共生にひらく対話　その心理学的プロセス　明石書店．

Rychen, D. S., & Salganik, L. H. (2003). *Key competencies for a successful life and a well-functioning society.*(立花慶裕（訳）(2006)．キー・コンピテンシー―国際標準の学力をめざして―　明石書店）

塩原良和（2011）．多文化社会における「つながり」の重要性と自治体政策の役割　シリーズ多言語・多文化協働実践研究，**12**, 11-20

総務省（2006）．多文化共生の推進に関する研究会報告書―地域における多文化共生の推進に向けて―．

3. 社会性の発達

3-1 社会関係

▶▶ 3-1-1 親子関係

　赤ちゃんが生まれて，初めて築く社会関係（social relationship）である**親子関係**（parent-child relationship）はどのように始まるのだろうか。赤ちゃんは初めからある特定の人を親として認知するわけではないが，赤ちゃんがもつ，人との関係を築いていくための基礎的な能力は誕生直後からみることができる。赤ちゃんは，新生児の頃から，人とモノとを区別することができ，人に対して注意を向けることができる（**定位行動**）（orientation benavior）。また，大人の視覚的働きかけに対して**模倣**（imitation）をすることもできる（**新生児模倣**，neonatal imitation：Meltzoff & Moore, 1977；図 1-3-1 参照）。さらに，生後3ヵ月にもなると，モノにではなく，人に対してにっこり微笑むことをし始める（**社会的微笑**，social smile）。

　一方，親の側にも，親子関係を築いていくうえで準備されていることがある。赤ちゃんがもつ，大きい頭や丸い顔，大きな目，ふっくらとした頬といった全体的に丸みを帯びた身体的特徴（動物行動学者のローレンツはこれを**幼児図式**（baby schema）と呼んだ。図 1-3-2 参照）に対して，大人は無意識的にかわいらしいと感じ世話をしたいという気持ちが起こる（Glocker et

実験者が舌を出すと新生児も舌を出すなど、大人の表情をマッピングする能力がある。
Reprinted with permission from AAAS.

図 1-3-1　新生児模倣（Meltzoff & Moore, 1977, Fig. 1）

al., 2009）。また，親は，自分の赤ちゃんの泣き声と他人の赤ちゃんの泣き声を区別することができ，自分の赤ちゃんの泣き声を聞くと血圧や心拍数が変化するといった反応をみせる（Wiesenfeld et al., 1981）。これは，赤ちゃんの不快な状態を察知し，すぐに対応できるような生理的反応が親に備わっていることを示唆している。

　このように，赤ちゃんの側にも親の側にも，誕生直後から準備された能力と，日々の相互作用の蓄積とによって，親子関係が形成されていく。日々繰り返される相互作用には，親がどこかへ行こうとすると，赤ちゃんが泣いて

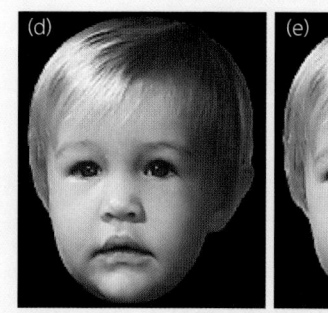

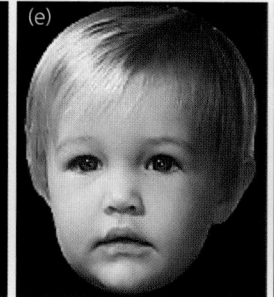

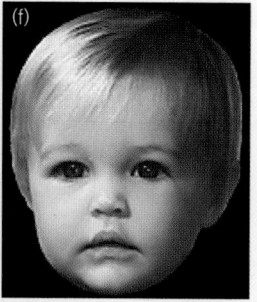

(d)は、幼児図式が低く、(e)は中間、(f)は幼児図式が高くなるように、同じ赤ちゃんの顔が修正されている。どの赤ちゃんを一番かわいい、世話をしたいと思うだろうか？
Copyright 2009 Wiley. Used with permission from John Wiley & Sons.

図 1-3-2　幼児図式（Glocker et al., 2009, Fig. 1）

親を求めようとしたり（信号行動），後追いをして親に抱きついたりするといった能動的な接近・接触行動がある。赤ちゃんのこのような行動にたいして，親は赤ちゃんのところへ戻って微笑み，抱き上げたりして応答する。このように，（潜在的な）危機的状況あるいはその予知によって，恐れや不安といったネガティブな情動が強く喚起されたときに，特定の対象へ方向づけられ，その対象との近接を求め，それを維持しようとする個体の傾性をボウルビィ（Bowlby, 1969）は，**アタッチメント**（愛着 attachment）と定義した。そして，対象との近接を確保するための行動をアタッチメント行動と呼ぶ。

　ボウルビィが提唱した内的作業モデル（Internal Working Model）仮説は，人はアタッチメント対象者（赤ちゃんの場合は，養育者である親の場合が多いため，以降では親とする）と日常的に繰り返す相互作用に基づき，その人物の応答可能性や利用可能性について，そして，自分自身が親から応答され得る存在であるかについての予測と確信をもつようになると説明している（Bowlby, 1988; 数井, 2007）。自分が痛かったり，怖かったりして泣いたときに，親がやさしく抱き上げてくれたり，声をかけてくれたりしたことによ

り，緊張や不安が減少し，自分は安全であるという感覚を感じた経験を積み重ねることによって，親は自分が危険や不安を感じたときに応答してくれる存在であり，自分は親から応答してもらえる対象であるという感覚を発達させていく（Bowlby, 1988; 数井, 2007）。

　子どもは，親との近接による安心感を得るために，親の性質に応じて，自分のアタッチメント行動を調整する。その個人差は1歳前後には顕著にみられるようになる。エインズワースは，アタッチメント行動の個人差に着目し，それを観察する実験方法として，**ストレンジ・シチュエーション法**（Strange Situation Procedure）を開発した。ストレンジ・シチュエーション法では，実験室という，子どもにとっては初めての環境において，親子の分離と再会場面を経験させる。子どもにとって不安が喚起され，アタッチメント行動が現れやすい状況で，子どもがどのように行動するのかを評定する（詳細は，Ainsworth et al., 1978; 遠藤・田中, 2005 を参照）。

　ストレンジ・シチュエーション法において観察される，アタッチメント行動の個人差は，大きく分けて4つに分類される。**回避型**（avoidant）（**Aタイプ**）の子どもは，親との分離の際にあまり混乱せず，再会時にも親を歓迎する様子が乏しい。**安定型**（secure）（**Bタイプ**）の子どもは，親との分離に際して混乱を示すが，再会すると落ち着きを取り戻し，親との再会を喜び積極的に身体接触を求める。**アンビバレント型**（ambivalent）（**Cタイプ**）の子どもは，親との分離に際しての混乱が，親と再会しても収まらず，親に近接を要求しながら一方で激しい抵抗的態度を向けるなど，両価的な態度をみせる。**無秩序・無方向型**（disorganized-disoriented）（**Dタイプ**）の子どもは，どの分類にもあてはまらない子どもで，たとえば顔をそむけた状態で親に近づくなど，個々の行動に整合性や方向性が定まらない様子がみられる。

　これらの個人差は，親子のそれまでの相互交渉の過程で生み出されてくると考えられている。安定型の子どもの親は，子どもの信号や欲求に対する感受性や情緒的応答性が高く，一貫しているため，子どもは親の応答可能性や利用可能性に対して強い信頼感をもつことができる。回避型の子どもの親は，

子どもからの働きかけに対して拒否的にふるまうことが多いため，子どもはあえてアタッチメント行動を出さないことによって，親との距離を一定範囲内にとどめる方略をとっていると解釈することができる。アンビバレント型の子どもの親は，子どもの信号や欲求にたいする感受性や応答性が低く，一貫していないため，子どもは親の応答可能性や利用可能性を予測しづらい。そのため，子どもは親と接近していても安心しきれず，子どもは親が離れていくことにたいして過度に用心深くなり，最大限のアタッチメント信号を発信し続けることで親を接近させようとしていると考えられる（遠藤・田中，2005）。

以上三つのタイプは，質的違いはあるものの，親への反応の仕方が予測可能な組織化されたものであるのにたいし，無秩序・無方向型の子どもは，組織化されたアタッチメント行動を示さない。そのような子どもの親には，高い抑うつ傾向や，虐待，不適切な養育行動などがみられることがしばしば指摘されている（Martin & Gaffan, 2000）。このような場合，不安や危機を感じたときに，安心感を求めて近づく対象である親が，同時に不安や危機を与える状態であることが多く，子どもにとっては回避も接近もままならない状態におかれ，組織化された方向性の定まった行動パターンがとりづらくなっていると考えられている（遠藤・田中，2005）。

アタッチメントの個人差については，地域・文化差が多少存在することが知られている。安定型がもっとも多いという点はどの文化においても共通してみられるが，欧米では回避型がアンビバレント型より多く，イスラエルやアフリカではアンビバレント型が回避型よりも多い（数井・利根川，2005）。日本人乳児の場合も，安定型がもっとも多く，ついでアンビバレント型が多く，回避型は少ない。欧米でみられた結果との相違について，育児習慣の違いや，日本人乳児の気質，文化的に妥当な測定方法といった点から考察がされている（Takahashi, 1986; 数井・利根川，2005）。

発達初期に構築される内的作業モデルは，親子関係にとどまらず，その後子どもが対人関係を形成するうえでの基盤となるモデルとなると考えられて

いる（Bowlby, 1988）。乳幼児期に，親と安定型の愛着関係を築き，「他者は信頼に足る存在である」「自分は他者から愛され，尊重される存在である」という**内的作業モデル**（intenal working model）を形成した子どもは，大きくなってからの友人関係や異性関係において，その内的作業モデルをもとに適応的な関係を築くことができる（e.g., Schneider et al., 1990）。このように，親と安定型の愛着関係を築き，適応的な内的作業モデルをもつことは，子どもの適応的な発達の基盤となる。また，自分の親との関係について構築された内的作業モデルは，親になったときの自分の子どもにたいする養育行動や子どもとの相互作用にも影響し，そのことが自分の子どものアタッチメントの質に影響することが知られている（**愛着の世代間伝達**（intergenerational transmission of attachment patterns）：遠藤，1993；数井ら，2000）。

▶▶ 3-1-2 きょうだい関係

近年，日本では夫婦がもつ子どもの数（完結出生児数）が減少しており，2010年第14回出生動向基本調査では，初めて2人を割り，1.96人となった。しかし，夫婦がもつ子どもの人数の減少傾向はみられるものの，全体の半数以上の夫婦が2人以上の子どもを生むという状況は変わっておらず，「きょうだい」とともに育つ子どもが多くいる状況が大きく変わったとはまだいえない。

きょうだい関係（sibling relationship）は，現実的には年下のきょうだいが誕生したときから始まる。年下のきょうだいが生まれたばかりの頃は，年上のきょうだいに，赤ちゃん返りをはじめ，さまざまな問題行動が生じる（小島ら，2001）。年下のきょうだいが生後半年から1, 2歳くらいの間は，年上のきょうだいの圧倒的に優位な立場と年下のきょうだいの受動的な立場という明確な役割分化がみられる（小島，2002）。しかし，年下の子どもの認知能力や言語能力，運動能力などの発達とともに，きょうだい間では，けんかや遊びの中での協力や援助といったさまざまな社会交渉が成立するようになり，年上・年下のきょうだい双方にとって，多くのことを獲得する場を得る

こととなる。そこには，親子関係にみられる「タテ」の関係と，次項に述べる仲間関係にみられる「ヨコ」の関係の両方の要素を含む，「ナナメ」の人間関係がみられる（依田，1990）。では，きょうだい関係は，子どもの発達にとってどのような影響があるのだろうか。

きょうだいが家族にいることは，親ときょうだいという他者同士のやり取りを目にする経験を子どもにもたらす。また，親ほどの認知能力や社会的認知能力，言語能力のないきょうだいと社会交渉をすることは，幼い子どもにとって，他者の心的状態を理解し，それに合わせた行動をすることをせまられる経験となる。きょうだいとのふり遊びやけんか，遊びのルールや場面設定を教えるなどの経験は，年上年下にかかわらず，子どもの認知発達，情緒発達，社会的発達に影響することを示唆する研究が数多く報告されている。

年齢差のあるきょうだい間に存在するさまざまな能力差が小さくなる，児童期後半から青年期にかけてのきょうだい関係の影響としては，二つの相反する方向性の影響があると考えられている。それは，きょうだい同士の差異化をもたらす影響と，きょうだい同士の類似性をもたらす影響である。前者の影響は，きょうだいがそれぞれ異なる方向性を選択し，一人の個人としての存在を発達させる。たとえば，年上のきょうだいがバスケットボールを得意とする場合には，年下のきょうだいは，芸術などの異なる領域や異なるスポーツを意識的／無意識的に選択し，それに特化しようとすることがみられる。これにより，きょうだい間において競争や嫉妬が生じることが避けられ，きょうだい関係がポジティブな方向へ促進される（Whitemanet et al., 2009）。後者の影響は，きょうだいがモデルとなり，きょうだいの行動を学習することによって，同じような行動傾向をもたせるように作用するというものである。たとえば，年上のきょうだいの攻撃的で反社会的な行動を，年下のきょうだいが学習することによって，年下のきょうだいも攻撃的で反社会的な行動をするようになり，結果的に反社会的な行動傾向がきょうだい間で類似してくるというものである（e.g., Fagan & Najman, 2003）。そしてこの傾向は，きょうだい関係が良いほど強い（Rowe & Gulley, 1992）

家族の中の一つの社会関係であるきょうだい関係は，他の社会関係（親子関係や夫婦関係）とは独立に存在しているわけではない。たとえば，親子に安定型の愛着関係が形成されていることや親が夫婦関係に満足していることは，きょうだい間のネガティブな関わりが少ないことと関連している（Brody, 1998）。このように，家族全体の枠組みの中で，家族というシステムに「埋め込まれた」ものとして，きょうだい関係をとらえることが重要である（小島，2002）。

▶▶ 3-1-3　友人関係

　子どもは，家庭外における社会関係のひとつである，友人関係と呼ばれる社会関係をもつ。**友人関係**（friendship）は，「年齢や立場がほぼ等しい人間同士の関係」であり，同等性と互恵性，相互性を主要な要素とする「ヨコ」の関係である。

　友人関係には，大きく分けて，①楽しみやストレスへの対処の情動的資源となる，②問題解決能力や知識の獲得などへの認知的資源となる，③基本的な社会的スキルを身につけ洗練させる文脈を与える，④将来の社会関係（例：異性関係）の前駆的経験となる，という4つの機能があるとされる（Hartup, 1992）。

　具体的には，乳幼児期では，①自己抑制や自己主張などの自己統制とそれによる自己意識の形成，②他者への思いやりや共感，③社会的ルールの理解，他者と可変的イメージや役割の共有を楽しむことによる，④認知能力，⑤コミュニケーション能力，⑥問題解決能力，などが育まれる場となる（岡野，1995）。一方，青年期では，①不安や悩みなどの問題解決や軽減など心理的健康の安定をもたらす，②家族以外の他者と関わる能力を高める社会的スキルの学習，③生き方や行動のモデルを見出す，といった場となる（松井，1995）。

　しかし，適応的な発達にとっては，単に「友人がいる」ことが重要なのではなく，「どんな友人がいるか」という点が重要である。たとえば，女子高校生において，友人の援助交際についての経験を聞くことにより，援助交際

への抵抗感が低くなる（櫻庭ら，2001）といったように，友人の社会的逸脱行動・非行傾向といった特徴が，子どもの非行傾向の行動化に関与していることが知られている。つまり，友人関係は，親密性や社会心理的サポートを通してお互いの適応的な発達結果をもたらす「防御因子」となり得るが，未熟な社会的スキルや反社会性をもつ友人は，適応的な発達結果への「リスク因子」ともなり得るのである（Hartup & Stevens, 1997）。

　子どもがもつ，二者間またはごく少数の友人関係は，実際にはクラスなどの集団内に存在するかなり多くの複雑な社会関係のなかの一部である。クラスといった「集団」に目を向けてみると，そこでは，どのような社会関係がみられるだろうか。

　子ども間の集団内における社会関係を知る方法の一つとして，**ソシオメトリック**（sociometric）法がある。これは，ある基準にあうクラスメイトの名前を子どもにあげさせる（例：「あなたが好きなクラスの人を3人あげてください」とたずねる）方法である。この方法によると，子どもが，集団内の子どもたちをどのようにみているかを集団レベルで知ることができる。この方法により，人気児（「好き」と評定した人数が多く，「嫌い」と評定した人数が少ない）・拒否児（「好き」と評定した人数が少なく，「嫌い」と評定した人数が多い）・矛盾児（「好き」と評定した人数も「嫌い」と評定した人数も多い）・無視児（「好き」と評定した人数も「嫌い」と評定した人数も少ない）に分類できるとされる。こうした，集団内の社会的地位は，子どもの社会的スキルや社会的認知能力に関連していると考えられている。たとえば，人気児は，進行中の遊びに参加する際，遊んでいる集団の関心を理解し，遊びに関係した発話をしながら徐々に遊びの仲間に入る一方，拒否児は，自分に注目を向けさせようとしたり，進行中の遊びをコントロールしようとしたりするなど，遊びの仲間に入るのに非効率的な方法をとろうとしてしまう（Cillessens & Bellmore, 2011）。

　しかし，子ども集団におけるソーシャルネットワーク研究によると，単に子どもの評定だけでは，集団内の社会関係における各児の重要性を知ること

は不十分である。実際に集団内で行なわれている社会行動のやり取りを詳細に観察した研究によると，幼児集団では，攻撃的な子どもが，子ども間の社会交渉ネットワークの中で必ずしも孤立しているわけではなく，集団内の凝集性という点ではむしろ中心的な役割を果たしていることが示されている（Fujisawa et al., 2008, 2009）。

3-2 社会的認知

▶▶ 3-2-1 自己認知

　自己には，「**主体としての自己**」（I-self: 自分の行動をコントロールし，決定し，行動の特徴を生み出す主体としての自己）と「**客体としての自己**」（Me-self: 認識の対象としての自己）という二つの側面がある（Harter, 2006）。

　「主体としての自己」が「客体としての自己」を認識するプロセスは，いつから成立するのだろうか。胎児期・周産期における赤ちゃんの認知に関する研究によると，生後24時間に満たない新生児において，口唇部の口角に触れると乳首を探すかのようにそちらの方向に向けて口を開ける反応（**ルーティング反応**（rooting response））が，他者の指で触れられた場合に，自分の指が触れた場合に比べると多くみられることや（Rochat & Hespos, 1997），妊娠中後期の胎児が，自分の手で口に触れる際，閉じていた口を手が触れる前から予期的に開け始めること（Myowa-Yamakoshi & Takeshita, 2006）などが明らかになっている。これらのことから，身体感覚を基盤とする自己感覚は，誕生時にはすでに形成されている可能性が指摘されている（明和, 2011a）。

　生後4ヵ月頃からは，身体感覚に関する知覚経験を通して，自分の身体をさらに"発見"し，自己が外界から区分された存在であるということを知り

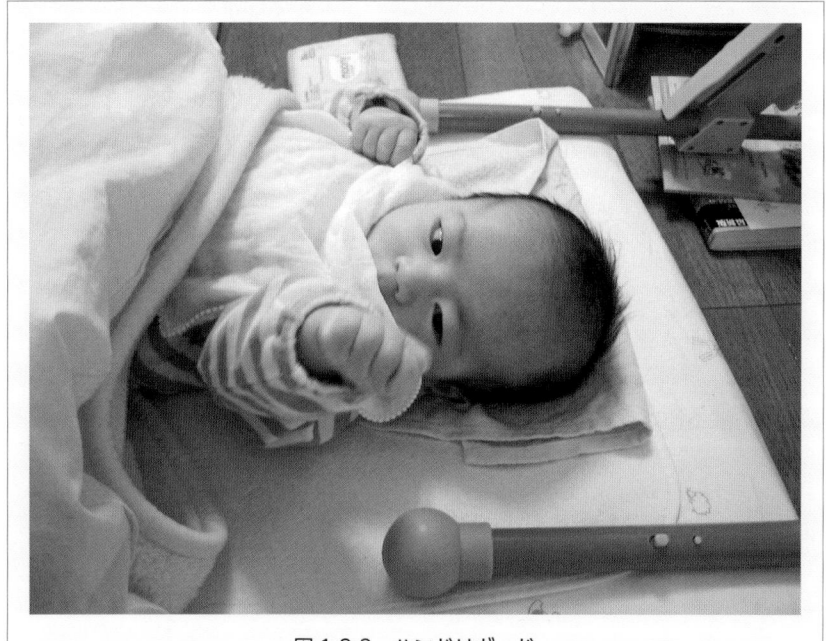

図 1-3-3　ハンドリガード

始める。この時期の赤ちゃんの多くに，自分の手や足をなめる行動や，自分の手を顔の前にかざしてじっと見つめる行動（**ハンドリガード** Hand regard; 図 1-3-3 参照）がみられる。自分の手を自分でなめると，手をなめている自分の感覚と手がなめられている感覚とが起こる。そこでは，自分自身がやっている能動的な感覚と，刺激を受けている受動的な感覚という二重の経験をすることになる（柏木，1983）。このような感覚運動的活動とそれに対するフィードバックの経験を積み重ね，赤ちゃんは，外界や他者とは画する存在としての身体的自己を認知することができるようになる。つまり，「知る存在」としての主体的自己が，「知られる存在」としての客体的自己について認識するプロセスが始まると考えられる。

　自己の身体に気づいた赤ちゃんは，その身体を見ている自分の姿を認知す

ることができるのだろうか。鏡に赤ちゃんを映して見せ，それに対してどのような反応をするかみることにより，それを端的に知ることができる。生後4ヵ月頃の赤ちゃんは，鏡の前で体を動かすと鏡像が動くのを楽しみ，鏡の中の像に触れる，顔を近づけるなど，その像を自分ではない別の赤ちゃん，つまり"他者"とみなしている行動が多い。生後18ヵ月頃までには，自分の体に向かった反応が現れ始め，鏡像と自己を同一視していることがうかがえるようになり，2歳前後で**鏡像の自己認知**（mirror self image）が成立すると考えられている（Amsterdam, 1972; 柏木，1983）。このような自己認知の成立は，「知る存在」としての主体的自己に「知られる存在」としての客体的自己が出現したことを示す，自己認知の発達過程において重要な通過点である。

「客体としての自己」は，「主体としての自己」が「知る存在」としてもつ認知プロセスによって認識され，認識する主体としての自己の認知発達が，認識される自己の構成に直接的に影響する。そのため，自己認知の発達は，「**自己の識別**（differentiation of self）」と「**自己の統合**（integration of self）」の2つの面において，認知能力の発達の制約を受ける。「自己の識別」は，さまざまな領域において異なる自己を認知すること，「自己の統合」は，それらを高次に一般化し統合されたものとして自己を認知することを指す（Harter, 2006）。では，自己認知の発達過程において，「自己の識別」と「自己の統合」はどのように現れるのだろうか。

幼児期に入り，言語発達にともなって，子どもが自己について話すことができるようになると，彼らの自己認知において，どのように「自己の識別」と「自己の統合」がおきているか（または，まだおきていないか）を知ることができる。幼児の自己についての語りをみると，身体的特徴（例：私は青い目をしている）・行動（例：私は早く走ることができる）・社会関係（例：私には弟がいる）・感情（例：私はハッピーだ）といった，分類的，あるいは「カテゴリカルな自己」として自己を帰属しているにすぎない状態であることがわかる（Damon & Hart, 1988）。また，この時期の自己表象は，過大

評価されたものである傾向がある。このように，幼児は識別できる自己としては認知できるが，それらを統合し一般化した表象としては認知することができない。これは，同時に二つ以上の側面についての情報を心の中で保持し比較することが難しいために，他者と相対的に自分を比較することができない，理想的な自己と現実の自己を比較することができない，といった幼児の認知能力の制約を受けて現れたものである（Harter, 2006）。

　学童期に入った子どもの自己認知の特徴は，他者との関係性のなかで自己を帰属するようになる点（例：クラスメイトの中で一番人気がある）と，さまざまな特徴のある自己を階層的に統合してとらえるようになってくる，つまり「自己の統合」がみられるという点（例：友だちと一緒にいるときはハッピーだけれど，誰も一緒に遊んでくれないときは悲しくなる）があげられる。識別された自己とともに，統合された自己も認知できるようになることは，発達上重要なマイルストーンとなる（Harter, 2006）。

　しかし，自己評価のために他者と自己を比較することができるようになることや，理想的な自己と現実の自己を区別することができるようになること，また社会的視点取得スキルにより，より現実的に自己を認知することができるようになることといった，自己認知の発達上欠くことのできない認知能力の発達は，その裏返しとして，幼児期には肯定的で過大評価されていた自己評価や自尊心の低下をもたらし得る（Harter, 2006）。実際，青年期では「かくありたい」「かくはありたくない」という理想上の自己と現実の自己のずれが大きいと，自尊感情への低下とつながることが示唆されている（遠藤, 1992）。そのため，現実の自己を理想的な自己に近づけるために努力をする，あるいは理想的な自己と現実の自己とのずれをどのように受け入れるか，内省しながら調整することができるようになることが思春期や青年期における心理的適応において重要な課題となる（伊藤, 1992）。

▶▶ 3-2-2　他者認知

　ことばを発しない赤ちゃんが，親などの他者を何と思っているのかについ

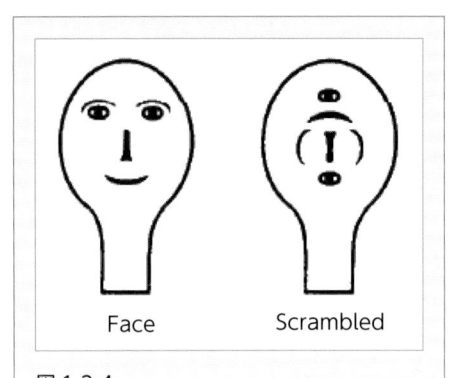

図 1-3-4
人間の顔のように見える図形(左)と、目鼻口がでたらめに配置された図形(右)
(Johnston et al., 1991, Fig. 1)

て検証することは難しいが、新生児期から、赤ちゃんは「他者」という存在に特別な注意を向けている。新生児は、人間の顔のように見える図形と、目鼻口がでたらめに配置された図形とでは、前者の方を長く見ること(Johnson et al., 1991; 図1-3-4参照)や、母親と見知らぬ女性の顔が呈示されると、母親の顔の方を長く見ること(Bushnell et al., 1989)などの報告があり、生後かなり早い時期から、人間の顔を識別することができることがわかっている。また、新生児は、新生児模倣(図1-3-1)に限らず、実験者が呈示した音に対応した口の動きをするといった、他者の身体運動イメージと自分の身体運動をマッピングさせる能力があることもわかってきた(eg., Chen et al., 2004; 図1-3-5参照)。

　生後2ヵ月頃になると、社会的微笑が出現する。新生児期にまどろんでいるときや、物音や振動を感じたときに、他者がいてもいなくても観察される、生理的・反射的な微笑(新生児微笑)とは異なり、社会的微笑は、他者が存在し、しかも他者が自分の方に視線を向けている際に多く現れる。また、同時期には、機嫌の良いときに他者に向かって、「クー」などといった発声(クーイングと呼ばれる)をするようになる。赤ちゃんから、笑顔を向けられたり、かわいい声を出されて見つめられたりすると、大人は無意識的に応答してしまい、コミュニケーションが起こる。このように、生後2ヵ月頃は、他者に対し能動的に関わり始め、他者との双方向的なコミュニケーションが展開する、顕著な発達的変化がみられる時期であり、「**2ヵ月革命**(2-month revolution)」と呼ばれる(明和, 2011b)。

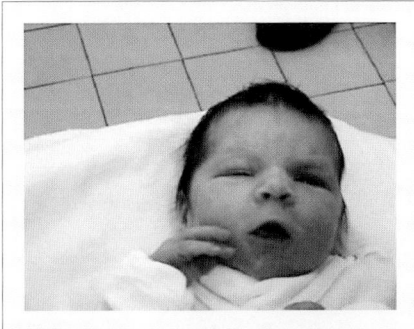

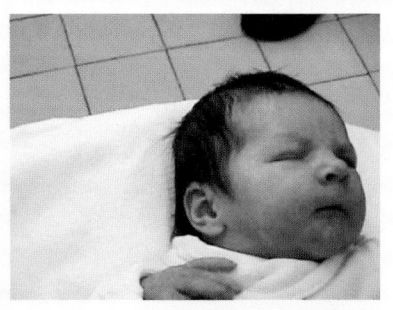

実験者が /a/ という音を出すと,赤ちゃんは口を開ける(左)。/m/ という音を出すと,赤ちゃんは口を閉じる(右)。

図 1-3-5　他者の身体運動イメージと自分の身体運動のマッピング
(Chen et al., 2004, Fig.1)

　そして,生後9ヵ月頃になると,**共同注意**(joint attention: 他者の頭部や視線の動きの方向に自分の注意を向ける)・**原叙述的コミュニケーション**(protodeclarative communication: 指差しなどにより,自分が注意を向けている対象に,他者の注意を呼び込み,自分の心的状態(おもしろい・不思議だ,など)を他者に伝達しようとする)・**社会的参照**(social referencing: 意味の不確かな対象と遭遇した際に生じた不安定な情動状態を,他者が発する情報を活用してその対象の意味を知ることによって調整し,その対象に対する自らの対処行動を調整する)といった,他者の心的状態を理解する能力の発達を示す行動がほぼ同期して現れる(遠藤・小沢,2001)。これらの能力の発達により,それまでの他者あるいは物との二項的関わり(「他者-赤ちゃん」または「物-赤ちゃん」)に加え,他者の視点を通した物との関わりである,**三項関係**(triadic relation)(「他者-物-赤ちゃん」)という広がりをもったコミュニケーションを生み出す。この時期の目覚ましい変化は「**9ヵ月革命**(9-month revolution)」と呼ばれる(Tomasello, 1999; 明和,2011b)。

　子どもは,乳児期の終わりまでには基本的なコミュニケーションができるようになり,やがて親以外の他者とともに過ごす集団生活に参加していく。

適応的に社会生活をいとなむためには，「人間は欲求，信念，意図，感情などから成り立つ心をもっている。その心は人の行為を説明したり，予測したりする際の認知的枠組みとして機能する」ということを日常生活のさまざまな経験から学び取っていかなければならない（丸野，1996）。これを理解していることを「"**心の理論**"（theory of mind）をもつ」という。子どもは，このような心の働きについての知識をいつ頃から，どのように獲得していくのだろうか。

　子どもが心の理論をもっているかを調べる方法のひとつに，「**誤信念課題**（false belief task）」という実験がある。そのひとつである「**サリーとアンの課題**（Sally-Anne task）」（Baron-Cohen et al., 1985）を紹介する。この課題では，子どもにサリーとアンという人形を使いながら，①サリーはビー玉を自分のカゴに入れる，②サリーは散歩に出かける，③サリーがいない間に，アンがサリーのビー玉をカゴから取り出し，自分の箱に入れる，④サリーが戻ってきて，自分のビー玉で遊びたいと思う，というストーリーを紹介する。そして，子どもに「サリーがビー玉を探すのはどこかな？」と問う。誤信念課題では，ある現実に対して，自分と他者が必ずしも同じように表象しているわけではないことを理解しているかどうか，他者は自分自身の信念に基づいて行動するということを理解しているかどうかをみる。子どもは，ビー玉ははじめサリーのカゴの中にあったが，今はアンの箱の中にあるということを理解したうえで，サリーはビー玉が自分のカゴの中からアンの箱の中に移動したのを見ていないので，ビー玉が自分のカゴの中にあると考えるだろうと判断し，「サリーはカゴを探す」と回答することが求められる。

　子どもの言語能力や記憶能力への負荷を考慮し，さまざまなバリエーションの課題が考案されてきたが，誤信念課題を用いたこれまでの研究から，3歳児は他者の誤信念を理解することが難しく，4〜7歳にかけて正しく理解できるようになるといわれている（Wellman, et al., 2001）。日本人の子どもたちも同様の発達過程を辿るが，欧米の子どもたちに比べ課題の通過が多少遅れることが指摘されている（東山，2007）。この理由については，まだ結

論が出ていないが，年齢がある程度高くなっても，母親が子どもの立場に立った語りかけをすることが，自他の概念化を遅らせるのに寄与している（Koyasu, 2009）．他者の行動を，その人の心的状態ではなく，行動や社会的規則に基づいて解釈するという日本の子どもの傾向が誤信念課題への回答の仕方へ影響している（Naito & Koyama, 2006）といった可能性が示唆されている．

心の理論の発達を社会的環境，特に親やきょうだい，友だちとの相互作用からみること，さらには文化的環境の影響を受けたものとして考えることは，心の理解を発達的に広くとらえるうえで重要である（内藤，2011）．

3-3　社会行動

▶▶ 3-3-1　遊び

遊び（play）の定義にはさまざまなものがあるが，大きくとらえると，「喜びに満ち・楽しく，内的に動機づけられ主体的で，それ自体が目的であり，非現実的・非日常的な活動」である（中澤，2011）．乳幼児期では，子どもは遊びを通してさまざまなことを学習し，認知能力や社会的認知能力の発達が促される．同時に，子どもの発達につれて，遊びの内容も変化する．

子どもの認知発達の面から，遊びは，機能遊び（身体機能を使用する遊びで，物をなめたり触ったりする感覚遊びや飛んだりはねたりする運動遊びを含む），象徴遊び（「ごっこ遊び」などとも呼ばれ，ままごとなど外界の事象を模倣する遊び），受容遊び（絵本を読んだり，音楽を聞くなど，鑑賞する遊び），構成遊び（積木や粘土などを用いて創作して遊ぶ）と分類される（Bühler, 1966）．特に，象徴遊びの出現は，子どもの認知発達と密に関連しており，幼児期の遊びの特性を顕著に表すものである．象徴遊びは，目の前にその対象がなくてもその対象を心に思い浮かべる表象能力や，あるものを

別のものに見立てる象徴機能の能力を必要とする。1歳半頃から3歳頃にかけて，これらの能力が顕著に発達するとともに，象徴遊びが出現する。

　パーテン（Parten, 1932）は，乳幼児期の遊びを，ひとり遊び，並行遊び（同じ遊びをしているが，子ども同士の関わりはない），連合遊び（子ども同士でことばを交わしながら一緒に遊ぶという形態をとっているが，遊びの役割分担やルールの共有が十分でない），協同遊び（遊びの役割分担や分業が成立しており，ルールやストーリーを共有しながら遊ぶ）に分類した。3歳頃は並行遊びが多いが，5歳頃になると連合遊びが多くみられるようになり，発達するにつれ子どもは社会的な遊びを多くするようになるとされる。しかし，実際には，年齢による変化だけではなく，進行中の遊びに新たに参加する過程において段階的にみられることも示唆されている（Robinson et al., 2003）。

　仲間と意見のすり合わせや交渉，譲歩することが求められる社会的な遊びを通して，子どものさまざまな能力（視点取得能力・情動調整能力など）の発達が促される。また，その発達により，より複雑な遊びを維持・展開できるようになる。遊びは，子どもの認知発達や社会的認知発達を促すさまざまな経験のうちの一つであり，子どもにとっても楽しい活動である（Power, 2011）。

▶▶ 3-3-2　向社会行動

　援助行動や，分与行動，他人を慰める行動といった，他者の利益のためになるよう意図された自発的な行動は，**向社会行動**（prosocial behavior）と呼ばれる（Eisenberg, 1994）。向社会行動の動機づけの過程に関わる**共感**（empathy）は，「他者の感情状態や状況に対する感情的な反応であり，相手の状態や状況と一致したもの（悲しみにある人を見て悲しみを経験する）」（同），「自分自身のおかれた状況よりも他者のおかれた状況に適した感情的反応」（Hoffman, 2000）と定義される。

　生後すぐから9ヵ月頃の赤ちゃんは，他の赤ちゃんの泣きに対して，つら

れて自分も泣いてしまうことがある。これは，共感的反応の始まりと考えられている。苦痛を感じている他者に対する共感的反応は生後半年頃から徐々にみられるようになるが，具体的な向社会行動がみられるようになるのは，自己と他者の違いや，ルールや行動の基準をある程度理解できるようになる1歳頃からである（たとえば Roth-Hanania et al., 2011）。しかし，まだ他者の内的な状態を自分のものと混同しており，他者を慰めようとする際に，自分自身が慰められるような方法でやろうとすることがみられる（例：泣いている子を見て，自分の母親を連れてくる）（Hoffman, 2000）。そして，**視点取得能力**（perspective taking skill: 広義に，他者の感情や意図を理解する能力）や状況を道徳的規準に照らして判断する能力の発達がすすむと，向社会行動の発達はさらに促される。また，向社会行動を行なう経験やそれについての評価は，向社会行動を行なうのに必要な社会的認知能力を高めたり，向社会行動をすることへの動機づけを高めたりすることにつながる(Eisenberg et al., 2006)

　他者が悲しんでいたり困ったりしている状態に共感する能力を育み，向社会行動を発達させるためには，親の関わりが重要である。子どもに苦痛や悲しみを（がまんさせるのではなく）表現させ，それに対して敏感に応答する親をもつ子どもは，自分自身の苦痛や悲しみといった感情を調整する能力（情動調整能力）に長けるだけでなく，向社会行動を多く行なう（Eisenberg et al., 2006）。そのため，応答的な養育態度は，子どもの情動調整能力を育むことを通じて，共感的な態度や向社会行動をも育むと考えられる。向社会行動を行なう（行なった）ことに対して，外的な報酬（例：おもちゃ）を与えることや，向社会行動をしない（しなかった）ことに対して，罰を与えるやり方は，長期的にみると，子どもの向社会行動を育てるのに有効ではない（Fabes et al., 1989）。一方，子どもが行なった向社会行動を子どものポジティブな性質に帰属させる（例：「お友だちが困っていると助けてあげるやさしい子だから，手伝ってあげたのね」）ことや，他者の立場に立ち共感することを重視し，そのように行動することを誘導するやり方は，向社会行動を強

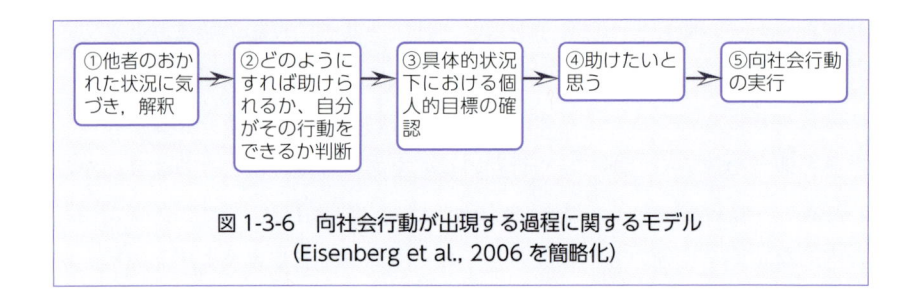

```
①他者のおか      ②どのように      ③具体的状況      ④助けたいと      ⑤向社会行動
れた状況に気  →  すれば助けら  →  下における個  →  思う          →  の実行
づき，解釈        れるか，自分      人的目標の確
                  がその行動を      認
                  できるか判断
```

図 1-3-6　向社会行動が出現する過程に関するモデル
(Eisenberg et al., 2006 を簡略化)

化するのに有効である（Grusec & Redler, 1980）。また，親自身が見せる共感的態度や向社会行動が，子どもの向社会行動のモデルとなるという点も重要である。

　向社会行動の社会化にとって，家庭外の影響も無視できない。たとえば，仲間との社会交渉は，向社会行動のためのスキルを学び，実践する多くの機会となる。仲間に対して向社会的に行動することにより，仲間からポジティブな反応を得ることができ，そのことがさらに子どもの向社会行動を促進させる（Grusec et al., 2011）。また，ボランティア活動や高齢者などの異世代との交流も子どもの向社会性を育むのに有意義であることが示唆されている（首藤，2011）。

　このように，向社会行動には，他者理解や道徳的判断の能力の発達といった子ども個人の特性とともに，親や仲間といった向社会行動を社会化させる存在も必要である。これをふまえてアイゼンバーグら（Eisenberg et al., 2006）は，向社会行動が出現する過程についてのモデルを提案している（図1-3-6 参照）。まず，最初のステップとして，「①他者のおかれた状況に気づき，それを解釈する」という段階がある。これには，先に述べたように，視点取得能力などの社会的認知能力や共感性，性格といった個人の特性と，親の養育態度などの社会化経験が双方向的に影響している。また，その時の情動の状態や状況の特徴（例：なぜその人が困った状況になってしまったのか）といった要因もこの段階に影響する。二番目のステップでは，「②どのようにすれば助けられるか，自分がその行動をできるかどうかを判断する」という

段階がある。そうした判断も高度な認知能力を必要とすることから，個人の能力といった特性はこの段階にも影響する。三番目のステップでは，「③具体的状況下における個人的目標の確認」という段階があげられている。ここでは，おかれた状況において，個人的目標には階層や優先順位があるなかで，自分が向社会行動を行なう理由（例：社会的賞賛や道徳的判断）を確認する。そして四番目のステップにおいて，「④他者を助けたいと思う」という段階がおきる。そのうえで，実行する能力（身体的・物理的能力など）があり，おかれた状況の変化がなければ，「⑤向社会行動の実行」がなされる。そして，向社会行動が実行された後は，それについての自己評価がなされ，将来行なう（もしくは，行なわない）向社会行動への動機づけやスキルの促進へとつながる。

　向社会行動の出現過程におけるさまざまな要因の相対的重要性や，要因間の関係性は発達とともに変化する。たとえば，初めのステップで重要な要因となる，他者視点取得能力や共感性，社会化のあり方や，三番目のステップに関わる，個人的目標のもととなる価値観や目標，要求のあり方は年齢とともに大きく変化する。しかし，アイゼンバーグらが提案するこのモデルでは，向社会行動に関わるさまざまな要因が統合されており，向社会行動の発達について理解するのに有益な示唆を与えてくれる。

▶▶ 3-3-3　攻撃行動

　攻撃行動（aggressive behavior）は広義には，「他者を傷つけたり，他者に損害を被らせたりしようと意図された行動」と定義される（Dodge et al., 2006）。攻撃行動を理解するには，攻撃行動の機能的側面と形式的側面を考える必要がある。

　攻撃行動を機能的側面からみたとき，反応的攻撃（reactive aggression）と能動的／道具的攻撃（proactive/instrumental aggression）の2つのタイプの攻撃行動がある。前者は，攻撃誘発刺激に対して怒り感情をともない表出される攻撃行動であり（例：クラスメイトにからかわれたので，そのクラ

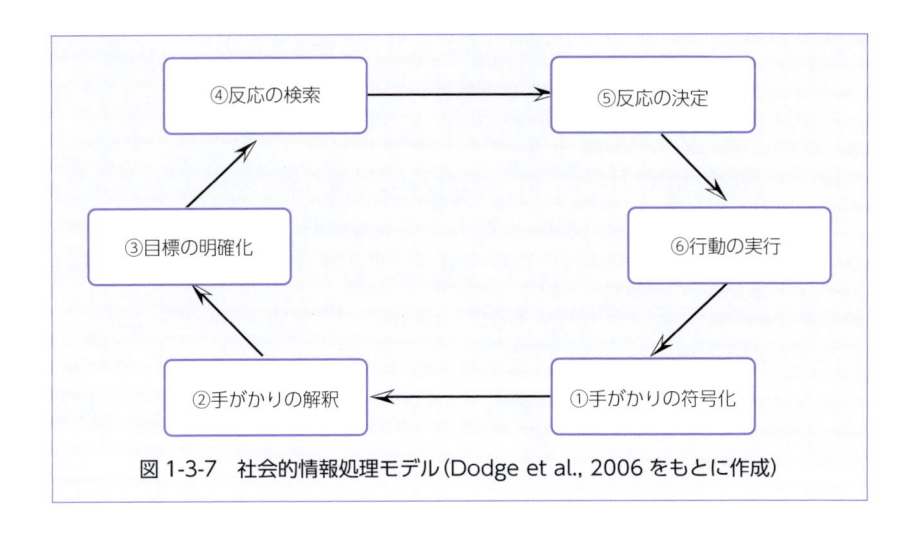

図 1-3-7 社会的情報処理モデル（Dodge et al., 2006 をもとに作成）

スメイトをたたく）．後者は，ある特定の目標を達成するために表出される攻撃行動で，必ずしも怒り感情はともなわないものである（例：三輪車に乗るために，三輪車に乗っている子を押しのける）（山崎，2002）。

攻撃行動を形式的側面からみると，顕在的攻撃（overt aggression）と関係性攻撃（relational aggression）がある。前者は，たたく・ける，物を壊すといった，行為が容易に観察できる身体的な攻撃行動である。一方，後者は，他者の人間関係を傷つけようとする行動で，必ずしも攻撃的に見えるわけではない行動である（例：仲間はずれにする，悪口を広める）（Coyne et al., 2011）。

攻撃行動はどのようなプロセスで表出されるのだろうか。Dodge ら（2006）は，攻撃行動の表出プロセスについて，**社会的情報処理モデル**（social information processing model）によって説明している（Dodge et al., 2006; 図 1-3-7 参照）。まず初めのステップは，「①手がかりの符号化」である。このステップでは，ある状況下において，その場における社会的相互作用に関連のある手がかり刺激に注意が向けられる。このステップにおいて他者の行動の敵対的な行動へ選択的に注意が向かうなどのバイアスがあると，攻撃的

な反応の表出につながる。二番目のステップは,「②手がかりの解釈」である。このステップでは,注意が向けられた手がかり刺激の意味を解釈する。特に,脅威の原因や相手の意図に関しての帰属がされる。他者の行動の意図を敵意があるものと帰属しがちな傾向があると,攻撃的な反応の表出につながる。三番目のステップは,「③目標の明確化」である。ここでは,おかれた状況下における社会的相互作用から目標とする結果を定める。このステップにおいて定められる目標が,(将来志向の目標に対比して)現在志向的である,非社会的なものである,(他者との関係性を維持するという目標と対比して)競争的なものであるといったものとなった場合に,攻撃行動の表出につながると考えられる。四番目のステップは,「④反応の検索」である。ここでは,長期記憶のなかから,実行可能な行動にはどのようなものがあるかを検索する。このステップにおいて,検索される反応のレパートリーが少なかったり,非攻撃的な反応が検索されなかったりすると,攻撃行動の表出へとつながる。次は,「⑤反応の決定」である。ここでは,道徳的許容度や対人的結果を評価し,実行する行動を決める。四番目のステップにおいて検索された行動の結果について適切に評価できない,不適切な行動を選択することを抑制できないということがあると,攻撃行動の表出へとつながる。そして最後のステップ(⑥)で,決定した行動を実行する。ここまでのステップで仮に非攻撃的な行動が選択されていたとしても,それを実行する運動能力や言語能力に欠けると,その行動の代わりに攻撃行動が表出されるということが考えられる。このように,社会的情報処理モデルでは,どのステップにおいても,バイアスや能力の欠如,特定の傾向があると,攻撃行動の表出へつながり得ると考える。なお,このモデルでは,行動の実行後,仲間からの反応といった社会的評価などの影響を受け,次に攻撃行動が起こり得る状況になった際に,最初のステップ(①)が開始されるとしており,最初のステップから行動の実行(⑥)までのステップは一方向的ではなく,一連の循環的サイクルとして表現される。

　子どもの攻撃行動は,定型発達のなかでよくみられることであるが,どの

ようなタイプの攻撃行動が表出されるかは発達するにつれ変化する。たとえば，同年齢の仲間のおもちゃをつかみ取ろうとする顕在的攻撃行動は，生後半年の乳児にもみられるが，関係性攻撃は，比較的単純なものを含めても幼児期に入ってからみられるようになるものである。一般的には，言語能力などの認知発達や，仲間との社会経験にともない，身体的な攻撃行動から言語的な攻撃行動へと変化し，攻撃行動自体は年齢とともに減少するというのが，攻撃行動の定型的な発達とみなされている。

子どもの攻撃行動が社会化される過程としては，親子関係のなかでの社会化と仲間関係のなかでの社会化の2つのプロセスがあげられる。

親子関係のなかでの社会化について，親からたたかれたり，けられたりするような養育を受けた子どもは，攻撃行動を表出するようになるということは，一般的によくいわれることである。しかし，親が子どもを身体的に罰することが，一方向的な影響として子どもの攻撃行動につながるわけではなく，親からそのような不適切な養育態度を引き出しがちな子ども側の要因（"難しい気質" など）があることから，子どもの攻撃行動の社会化のプロセスには，親と子の両方が双方向的に関わっているといえる。

仲間関係のなかでの社会化について，「3-1-3 友人関係」の項で少し触れたように，特に思春期から青年期にかけての仲間関係は，子どもの攻撃行動を含む**反社会的行動**（antisocial behavior）の社会化において重要な存在である。反社会的な仲間集団は，攻撃行動傾向の高い子どもにとって，自分と同じような行動傾向をもつ仲間として魅力的であり，また，反社会行動の幅や程度を広げる機会を提供することとなる。反社会的な仲間集団と行動をともにするなかで，子どもは攻撃行動を含む反社会的行動をモデル化し，強化させる。より程度のひどい反社会的行動の強化は，家族という文脈よりも仲間集団という文脈のなかで進むことが示唆されている（Dodge et al., 2006）。

〔藤澤啓子〕

引用文献

Ainsworth, M. D., Blehar, M. C., Waters, E., & Wall, S.(1978). *Patterns of attachment: A psychological study of the strange situation.* Erlbaum.

Amsterdam, B.(1972). Mirror self-image reactions before age two. *Developmental Psychobiology*, **5**, 297-305.

Baron-Cohen, S., Leslie, A. M., & Frith, U.(1985). Does the autistic child have a "theory of mind"? *Cognition*, **21**, 37-46.

Bowlby, J.(1969). *Attachment and loss. Vol. 1. Attachment.* Basic Books. (黒田実郎ほか (訳) (1991). 母子関係の理論Ⅰ―愛着行動― (改訂新版) 岩崎学術出版)

Bowlby, J.(1988). *A secure base: Parent-child attachment and healthy human development.* Basic Books. (二木武 (監訳) (1993). 母と子のアタッチメント―心の安全基地　医歯薬出版)

Brody, G. H.(1998). Sibling relationship quality: Its causes and consequences. *Annual.*

Bühler, K. (1958). *Abriss der geistigen Entwicklung des Kleinkindes*, 8. erweiterte Auflage in Zusammenarbeit mit Dr. Lotte Schenk-Danzinger , Quelle & Meyer. (原田茂 (訳) (1966). 幼児の精神発達　共同出版)

Bushnell, I. W. R., Sai, F., & Mullin, J. T.(1989). Neonatal recognition of the mothers face. *British Journal of Developmental Psychology*, **7**, 3-15.

Card, N. A., Stucky, B. D., Sawalani, G. M., & Little, T. D.(2008). Direct and indirect aggression during childhood and adolescence: A meta-analytic review of gender differences, intercorrelations, and relations to maladjustment. *Child Development*, **79**, 1185-1229.

Chen, X., Striano, T., & Rakoczy, H.(2004). Auditory-oral matching behavior in newborns. *Developmental Science*, **7**, 42-47.

Cillessen, A. H. N., & Bellmore, A. D.(2011). Social skills and social competence in interactions with peers. In P. K. Smith & C. H. Hart(Eds.), *The Wiley-Blackwell handbook of childhood social development,* (2nd ed., pp. 393-412). NY：Blackwell.

Côté, S. M., Vaillancourt, T., Barker, E. D., Nagin, D., & Tremblay, R. E.(2007). The joint development of physical and indirect aggression: Predictors of continuity and change during childhood. *Development and Psychopathology*,

19, 37-55.
Coyne, S. M., Nelson, D. A., & Underwood, M.(2011). Aggression in children. In P. K. Smith & C. H. Hart(Eds.), *The Wiley-Blackwell handbook of childhood social development,* (2nd ed. pp. 491-509). NY：Blaclwell.
Crick, N. R., Casas, J. F., & Mosher, M.(1997). Relational and overt aggression in preschool. *Developmental Psychology,* **33**, 579-588.
Damon, W., & Hart, D.(1988). *Self-understanding in childhood and adolescence.* New York: Cambridge University Press.
Dodge, K. A., Coie, J. D., & Lynam, D.(2006). Aggression and antisocial behavior in youth. In N. Eisenberg, W. Damon, & R. M. Lerner(Eds.), *Handbook of child psychology, Vol. 3. Social, emotional, and personality development*(6th ed., pp. 719-788). Hoboken, NJ: Wiley.
Eisenberg, N. (1994). *The Caring Child.* Harvard University Press.（二宮克美・首藤敏元・宗方比佐子（共訳）（1995）.思いやりのある子どもたち　北大路書房）
Eisenberg, N., Fabes, R. A., & Spinrad, T. L.(2006). Prosocial development. In N. Eisenberg, W. Damon, & R. M. Lerner(Eds.), *Handbook of child psychology, Vol. 3. Social, emotional, and personality development* (6th ed., pp. 646-718). New York: Wiley.
遠藤利彦（1993）.内的作業モデルと愛着の世代間伝達　東京大学教育学部紀要,**32**, 203-220.
遠藤利彦（2005）.アタッチメント理論の基本的枠組み　数井みゆき・遠藤利彦（編著）アタッチメント　生涯にわたる絆（pp. 1-31）ミネルヴァ書房.
遠藤利彦・小沢哲史（2001）.乳幼児期における社会的参照の発達的意味およびその発達プロセスに関する理論的検討　心理学研究, **71**, 498-514.
遠藤利彦・田中亜希子（2005）.アタッチメントの個人差とそれを規定する諸要因　数井みゆき・遠藤利彦（編著）アタッチメント　生涯にわたる絆（pp. 49-79）ミネルヴァ書房.
遠藤由美（1992）.自己認知と自己評価の関係―重みづけをした理想自己と現実自己の差異スコアからの検討―　教育心理学研究, **40**, 157-163.
Fabes, R. A., Fultz, J., Eisenberg, N., May-Plumlee, T., & Christopher, F. S.(1989). The effects of reward on children's prosocial motivation: A socialization study. *Developmental Psychology,* **25**, 509-515.

Fagan, A. A., & Najman, J. M.(2003). Sibling influences on adolescent delinquent behaviour: An Australian longitudinal study. *Journal of Adolescence*, **26**, 546-558.

Fujisawa, K. K., Kutsukake, N., & Hasegawa, T.(2008). The stabilizing role of aggressive children in affiliative social networks among pre-schoolers. *Behaviour*, **145**, 1577-1600.

Fujisawa, K. K., Kutsukake, N., & Hasegawa, T.(2009). Social network analyses of positive and negative relationships among Japanese preschool classmates. *International Journal of Behavioral Development*, **33**, 193-201.

Glocker, M. L., Langleben, D. D., Ruparel, K., Loughead, J. W., Gur, R. C., & Sachser, N.(2009). Baby schema in infant faces induces cuteness perception and motivation for caretaking in adults. *Ethology*, **115**, 257-263.

Grusec, J., Hastings, P., & Almas, A.(2011). Prosocial behavior. In P. K. Smith & C. H. Hart(Eds.), *The Wiley-Blackwell handbook of childhood social development*, (2nd ed., pp. 549-566). NY：Blackwell.

Grusec, J., & Redler, E.(1980). Attribution, reinforcement, and altruism: A developmental analysis. *Developmental Psychology*, **16**, 525-534.

Harter, S.(2006). The self. In N. Eisenberg, D. William, & R. M. Lerner(Eds.), *Handbook of child psychology: Vol. 3. Social, emotional, and personality development*(6th ed., pp. 505-570). Hoboken, NJ: Wiley.

Hartup, W. W.(1992). Peer relations in early and middle childhood. In V. B. Van Hasselt & M. Hersen(Eds.), *Handbook of social development: A lifespan perspective*(pp. 257-281). New York: Plenum Press.

Hartup, W. W., & Stevens, N. (1997). Friendship and adaptation in the life course. *Psychological Bulletin*, 121, 355-370.

Hay, D. F., Nash, A., & Pedersen, J.(1983). Interactions between 6-months-olds. *Child Development*, **53**, 105-113.

Hoffman, M. L.(2000). *Empathy and moral development: Implication for caring and justice*. Cambridge University Press.(菊池章夫・二宮克美（訳）（2001）．共感と道徳性の発達心理学—思いやりと正義とのかかわりで—　川島書店)

伊藤美奈子（1992）．自己受容を規定する理想—現実の差異と自意識についての研究—　教育心理学研究，**40**，164-169.

Jaffee, S. R., Caspi, A., Moffitt, T. E., Polo-Tomas, M., Price, T. S., & Taylor, A.(2004). The limits of child Effects: Evidence for genetically mediated child effects on corporal punishment, but not on physical maltreatment. *Developmental Psychology*, **40**, 1047-1058.

Johnson, M. H., Dziurawiec, S., Ellis, H., & Morton, J.(1991). Newborns' preferential tracking of face-like stimuli and its subsequent decline. *Cognition*, **40**, 1-19.

柏木恵子（1983）. 子どもの「自己」の発達　東京大学出版会.

数井みゆき（2007）.「母子関係」を越えた親子・家族関係研究　遠藤利彦（編）発達心理学の新しいかたち（pp. 189-214）　誠信書房.

数井みゆき・遠藤利彦・田中亜希子・坂上裕子・菅沼真樹（2000）. 日本人母子における愛着の世代間伝達　教育心理学研究, **48**, 323-332.

数井みゆき・利根川智子（2005）. 文化とアタッチメント　数井みゆき・遠藤利彦（編著）アタッチメント　生涯にわたる絆（pp. 223-244）ミネルヴァ書房.

小島康生（2002）. ヒト乳幼児のきょうだい関係　心理学評論, **45**, 385-394.

小島康生・入澤みち子・脇田満里子（2001）. 第2子の誕生から1ヵ月目にかけての母親—第1子関係と第1子の行動特徴—　母子衛生, **42**, 212-221.

Koyasu, M.(2009). Young children's development of understanding self, other, and language. 京都大学大学院教育学研究科紀要, **55**, 103-112.

丸野俊一（1996）. 心の理論とは　発達, **66**, 20-27.

Martin, C., & Gaffan, E. A.(2000). Effects of early maternal depression on oatterns of infant-mother attachment: A meta-analytic investigation. *Journal of Child Psychology and Psychiatry*, **41**, 737-746.

松井　豊（1995）. 親離れから異性との親密な関係の成立まで　斎藤誠一（編）人間関係の発達心理学4：青年期の人間関係（pp. 19-54）培風館.

Meltzoff, A. N., & Moore, M. K.(1977). Imitation of facial and manual gestures by human neonates. *Science*, **198**, 75-78.

明和政子（2011a）. 周産期の心の発達　子安増生（編）　新訂　発達心理学特論　第8章（pp. 132-147）放送大学出版会.

明和政子（2011b）. 乳児期の心の発達　子安増生（編）　発達心理学特論　第9章（pp. 148-152）放送大学出版会.

Myowa-Yamakoshi, M., & Takeshita, H.(2006). Do human fetuses anticipate self-oriented actions? A study by four-dimensional(4D) ultrasonography. *Infancy*, **10**, 289-301.

内藤美加 (2011). "心の理論"の概念変化―普遍性から社会文化的構成へ― 心理学評論, **54**, 249-263.

Naito, M., & Koyama, K.(2006). The development of false belief understanding in Japanese children: Delay and difference? *International Journal of Behavioral Development*, **30**, 290-304.

中澤潤 (2011). 幼児期 無籐隆・子安増生 (編著) 発達心理学Ⅰ (pp. 247-262) 東京大学出版会.

岡野雅子 (1995). 仲間関係の発達 佐藤眞子 (編) 人間関係の発達心理学2：乳幼児期の人間関係 (pp. 103-130) 培風館.

Parten, M. B.(1932). Social participation among preschool children. *Journal of Abnormal and Social Psychology*, **27**, 243-269.

Power, T. G.(2011). Social Play. In P. K. Smith & C. H. Hart(Eds.), *The Wiley-Blackwell handbook of childhood social development*, (2nd ed., pp. 393-412). NY：Blackwell.

Reid, J. B., Patterson, G. R., & Snyder, J.(Eds.) (2000). *Antisocial behavior in children and adolescents: A developmental analysis and model for intervention*. Washington, DC: American Psychological Association.

Robinson, C. C., Anderson, G. T., Porter, C. L., Hart, C. H., & Wonden-Miller, M.(2003). Sequential transition patterns of preschoolers' social interactions during child-initiated play: Is parallel-aware play a bidirectional bridge to other play states? *Early Childhood Research Quarterly*, **18**, 3-21.

Rochat, P., & Hespos, S. J.(1997). Differential rooting response by neonates: Evidence for an early sense of self. *Early Developmental and Parenting*, **6**, 105-112.

Roth-Hanania, R., Davidov, M., & Zahn-Waxler, C.(2011). Empathy development from 8 to 16 months: Early signs of concerns for others. *Infant Behavior and Development*, **34**, 447-458.

Rowe, D. C., & Gulley, B. L.(1992). Sibling effects on substance and delinquency. *Criminology*, **30**, 217-234.

櫻庭隆浩・松井 豊・福富 護・成田健一・上瀬由美子・宇井美代子・菊島充子 (2001).

女子高校生における『援助交際』の背景要因　教育心理学研究, **49**, 167-174.

首藤敏元（2011）. 共感と向社会的行動　児童心理学の進歩 vol. 50（pp. 101-125）　金子書房.

Simpson, J. A.(1990). Influence of attachment styles on romantic relationships. *Journal of Personality and Social Psychology*, **59**, 971-980.

Takahashi, K.(1986). Examining the strange-situation procedure with Japanese mothers and 12-month-old infants. *Developmental Psychology*, **22**, 265-270.

Tomasello, M.(1999). *The cultural origins of human cognition.* Cambridge, MA: Harvard University Press.（大堀壽夫・中澤恒子・西村義樹・本多啓（訳）（2006） 文化と認知―心とことばの起源をさぐる―　勁草書房）

東山薫（2007）. "心の理論"の多面性の発達―Wellman & Liu尺度と誤答の分析―　教育心理学研究, **55**, 359-369.

Wellman, H., Cross, D., & Watson, J.(2001). Meta-analysis of theory-of-mind development: The truth about false belief. *Child Development*, **72**, 655-684.

Whiteman, S. D., Becerra, J. M., & Killoren, S. E.(2009). Mechanisms of sibling socialization in normative family development. In L. Kramer & K. J. Conger (Eds.), *Siblings as agents of socialization.* New Directions for Child and Adolescent Development, **126**, 29-43. San Francisco: Jossey-Bass.

Wiesenfeld, A. R., Malatesta, C. Z., & Deloach, L. L.(1981). Differential parental response to familiar and unfamiliar infant distress signals. *Infant Behavior & Development*, **4**, 281-295.

山崎勝之（2002）. 発達と教育領域における攻撃性の概念と測定方法　山崎勝之・島井哲志（編）　攻撃性と行動科学　発達・教育編　第2章（pp. 19-37）ナカニシヤ出版.

依田　明（1990）. きょうだいの研究　大日本図書.

教育心理学コラム 6

微笑の起源

川上清文

　ヒトがヒト以外の動物と異なるのは，どのような点であろうか。従来から，2足歩行をすること，教育をすること，などいくつかの考察がなされてきた。ここでは"**微笑**"（smile）という行動から考える。

　最初に"微笑"を次のように定義する。いささか機械的な定義だが，定義があいまいだと議論も不明瞭になるので仕方がない。"微笑"とは，「口が斜め上に引っ張られ，そのために鼻のわきにしわが寄る形が1秒以上継続する」行動で，それに音声を伴う場合"**笑い**"（laugh）と呼ぶ。ゆえに本論の視点に立つと，モナリザは"微笑"していない。

　では系統発生的に考えて，"微笑"はどの動物からみられるのであろうか。**ニホンザル**（*Macaca fuscata*）の仲間（マカカ）には"微笑"に似た行動が表出される。ただし，その行動がみられるのは，自分より力の強いものに対するときで，快の場面ではない。そもそもニホンザルの仲間にとって，フェイス・ツー・フェイス場面は，友好状態ではない。

　異論もあるが，チンパンジーではフェイス・ツー・フェイスが友好場面で観察され，ヒトの"微笑"や"笑い"につながりそうな行動がみられるようになる。すなわち，"微笑"や"笑い"があるのは，チンパンジーとヒトといえそうなのである。

　私たちは，ニホンザルの赤ちゃんが眠りながら"微笑"することを発見した（後で定義するが，この眠りながらの微笑を"**自発的微笑**"（spontaneous smile）という）。ニホンザルは，上述のように普通"微笑"しないのに，眠っていると微笑む。私たちの発見の少し後に，チンパンジーの"自発的微笑"も発見された。

ここまで述べてきたことをまとめておこう。ニホンザルは，"自発的微笑"をするが，その後は"微笑"しない。チンパンジーは，"自発的微笑"もするし，その後"微笑"や"笑い"も見せる。

　ここからはヒトの話になる。心理学の教科書には，ヒトの赤ちゃんは，生後2ヵ月くらいまで"自発的微笑"をするが，それはその後，人を見ての"社会的微笑"に替わり，生後4ヵ月くらいから笑う，と書かれている。ところが，この公式が誤っていることを私たちはデータで示した。

　まず"自発的微笑"をきちんと定義しておきたい。それは，すでに述べた"微笑"の定義に加えて，「眠っていて，明らかな外的・内的刺激がない場面」における"微笑"である。

　私たちは"自発的微笑"が生後2ヵ月を過ぎても消えず，生後1年過ぎにも観察されることを明らかにした。"自発的微笑"が"社会的微笑"に替わるのではなく，共存するのである。

　また私たちは，出生直後から"自発的笑い"がみられることも示した。ヒトの赤ちゃんは，最初から笑う。さらに私たちは，四次元超音波診断装置によって，胎児も"微笑"していることを明らかにした。

　すなわちヒトについては，次のように結論づけられる。ヒトは母親の胎内でも微笑んでいる。また出生直後から笑っている（胎内で笑っているかどうかはわからない）。"自発的微笑"は生後1年過ぎても消えない。

　ヒトは，母親の胎内というだれにも見られる可能性のない時から微笑んでいる。その理由を考えることは簡単ではないが，ヒトという動物が，生まれつき"微笑"する能力をもっているのは確かなのである。

　かつて**"ホスピタリズム"**（hospitalism）と呼ばれる現象があった。施設で育てられていた赤ちゃんたちが，衛生面などの問題がなくとも，元気さを失い，ひどい場合は命を落とす，というものであった。それは，ヒトの赤ちゃんにとっての養育者との心理的関係の重要性を示す証左であった。養育者との関係改善などによって，この現象はほとんど報告されなくなったが，家庭で育てられている赤ちゃんたちが両親との関係に恵まれないと，現代でも同

様の問題が起こってくる。

　乳児の心理学的研究のパイオニアのひとり，米国の児童精神分析学者スピッツは"ホスピタリズム"も研究したが，"微笑"が赤ちゃんの精神状態を示す，赤ちゃんから私たち大人へのメッセージだと考えた。養育者からの愛情に包まれている赤ちゃんたちは，豊かに微笑む。持って生まれた"微笑"能力は，大人との関係のなかで育まれていくのである。

　さらにヒトの子どもたちは，成長とともに，"微笑"と"笑い"を統合させ，また複雑に分化させる。このような"微笑"，"笑い"は，ヒトにのみ発達する行動なのである。

＊すべての文献を含めたさらなる考察は，川上清文・高井清子・川上文人『ヒトはなぜほほえむのか：進化と発達にさぐる微笑の起源』2012，新曜社，を参照されたい。

教育心理学コラム 7

育児は自分と向き合うこと

柴原宜幸

育児の本質

　60年以上も前のことであるが，ボウルビィ（Bowlby, 1951）は，「乳幼児と母親（あるいは生涯母親の役割を果たす人物）との人間関係が，親密で継続的で，しかも両者が満足と幸福感に満たされているような状態が精神衛生の根本である（p. 1）」と述べている。また，「スキンシップ」という言葉を日本に紹介した平井（1976）は，育児における親側の条件として，「思いやり」とともに「（積極的）自己犠牲」をあげている。さらに大日向（1988）も，母親自身の生き方との関連で母親役割を受容する必要性を指摘している。これらの見解からみえてくる育児の本質とは，「養育者が育児という営みを，自身の人生の価値の一部として，いかにとらえるか」という点にある。

「助産所（maternity home）」というところ

　自分と向き合うこと，それは妊娠・出産を機会に，これまでの自分の人生と，これからの自分の人生を再考することもきっかけとなる。ちょうど青年期の学生が，進路選択に際して自分と向き合うこと，すなわち，Erikson, E. H. のいう**自我同一性**（ego identity）の獲得を発達課題としているのと同様である。

　ところで，今の若者にはあまり馴染みのない場所であろうが，「助産所」というところがある。「助産師が公衆又は特定多数の人のためその業務（病院又は診療所において行うものを除く）を行う場所（医療法第2条より）」である。全国に788ヵ所あり（2010年現在），そのうち入院施設を備えているところは約260ヵ所である。詳述する紙面はないが，妊娠時から出産，そ

してその後の育児に対しても，妊産婦やその家族の抱える問題に直に向かい合ってくれる機関である。

　筆者は，ある助産所をフィールドとして，10年以上，遅々として進まない研究を続けているが，「産育一貫支援」として，この機関が有効に機能しているのではないか，という印象をもっている。助産所によって，そのスタイルは異なるであろうが，筆者が研究でお世話になっている助産所の特徴として，次のようなことがあげられる。まず，お産を妊婦自身の問題としてとらえられるように，どういうお産がしたいのか，また，誰にどのように立ち会ってもらいたいのか，そのためにはどのような準備が必要か，などの**バース・プラン**（birth plan）を立ててもらう。これは，産む主体は妊婦自身であるという意識を促すものである。加えて，妊婦との対話のなかで，妊婦が抱えている問題点を察知すれば，カウンセリング的な関わりがなされる。過去の心理的なしがらみを可能な限り解いて，出産に臨むためである。それは，自然なお産，すなわち産婦主体のお産を実践するためには，避けて通れないプロセスでもある。その結果として，お産は産婦本位に進行していく。産婦の産む力と胎児の生まれる力の相互作用である。助産師の役割は，文字通りそれを「助ける」ことにある。

　また出産には，基本的には，希望する家族はすべて立ち会うことが可能である。父親のみならず，兄姉もお産を目の当たりにする。彼らが臍帯を切ることもある。具体的なデータは持ち合わせていないが，父親にとって，兄姉にとって，またその他の親族にとって，新しい生命について考え，そして家族に対する新たな役割意識が醸成される，大きな要因と考えられる。

　出産後の通常5日間の在所期間は，テレビもパソコンもない，ある意味で俗世と隔絶されたような空間で，産児とともに過ごす。もちろん家族や知り合いの出入りは自由であるし，家族が宿泊することもある。助産師は，母子の様子に細心の注意を払い，適切な母子相互作用がなされるように，産児を一時的に預かるなどの配慮をしている。そのような環境のなかで，母親には，育児に慣れると同時に，自分と向き合う時間が十分に与えられることになる

のである。

　さらに，たとえば病院での出産の場合，産婦の定期的な健診は別にして，産科としての役割は出産までであり，産児に関しては小児科に委ねられる。筆者が助産所における「産育一貫支援」としての機能に注目するのは，助産所におけるそのコミュニティ的要素である。妊娠・出産を通じて，身体的にも心理的にも深く関わった助産師が，引き続き応対してくれる。そして，助産師を慕って，あるいは頼って，その助産所で生まれた子ども（乳児はもちろんのこと，幼児や児童も）を連れて訪れる人たち，そこで偶然出くわした人たちの交流のネットワークなど，人工的に作られたものではない中庸なネットワーク（松田，2008）が，そこに存在していると思われる。

結語として

　「育児は自分と向き合うこと」と題したが，育児に限らず，教育という営みにおいても，常に自分と向き合わざるを得ないものと思われる。そして，それが自分の人生の価値において，どのように位置づけられるのか，一度は考えておきたいテーマであると考えるが，いかがであろうか。

引用文献

Bowlby, J.(1951). *Mental care and mental health*. World Health Organization.（黒田実郎（訳）(1967). 乳幼児の精神衛生　岩崎学術出版）

平井信義（編）(1976). 母性愛の研究　同文書院.

松田茂樹 (2008). 何が育児を支えるのか―中庸なネットワークの強さ―　勁草書房.

大日向雅美 (1988). 母性の研究―その形成と変容の過程：伝統的母性観への反証―　川島書店.

4. Personality パーソナリティ

4-1 パーソナリティの理論

　そもそも**パーソナリティ**とは，どのようなものだろうか。もともと"personality"という言葉は主に英語圏の心理学で用いられ，ラテン語で仮面を意味する"persona（ペルソナ）"に由来し，外見上の特徴を意味するものととらえられる。この"persona（ペルソナ）"から"person（人）"という言語も派生して用いられるようになったと考えられ，"personality"を日本語に直訳すると，「人となり」と訳すこともできるが，一般的には，パーソナリティと表記することが多い。心理学において，もっとも頻繁に引用されるパーソナリティの定義は，オールポート（Allport, 1937）のもので，「パーソナリティとは，個人内の機能的組織体であり，その心理・生理的なシステムは，環境へのその個人独自の適応を規定する」というものである。ほかにも多くの研究者がパーソナリティをさまざまに定義しているが，ほぼ共通している点は，①環境への適応機能に関する全体的な特徴，②感情の要素も含む，③通状況的一貫性，④継時的安定性，である。

▶▶ 4-1-1　代表的なパーソナリティ理論

　この「パーソナリティ」に対するアプローチもさまざまなものがある。19

世紀後半からは，精神医学や臨床心理学の分野で，臨床場面におけるクライエントとの関わりから，精神分析を中心とする理論が構築されてきた。また，20世紀に入ってからは，コンピューターの発展とともに，パーソナリティ特性語の分類研究（語彙アプローチ）として因子分析を主とする統計を用いて，パーソナリティの記述に関する研究が盛んになった。さらに20世紀の後半からは，**アイゼンク** (Eysenck, 1959; Eysenck & Eysenck, 1964, 1975, 1991)，グレイ (Gray, 1970, 1981, 1982)，**クロニンジャー** (Cloninger, 1987; Cloninger et al., 1993) を代表とする生理学を基礎としたパーソナリティ研究が盛んになっている。本稿では，エビデンスに基づいた研究が行なわれているパーソナリティ理論のなかで，特に重要視されるアイゼンク理論，ビッグ・ファイブ理論，クロニンジャー理論の3つを紹介していきたい。

▶▶ 4-1-2　アイゼンク理論

　イギリスの心理学者アイゼンクの理論には，人間の行為は生物的要因と社会的要因の双方によって決定されるという生物社会的な視点がある。まず，自己式の質問紙の測定値を因子分析することによって「内向性－外向性」，「神経症傾向」の2つの因子を見出した。「内向性－外向性」は，個人の基本的な方向が自分自身に向いているか（内向性）外の世界に向いているか（外向性）の程度を表す。「神経症傾向」は不安で神経質，不健康であるか，よく適応できているかの程度を表す。さらに，アイゼンクは，精神疾患（特に精神病症状）を説明するために，この2つに，衝動のコントロールに関わる「精神病傾向」を第3の次元として追加して，Maudsley Personality Inventory (MPI; Eysenck, 1959) を開発した。Maudsleyとは，当時アイゼンクが勤めていたMaudsley病院の名前に因んでいる。この後，アイゼンク自身の名前が質問紙の名称に組み込まれるようになった。EPSなど複数のバージョンがある（EPS; Eysenck Personality Scales, Eysenck & Eysenck, 1991; EPQ; Eysenck Personality Questionnaire, Eysenck & Eysenck, 1975; EPI; Eysenck Personality Inventory, Eysenck & Eysenck, 1964）。

いずれも下位尺度として精神病傾向（psychoticism），神経症傾向（neuroticism），外向性（extraversion）の3つの次元を想定している。後述するビッグ・ファイブ理論（Big Five Theory）と並べてGreat Three Theoryと呼ばれることもある。もともとは精神疾患患者のパーソナリティを記述する目的で開発されたものであり，後に一般の対象にも用いられるようになった。かつての精神医学には，精神疾患を理解不能で原因が特定できない内因性の「精神病（psychosis）」と理解可能で原因がストレスなどの心因性の「神経症（neurosis）」の2つに分ける考え方があった。さらに，このどちらにも分類されないものを「境界例（borderline）」と呼んでいた。たとえば，同様の「うつ病」であったとしても，原因不明なものを内因性うつ病と呼び，原因がある程度特定できるものを心因性うつ病と呼ぶ，というように原因によって2分していたのである。現在DSM（Diagnostic and Statistical Manual of Mental Disorder）では，原因論を問わず，症状を診断の材料として疾患分類がなされており，「精神病」，「神経症」の分類はしていない。また，「境界例」については，後に詳述するが，パーソナリティ障害（personality disorder）と捉え直されるようになってきている。

▶▶ 4-1-3 ビッグ・ファイブ理論

ビッグ・ファイブ理論（Goldberg, 1990, 1992）あるいは，5因子理論（Costa & McCrae, 1985, 1992）は世界中の研究でもっともよく用いられている理論である。一般的には，この2つを区別することは稀であるが，ビッグ・ファイブ理論はオールポート（Allport, 1937）以来の語彙研究の流れを汲み，基本的なパーソナリティ特性の次元を語彙と因子分析手法によって5つに収束させたものであるのに対して，5因子理論は，複数のパーソナリティ理論や語彙研究を基礎としてまとめられた理論である（Pervin & John, 2008）。本章では，代表してビッグ・ファイブ理論と呼ぶこととする。このビッグ・ファイブ理論においてもっともよく用いられている尺度は，NEO-PI（NEO Personality Inventory; Costa & McCrae, 1992）である。これは，最先端の

統計手法を用いて開発したものである。おそらく，国際的にパーソナリティ研究においてもっとも用いられている尺度である。命名のもととなった，**NEO** はそれぞれ，neuroticism, extraversion, openness to experience の頭文字であり，神経症傾向と外向性の名称は，前述の EPS と共通している。後の3つの下位尺度はそれぞれ，「開放性（openness to experience）」，「調和性（agreeableness）」，「誠実性（conscientiousness）」である。これらの，頭文字をとって，OCEAN モデルと呼ばれることもある。また，この NEO-PI の日本語版は，カナダ，ドイツのバージョンと同様の測定結果が得られており，行動遺伝学の手法によって，遺伝的影響のあり方まで同様の構造になっていることが確認されている（Yamagata et al., 2006）。このことからも，ビッグ・ファイブ理論の測定の頑健性が確認できる。

　この5つの視点でパーソナリティを記述できるというのがビッグ・ファイブ理論であるが，なぜ5つになったのかは，自己記入式の質問紙の統計値を因子分析したら5つになったということ以上の説明はなされていない。しかし，人が人を認識する際にこの5つの視点から認識しているのであり，進化心理学的に，人の生存においてこの5つの視点が重要であったのであろうという推測もある（Segal & MacDonald, 1998）。

▶▶ 4-1-4　クロニンジャー理論

　クロニンジャーが，学習理論と神経伝達物質の働きに注目して「気質」を，子どもと大人の行動を比較して「性格」についてそれぞれ理論構築したパーソナリティ理論である。当初は，マウスの行動の個体差と関連する dopamine, serotonin, norepinefprine の3つの神経伝達物質に注目して，3つの下位尺度のみの TPQ（Tridimensional Personality Questionnaire; Cloninger, 1986）が開発された。下位尺度は，「新奇性探求（novelty seeking），「損害回避（harm avoidance），「報酬依存（reward dependence）」である。「新奇性探求」とは，車でいえばアクセルにあたるものであり，「損害回避」は，ブレーキにあたるものである。この2つの行

表1-4-1 TCIとNEOの相関係数 (Cloninger & Svrakic, 2008)

	新奇性探求	損害回避	報酬依存	固執	自己志向性	協調性	自己超越性
神経症		63		-20	-62	-28	
外向性	40	-55	52	40	25		22
開放性	43	-25	25				37
調和性	-23		40		31	61	20
誠実性	-34	-26		51	41		

(40以上を太字。統計上有意な相関係数のみ掲載。N=662)

動特性を「報酬」に依存することで自動的に調整する働きをもつと想定されているのが，「報酬依存」である。他者や何らかの物質で報酬になり得るものに依存することで自分の行動をコントロールしようとする特性である。

さらにクロニンジャーは，上記のように神経伝達物質と関連があり遺伝子と関連する特性として気質を，遺伝子の影響が相対的に少ない特性として性格を想定し，気質と性格の両方からパーソナリティを記述する試みとして**TCI**（Temperament and Character Inventory; Cloninger et al, 1993）を開発した。このTCIの開発の過程で，上記の3つの下位尺度に，「固執（persistence）」という気質尺度を加え，性格尺度として，「自己志向性（self-directedness）」「協調性（cooperativeness）」「自己超越性（self-transcendence）」の3つの下位尺度を新たに開発した。

この理論は神経伝達物質との関連性を想定した理論として，後にも紹介するように神経伝達物質の遺伝子多型との関連性研究で注目されているが，この理論においては，生理的な側面に着目した気質だけではなく，成長し，発達するパーソナリティ特性として，性格を想定しているところが，他のパーソナリティ理論と大きく異なるところである。

ビッグ・ファイブ理論のNEOとクロニンジャー理論のTCIの相関は，表1-4-1の通りである。NEOの神経症とTCIの損害回避の相関と，NEOの調和性とTCIの協調性の相関がどちらもとても高いことが特徴的であること

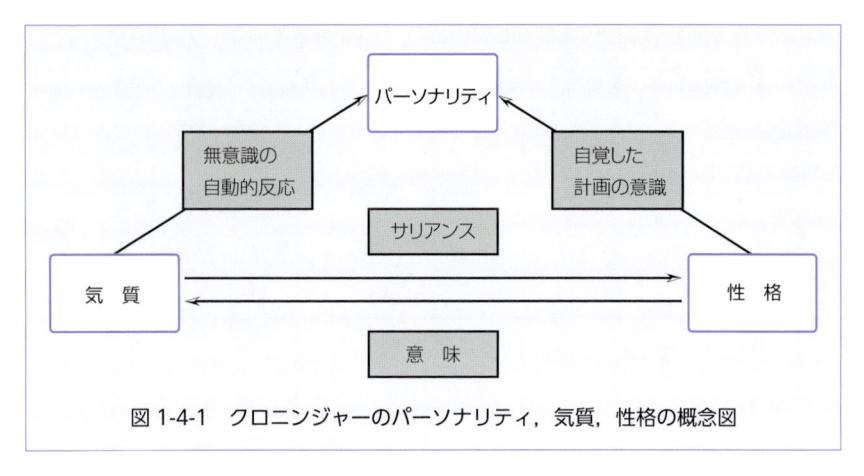

図1-4-1　クロニンジャーのパーソナリティ，気質，性格の概念図

がわかる。

4-2　パーソナリティの構成

▶▶ 4-2-1　気質と性格

　パーソナリティ理論のなかで，明確に気質と性格の両方を想定している理論がクロニンジャー理論のほかにないので，ここでは，主としてクロニンジャー理論に基づく理論の紹介をしていきたい。クロニンジャー理論では，自分でも無意識に周りの環境に反応してしまう特徴を**気質**，意識的に自分の行動をコントロールしようとする特徴を**性格**と呼んでいる。一般的なパーソナリティ心理学の考え方では，気質には遺伝の影響があり，性格には遺伝の影響が少ない，と考えられており，クロニンジャー自身も当初はそのように想定していた。しかし，後に，気質と性格の両方ともに遺伝子の影響があるという研究報告があったことにより理論を修正した経緯がある。気質と性格の大きな違いは，気質は無意識による反応であるのに対して，性格は意識的な行動であるということと，気質は変わりにくいが，性格は変わることもあるし，成長し得る，という2点である。この気質と性格の関係は，図1-4-1

に示される。

　気質と性格の両方でパーソナリティを形成すると考えるが，気質は，「無意識の自動的反応」であり，考える前に勝手に反応してしまう傾向を指す。たとえば，急に大きな音を聞いて驚くとき，心臓が止まるほどびっくりした，と思う人もいれば，まあ，ちょっとびっくりした，という程度の人もいる。これを驚愕反応といい，脳の扁桃体と関係があるという報告もある。これに対して，性格は，「自覚した計画の意識」であり，自らがどのような行動をとろうとするのか，意識して考えている傾向になる。たとえば，自分の人生に意味を見出し，目的をもって生きようとするとか，友人と一緒に何かをやろうと計画するとか，誰の助けも借りずに生きていこうとするとか，さまざまなタイプの人が想定できる。

　気質は，性格に対して，サリアンスと呼ばれる効果をもたらす。サリアンスとは，顕現性と訳されることもあり，潜在的にさまざまな経験をする可能性から，実際にどのようなことを経験することになるのか，つまり，顕現化させるのかに，気質が関わってくるのである。たとえば，初めての学校に入学したとき，潜在的には非常にたくさんの友だちを作ることもできるが，実際には驚きやすい傾向の人は，あまり積極的に友だちを作ろうとせず，友だちになる数が少なくなることが考えられる。このように，気質が自分の経験する環境を彩り，結果として，性格の形成に影響を与えると想定している。

　そして，性格は，気質に意味を与える。自分がもともともっている，たとえば，驚きやすい傾向を，自分の人生の中で意味づけるのが性格である。たとえば，目的をもって生きようとしている大人が，自分自身，驚きやすい傾向があった場合，その気質を面倒なものと考えることがあり得る。しかし，その気質を受け容れ，むしろ活かそうとすると，ポジティブに活かすこともできると考えるのである。基本的に驚きやすい傾向のある人は不安を感じやすく，不安を感じやすい人は，将来に対して備えて頑張ることができると考えられる。驚きやすい性質というともするとネガティブにとらえられかねない気質を利用して，自分の人生を豊かにすることが可能になるのだと想定し

ている。

▶▶ 4-2-2　気質と性格の遺伝と環境

　では，パーソナリティはどのような要因によって影響を受けて形成されていくのであろうか。従来からある問いとしては，nature nurture problem，すなわち，遺伝環境問題があり，パーソナリティがどの程度遺伝によって影響を受け，また，環境によって影響を受けるのかが問われてきた。この問いに対するもっとも有効な解答手段は，行動遺伝学であろう（1-3節も参照）。行動遺伝学とは，人においては，双生児の方々を対象とした研究である。双生児には，一卵性と二卵性があるが，一卵性双生児同士では遺伝子情報がほぼ100％，二卵性双生児同士では遺伝子情報がほぼ50％の類似度であると想定する。したがって，二卵性双生児の方々は，一般的なきょうだい間の類似度と同じと考えられるが，一緒に生まれて，一緒に育てられることが多いので，一卵性双生児と二卵性双生児はどちらも環境からの影響を同一であると想定する。それぞれの双生児の方々に，パーソナリティ・テストに答えてもらって，その測定値の類似度を相関係数で比較すると，一卵性双生児の方々の方が，二卵性双生児の方々よりも類似度が高いことが知られている。そして，一卵性双生児と二卵性双生児の類似度を比較して，統計的に，遺伝による説明力と環境による説明力を算出すると，遺伝による影響度が50％程度，環境による影響度が50％程度，と一般的にはいわれている。実際のデータを確認すると，Jangら（1996）によれば，ビッグ・ファイブのNEOの尺度では，遺伝の影響度は平均で48％であり，安藤ら（Ando et al., 2004）によれば，クロニンジャー理論のTCIの気質尺度の平均で34％，性格尺度の平均で38％という結果が報告されている。NEOはもともと，人のパーソナリティの認知に基づいて開発されており，そのため，測定誤差が少ないと考えられ，理論ベースで開発されたTCIの方が測定における誤差分散が多いと考えられる。いずれにしても，ほぼ一般の教科書通りの結果が得られており，パーソナリティ・テストの測定値は，約半分が遺伝の影響であると考えられ

る。

　実際に，1996年に，クロニンジャー理論の新奇性探求とドパミンの働きをコーディングする遺伝子多型との関連性が報告された。これ以降，しばらくパーソナリティ尺度の測定値と遺伝子多型との関連性の研究が一時期ブームになった。2012年現在では，そうしたブームが去り，多くの研究データが得られたものの，いまだに多くの疑問が残っている状態である。

　当初は，DRD4というドパミンのレセプターのひとつの働きをコーディングするvariable number of tandem repeats（VNTR）という塩基配列の繰り返しの数が，人によって2回から7回あり，繰り返しの数が少ない方が，「新奇性探究」が低く，繰り返しの数が多い方が「新奇性探究」が高い，というような結果が報告されたが，後に関連性がないことを報告する研究が多くなっていった。さらに，新奇性探求尺度だけでなく，損害回避尺度とセロトニンの働きをコーディングする遺伝子多型との関連研究，報酬依存とノルエピネフリンの働きをコーディングする遺伝子多型との関連研究も多くなされたが，関連性有りという研究と関連性無しという研究が混在していた。

　比較的最近の研究で，2万人以上の人を対象に120万以上の遺伝子マーカーとTCIの尺度値との関係を検証した精緻で大がかりな研究の結果，遺伝子とパーソナリティ尺度には有意な関連性がないという研究が発表されている（Verweij et al., 2010）。この報告は当時の研究としては最高レベルの研究に基づいたもので，この研究結果から，おそらく多くの研究者は，遺伝子とパーソナリティ尺度の直接的な関連性はないと考えているのではないかと想像できる。

　しかし，2012年の秋に重要な研究結果が報告された（The ENCODE Project Consortium, 2012）。日本からは，理化学研究所が参加しているENCODE（The Encyclopedia of DNA Elements）プロジェクトという大規模な遺伝子情報に関するプロジェクトに関する報告である。もともと，2003年にすべての遺伝子情報について解読完了が宣言され，身体を作るたんぱく質の設計図である「遺伝子」はそのうち約2%にすぎず，98%は何の働きも

していないといわれていたが，ENCODE プロジェクトの発表によると，何の働きもしていないとされていた部分の約80％は遺伝子の働きを調節するなど生命維持に必要な役割を担っていることがわかったのである。これまで無駄と思われていた部分も有用であることを示しており，以前の研究で，遺伝子情報とパーソナリティ尺度が無関係であったとの報告では，全遺伝子情報のうち2％しか解析されていなかったということになる。

そのように考えると，遺伝子情報とパーソナリティ尺度に関連性がなかったという研究は，全体のほんの2％との関連性についてしか検証されておらず，約80％の今回新たに調節作用をすると判明した遺伝子情報との関連性については，今後の研究を待たなければならないのである。

環境要因については，研究アプローチの難しさからか，多くの研究はなされていない。しかし，Parental Bonding Instrument（PBI; Parker et al., 1979, Parker, 1989）を用いた研究では，親の関わり方が子どものパーソナリティに影響を与えることを示唆する研究報告がある。PBIは15歳以前の父および母から受けた養育を遡及的に評価させる自己評価尺度で，親の愛情を評価する「ケア」と，過保護・過干渉を評価する「コントロール」の2つの尺度がある。Retiら（2002）によると両親による「ケア」が低く，「コントロール」が高いと，この一般的に望ましくない養育態度が，NEOの神経症傾向を高め，誠実性を低め，TCIの損害回避を高め，自己志向性を低める，という報告をしている。しかし，敷島ら（Shikishima et al., 2012）は，PBIを用いて，日本とスウェーデンの両方で，双生児による行動遺伝学の研究を行ない，興味深い結果を報告している。PBIは，自分自身が受けた親の関わり方を自己評価するものであるが，その測定値に遺伝の影響があることを示唆している。日本では，特に遺伝の影響があり，スウェーデンでは環境の影響があると考えられている。したがって，PBIのような親の養育態度を測定するものであっても，本人の遺伝的な何らかの特徴が親の関わり方を引き出している可能性にも注意しなければならない。

▶▶ 4-2-3　パーソナリティと精神疾患

　アイゼンク理論もクロニンジャー理論も，もとは精神疾患を説明するために考案された理論である。精神疾患を考える際に，アメリカ精神医学会の Diagnostic and statistical manual of mental disorders 4th edition, text revision（**DSM**-IV; American Psychiatric Association, 2000）では，多軸システムを採用しており，精神疾患を包括的に扱うことを目指している。Ⅰ軸はパーソナリティ障碍と知的障碍を除いた精神症状，Ⅱ軸はパーソナリティ障碍と知的障碍，Ⅲ軸は精神状態に影響を与えうる身体疾患，Ⅳ軸はストレス状況，Ⅴ軸は生活の程度を表す機能状態，をそれぞれ評価する。かつては，治療効果があるものをこのⅠ軸に含め，治療効果が期待できないものをⅡ軸に含め，発達障碍をⅡ軸に含めていた。しかし，DSM-Ⅳでは，Ⅰ軸には，臨床的に重視される症状を含め，Ⅱ軸にはⅠ軸より緊急度が少ない症状を含めるように変わった。たとえば，自閉症はかつてⅡ軸に含めていたが，DSM-ⅣではⅠ軸に含めている。

　さて，このⅠ軸に含まれる症状には，代表的なものとして，3つの精神疾患（気分障碍，不安障碍，統合失調症），2つの発達障碍（ADHDと自閉症）がある。3つの精神疾患は，気分障碍および不安障碍とNEOの神経症傾向，TCIの損害回避とにはいずれも関連性があることが多くの研究で確認されている（木島，2005）。統合失調症との関連性については，アイゼンク理論の精神病傾向とTCIの自己超越性が，それぞれ理論的に関連性が検討されているが，実証されたデータは今のところはない。統合失調症については，パーソナリティと関連性がほぼないと考えられる。発達障碍とパーソナリティに関しては，ADHDとTCIの新奇性探求に，自閉症とTCIの報酬依存とに関連性があることが報告されている（Anckarsäter et al., 2006）。

　Ⅱ軸に含まれるものとして，知的障碍があるが，NEOの開放性とIQテストをはじめとした情報処理能力との関連性が報告されており（Wainwright et al., 2008），大変興味深い。開放性が高い方がIQ等の情報処理能力を示す尺度得点が高くなる傾向が確認されているが，開放性が高いから情報処理能

力が高くなるのか，それともその逆なのかという因果関係についてはまだ明らかになっていない。また，パーソナリティ障碍については，NEOとTCIの両方の研究がなされている。Widigerら（2002）は，NEOを用いて，反社会的パーソナリティ障碍を除く，パーソナリティ障碍のスクリーニングが可能であることを示唆している。TCIでは，その理論が発表されると同時に，パーソナリティ障碍との関連性についても報告されていて，TCIでパーソナリティ障碍が説明できるとしている（Svrakic et al., 1993）。さらに，クロニンジャーら（Cloninger & Svrakic, 2008）は，パーソナリティ障碍が，クロニンジャー理論を用いて治療可能であると主張している。

現在，DSMは，第4版から第5版への改訂作業中であり，2013年に発表される予定であるが，Skodolら（2011）によると，DSM-IVにおける10のパーソナリティ障碍を，反社会性，回避性，境界性，強迫性，統合失調型の5つに減らす方向で検討されている。実際に，5つまで減らされるのかどうかはまだ決定されていないが，この5つのパーソナリティ障碍がパーソナリティ障碍において代表的なものであり，これら以外のパーソナリティ障碍は，パーソナリティ障碍の中心的な特徴とパーソナリティ尺度の組み合わせによって表すことができると考えられている。

精神疾患以外でも，パーソナリティが影響を与えることを示唆するものがある。たとえば，Aptitude Treatment Interaction（ATI: **適性処遇交互作用**）という現象があることが，古くから教育心理学において研究されてきている。ATIとは，受講者の特性によって，適切な教授法が異なるという現象を表現している（第3部4章参照）。当初は，パーソナリティ尺度を用いたものではなかったが，たとえば，Ogrodniczukら（2003）は，解釈アプローチと支持アプローチの2種類の精神療法に対して，パーソナリティがどう影響するのかの研究である。NEOの外向性，誠実性，開放性が高い個人は，両方ともで良い結果がもたらされ，神経症傾向が高い個人は，どちらでも良い結果が得られず，調和性が高い個人は，解釈アプローチで良い結果が得られたが，支持アプローチでは良い結果が得られなかったという報告をしている。

このことから，精神療法の手法を選ぶ際にもパーソナリティの測定が重要であると示唆している。Robertsら（2007）によると，死亡率，離婚，職業的達成については，社会的階層などの影響よりも，パーソナリティの影響力が大きいことを包括的なレビューを行なって示している。たとえば，死亡率は，NEOにおける誠実性，外向性，神経症傾向，調和性のいずれも低い方が長寿につながり，誠実性，神経症傾向，調和性のいずれも低い方が離婚につながり，それぞれは，社会的階層やIQよりも影響が大きいことが報告されている。また，TCIの報酬依存が高い方が，医学生の学業成績が高い（Höschl & Kozeny, 1997），固執，自己志向性，協調性，自己超越性のそれぞれが高い方が，学業でのモチベーションが高くなる（Tanaka et al., 2009），気質尺度の組み合わせによって，医薬情報担当者の営業成績が説明できる（木島ら，2002），などさまざまな変数とパーソナリティが関連することが示されている。

4-3 パーソナリティへの介入

▶▶ 4-3-1 ABMT

最初に述べた通り，一般的にパーソナリティとは，継時的安定性があり，あまり変化しないものという前提がある。しかし，パーソナリティ，それも気質を変え得る可能性がある新しい手法が開発されている。Attention Bias Modification（ABM; Bar-Haim, 2010）あるいはAttention Bias Modification Treatment（ABMT; Hakamata et al., 2010）と呼ばれるこの手法は，パソコンを用いて，人の注意バイアスを変容させることで，ネガティブな気分や認知を変えさせる治療方法の一種である。特に，不安障碍の治療に用いられている。そもそも，不安障碍のある個人は，ネガティブなものに対して注意を向けやすい傾向がある。ABMTでは，ネガティブな言葉と同時に，ニュートラルな言葉，あるいは，ポジティブな言葉を同時にパソコン画面に上下に

現れるように呈示し，ニュートラルな言葉，あるいは，ポジティブな言葉が上下のどちらに現れてきたのかをパソコンで答えさせる，一種のゲームのようなプログラムをクライエントに遂行してもらう。そして，クライエントの注意を，ネガティブなものからニュートラルか，ポジティブなものへと向けさせるのである。たとえば，「恥」という言葉が画面下にでて，同時に，「食洗機」という言葉が画面上にでた場合，パソコンで，上を意味する矢印などをクリックしなければならない。Bar-Haim（2010）は，最適な時間や頻度を設定できるほどシステマティックなデータが整っていないとしているが，8歳以上であれば，1週間で5回のセッションを行なうことを勧めている。1回のセッションで，480試行，24分程度である。不安障碍を抱えていても，専門家の治療を求めない個人が多いことを考えると，パソコンあるいはタブレットがあれば，自宅で簡単にできるので，この治療効果は大いに期待できるものである。さらに，この ABMT によって，注意バイアスがニュートラルあるいはポジティブな言葉に向かうようになれば，特性不安の測定値に改善がみられた（Hakamata et al., 2010）ことから，パーソナリティのなかでも，不安と関係が深い，NEO の神経症傾向や TCI の損害回避の得点が下がる可能性がある。まだ，新しく始められたばかりの手法なので，今後の展開が待たれるところである。

▶▶ 4-3-2　パーソナリティ障碍の治療と性格の成長

　パーソナリティ理論では，パーソナリティが成長し得ることを考慮に入れているが，アイゼンク理論やビッグ・ファイブ理論では，性格の成長に関する理論がないので，本章では，クロニンジャー理論における性格の成長をパーソナリティ障碍の治療とあわせて紹介していきたい。

　かつて，パーソナリティ障碍は，DSM の中で，治療効果が期待できないものとしてⅡ軸に含められており，パーソナリティ障碍の治療は基本的に難しい，という認識があった。クロニンジャー理論では，パーソナリティ障碍は，性格が未熟な場合になるのであって，性格が成熟していれば，パーソナ

リティ障碍にはならないと考えている（Cloninger, 2004）。特にパーソナリティ障害と関連性がある性格は，自己志向性と協調性である。自己志向性と協調性が未熟である場合，パーソナリティ障碍になりやすいことを示している（Svrakic et al., 1993）。そして，CloningerとSvrakic（2008）は，パーソナリティをドラスティックに変容させることで，パーソナリティ障碍を治療できると考えているのである。

　パーソナリティ障碍の治療には，薬物療法と精神療法の併用が望ましいとされており，まず，気質への対応には，薬物療法が考えられる。薬物療法の場合，ドパミン，セロトニンに作用する薬物が勧められる。この薬物療法では，神経伝達物質に働きかける薬を用いることで，たとえば，損害回避が高い個人では，それを低めるように用いる。ここでは，気質そのものを変容させるのではなく，気質のネガティブな働きを和らげることを目的としている。

　これに対して，性格に対する対応としては，自己志向性と協調性を高める精神療法が勧められる。この場合，認知行動療法による精神療法が一般的である。クロニンジャーは，この認知行動療法に加えて，スピリチュアルな側面をも高めるコヒーレンス療法を提唱している。

　クロニンジャーは，人を身体（body），心（mind），魂（soul）の3つの要素から成り立っていると想定している。一般的に人を対象とした科学では，この身体，心，魂をそれぞれ個別に扱うことが多いが，クロニンジャーは，これらの3つの要素が互いに首尾一貫して調和している状態をコヒーレンスと呼び，この状態に近づくことをコヒーレンス療法では目指している（Cloninger, 2006a）。

　一般的に，西洋のメンタルヘルスに関する理論では，自己志向性や協調性ばかりを強調し，自己超越的なスピリチュアルな側面に対する気づきの重要な役割を無視している。これに対して，精神疾患の患者多くは，その人自身のスピリチュアルな信念やニーズについて，精神科医やカウンセラーに気づいてもらいたいと考えている。なぜなら，人生を楽しんだり，難局を乗り越えたりするのに，スピリチュアルな側面は本質的な役割を果たすからである

表 1-4-2　DSM-Ⅳによるパーソナリティ障碍の基準（APA, 1994）

A	内的体験および文化の期待するところから著しく逸脱した行動の持続的パターン。このパターンは以下のうち2つ以上の領域で認められる。 ①認知（自己，他者，出来事を知覚，解釈する仕方） ②感情（情緒的な反応の広がり，強度，不安定さ，適切さ） ③対人機能 ④衝動コントロール
B	持続的パターンは柔軟性がなく，広範な個人的社会的領域に浸透している。
C	持続的パターンは社会的，職業上の，他の重要な領域の機能における臨床的に優位な苦痛または障害にいたる。
D	持続的パターンは安定しており，長期にわたり，その起始は少なくとも青年期または早期成人期にさかのぼることができる。
E	持続的パターンは他の精神症状の帰結としてはうまく説明できない。
F	持続的パターンは物質（例：濫用薬物，投薬）や一般身体状態（例：頭部の外傷）の直接的な生理的効果によるものではない。

（Cloninger, 2006b）。

　スピリチュアルな側面を育成することは，パーソナリティの成熟という意味においてきわめて重要である。そして，それはたとえば，認知行動療法においても，自己受容や人生の意味などの実存の問題を扱うモジュールを加えることで可能になる。このモジュールを加えた認知行動療法は，認知行動療法単独よりも，ポジティブな情緒や人生の満足度を高めることに効果的で，精神疾患の再発率を低め，生活するうえでの機能の回復に役立ったという報告がある（D'Souza & Rodrigo, 2004）。

　スピリチュアルな側面を高めるうえで重要なのは，自覚を高めることである。つまり，「自分とは何なのか」，「何が，人生に意味と満足をもたらすのか」といったことに対する自覚である。そして，この自覚を高めることで，より高次のウェル・ビーイングに至ることができるのである。そして，コヒーレンス療法では性格を成長させ，つまりはパーソナリティを成熟させることを通して，パーソナリティ障碍の治療へとつなげるのである。

　　　　　　　　　　　　　　　　　　　　　　　　　　　　　（木島伸彦）

引用文献

Allport, G. W.(1937). *Personality: A psychological interpretation.* New York: Holt.

American Psychiatric Association(2000). *Diagnostic and statistical manual of mental disorders 4th ed., text revision.* Washington, D.C.(高橋三郎・大野　裕・染谷俊幸（訳）(2002). DSM-IV-TR 精神疾患の診断・統計マニュアル　医学書院)

Anckarsäter, H., Stahlberg O., Larson T., Hakansson, C., Jutblad, S. B., Niklasson, L., Nydén, A., Wentz, E., Westergren, S., Cloninger, C. R., Gillberg, C., & Rastam, M.(2006). The impact of ADHD and autism spectrum disorders on temperament, character, and personality development. *American Journal of Psychiatry*, **163**, 1239-1244.

Ando, J., Suzuki, A., Yamagata, S., Kijima, N., Maekawa, Y., Ono, Y., & Jang, K. L.(2004). Genetic and environmental structure of Cloninger's temperament and character dimensions. *Journal of Personality Disorders*, **18**, 379-393.

Bar-Haim, Y.(2010). Research Review: Attention bias modification(ABM): A novel treatment for anxiety disorders. *Journal of Child Psychology and Psychiatry*, **51**: 8, 859-870.

Cloninger, C. R.(1986). A unified biosocial theory of personality and its role in the developement of anxiety states. *Psychiatric Developments*, **4**, 167-226.

Cloninger, C. R.(1987). A systematic method for clinical description and classification of personality variants. A proposal. *Archives of General Psychiatry*, **44**(6), 573-588.

Cloninger, C. R.(2004). *Feeling good: The science of well being.* New York: Oxford University Press.

Cloninger, C. R.(2006a). The science of well-being: An integrated approach to mental health and its disorders, *World Psychiatry*, **5**, 71-76.

Cloninger, C. R.(2006b). Fostering spirituality and well-being in clinical practice. *Psychiatric Annuals*, **36**, 1-6.

Cloninger, C. R., Svrakic, D. M., & Przybeck, T. R.(1993). A psychobiological model of temperament and character. *Archives of General Psychiatry*, **50**, 975-990.

Cloninger, C. R., & Svrakic, D. M.(2008). Personality disorders. In S. H. Fatemi & P. J. Clayton (Eds.), *The Medical basis of psychiatry* (3rd ed. pp. 471-483). New York: Springer.

Costa, P. T. Jr., & McCrae, R. R. (1985). The NEO Personality Inventory manual. Odessa, FL: Psychological Assessment Resources.

Costa, P. T. Jr., & McCrae, R. R. (1992). Revised NEO-Personality Inventory (NEO-PI-R) and NEO Five-Factor Inventory (NEO-FFI). Professional manual. Odessa, FL: Psychological Assessment Resources.

D'Souza, R. F., & Rodrigo, A. (2004). Spiritually augmented cognitive behavioral therapy. *Australasian Psychiatry*, **12**, 148-152.

Eysenck, H. J. (1959). *Manual of the Maudsley Personality Inventory*. London: University of London Press.

Eysenck, H. J., & Eysenck, S. B. G. (1964). *Manual of the Eysenck Personality Inventory*. London: University of London Press.

Eysenck, H. J., & Eysenck, S. B. G. (1975). *Manual of the Eysenck Personality Questionnaire*. London: Hodder & Stoughton.

Eysenck, H. J., & Eysenck, S. B. G. (1991). *Manual of the Eysenck Personality Scales* (EPS Adult). London: Hodder & Stoughton.

Goldberg, L. (1990). An alternative "Description of Personality": The big-five factor structure. *Journal of Personality and Social Psychology*, **59**, 1216-1229.

Goldberg, L. (1992). The development of markers for the big-five factor structure. *Psychological Assessment*, **4**, 26-42.

Gray, J. A. (1970). The psychophysiological basis of introversionextraversion. *Behavior Research and Therapy*, **8**, 249-266.

Gray, J. A. (1981). A critique of Eysenck's theory of personality. In H. J. Eysenck (Ed.), *A model of personality* (pp. 246-276). New York: Springer.

Gray, J. A. (1982). *The neuropsychology of anxiety: An enquiry of the septo-hippocampal system*. Oxford, England: Oxford University Press.

Hakamata, Y., Lissek, S., Bar-Haim, Y., Britton, J. C., Fox, N., Leibenluft, E., Ernst, M., & Pine, D. S. (2010). Attention bias modification treatment: A meta-analysis toward the establishment of novel treatment for anxiety. *Biological Psychiatry*, **68**, 982-990.

Höschl, C., & Kozeny, J. (1997). Predicting academic performance of medical students: The first three years. *American Journal of Psychiatry*, **154**, 87-92.

Jang, K. L., Livesley, W. J., & Vemon, P. A. (1996). Heritability of the big five personality dimensions and their facets: A twin study. *Journal of Personality*, **64**, 577-592.

木島伸彦（2005）．抑うつとパーソナリティ　坂本真士・丹野義彦・大野裕（編）　実証にもとづく臨床心理学：抑うつの臨床心理学　東京大学出版会．

木島伸彦・大内健・渡辺直登（2002）．パーソナリティ尺度と医薬情報担当者の営業成績との関連性：気質・性格尺度Temperament and Character Inventory(TCI)を用いて　経営行動科学, **16**, 151-161.

Ogrodniczuk, J. S., Piper, W. E., Joyce, A. S., McCallum, M., & Rosie, J. S.(2003). NEO-five factor personality traits as predictors of response to two forms of group psychotherapy. *International Journal of Group Psychotherapy*, **53**, 417-442.

Parker, G.(1989). The parental bonding instrument: psychometric properties reviewed. *Psychiatric developments*, **7**, 317-335.

Parker, G., Tupling, H., & Brown, L. B.(1979). A parental bonding instrument. *British Journal of Medical Psychology*, **52**, 1-10.

Pervin, L. A., & John, O. P.(2008). *Handbook of personality: Theory and research*. New York: Guilford Press.

Reti, I. M., Samuels, J. F., Eaton, W. W., Bienvenu, O. J., 3rd, Costa, P. T., Jr., & Nestadt, G.(2002). Influences of parenting on normal personality traits. *Psychiatry Research*, **5**, 55-64.

Roberts, B. W., Kuncel, N. R., Shiner, R., Caspi, A., & Goldberg, L. R.(2007). The power of personality: The comparative validity of personality traits, socioeconomic status, and cognitive ability for predicting important life outcomes. *Perspectives on Psychological Science*, **2**, 313-345.

Segal, N., & MacDonald, K. B.(1998). Behavior genetics and evolutionary psychology: A unified perspective on personality research. *Human Biology*, **70**, 159-184.

Shikishima, C., Hiraishi, K., Yamagata, S., Neiderhiser, J. M., & Ando, J.(2012). Culture moderates the genetic and environmental etiologies of parenting: A cultural behavior genetic approach. *Social Psychological and Personality Science*, published online.

Skodol, A. E., Bender, D. S., Morey, L. C., Clark, L. A., Oldham, J. M., Alarcon, R. D., Krueger, R. F., Verheul, R., Bell, C. C., & Siever, L. J.(2011). Personality disorder types proposed for DSM-V. *Journal of Personality Disorders*, **25**, 136-169.

Svrakic, D. M., Whitehead, C., Przybeck, T. R., & Cloninger, C. R.(1993). Differential diagnosis of personality disorders by the seven factor model of temperament and character. *Archives of General Psychiatry*, **50**, 991-999.

Tanaka, M., Mizuno, K., Fukuda, S., Tajima, S., & Watanabe, Y.(2009). Personality traits associated with intrinsic academic motivation in medical students. *Medical Education*, **43**, 384-387.

The ENCODE Project Consortium(2012). An integrated encyclopedia of DNA elenments in the human genome. *Nature*, **489**, 57-74.

Verweij, K. J., Zietsch, B. P., Medland, S. E., Gordon, S. D., Benyamin, B., Nyholt, D. R., McEvoy, B. P., Sullivan, P. F., Heath, A. C., Madden, P. A., Henders, A. K., Montgomery, G. W., Martin, N. G., & Wray, N. R.(2010). A genome-wide association study of Cloninger's temperament scales: Implications for the evolutionary genetics of personality. *Biological Psychology*, **85**, 306-317.

Wainwright, M. A., Wright, M. J., Luciano, M., Geffen, G. M., & Martin, N. G.(2008). Genetic covariation among facets of openness to experience and general cognitive ability. *Twin Research and Human Genetics*, **11**, 275-286.

Widiger, T. A., Trull, T. J., Clarkin, J. F., Sanderson, C. J., & Costa P. T. (2002). A description of the DSM-IV personality disorders with the five-factor model of personality. In P. T. Costa & T. A. Widiger (Eds.), *Personality disorders and the five-factor model of personality*(2nd ed.). Washington DC: American Psychological Association.

Yamagata, S., Suzuki, A., Ando, J., Ono, Y., Kijima, N., Yoshimura, K., Ostendorf, F., Angleitner, A., Riemann, R., Spinath, F. M., Livesley, W. J., & Jang, K. L. (2006). Is the genetic structure of human personality universal? A cross-cultural twin study from North America, Europe, and Asia. *Journal of Personality and Social Psychology*, **90**(6), 987-998.

教育心理学コラム 8

自尊感情の形成因とは

鎌倉利光

　自尊感情という言葉から，どのようなイメージを抱くであろうか。心理学で用いられている**自尊感情**とは，セルフエスティーム（self-esteem）の邦訳であり（自尊心と邦訳されている場合もある），自分自身に対する評価や感情のことを表し，自分自身に対する肯定的あるいは否定的態度として定義されている（Rosenberg, 1965）。つまり，自分自身に関するさまざまな属性に対して肯定的に感じているほど自尊感情が高く，否定的に感じているほど自尊感情は低くなる。そして，自尊感情が低いことは抑うつ感といった心理的な不適応感と強く関連していることが明らかにされている（Roberts & Monroe, 1994）。しかし，極度な自己愛と結びつく可能性も考えられることから，自尊感情が過剰に高い状態は，必ずしも心理的に健康的な状態であるとはいえないことに留意する必要がある（鎌倉, 2010）。

　それでは，自尊感情の高低を含めた個人差を生み出す要因，すなわち自尊感情の形成因として，どのような要因が関与しているだろうか。この問いに関して，自尊感情の形成因として後天的な環境要因を重視する見解が提唱されている（Gecas, 2001）。たとえば，親との関係を含め，自分が育ってきた家庭環境の諸相が子どもの自尊感情の形成に対して影響しているかもしれない。また，子どもの時期においては，親との関係が自尊感情の重要な形成因として関与しているとしても，青年期における自尊感情の形成に関しては，親との関係よりも仲間関係の方が強く関与しているかもしれない。また，家庭外の状況の中で起きる生活出来事やストレッサーが自尊感情に対して影響を与えることが報告されていることから（Pettit & Joiner, 2001），生活出来事やストレッサーも自尊感情の環境的要因として関与している可能性もある。

しかし，自尊感情に対して環境的要因がもっぱら影響を与えているわけではない。ふたごを対象とした行動遺伝学研究によると，自尊感情の形成因として，非共有環境と呼ばれる，一人ひとりにとって独自な環境的要因と同時に遺伝的要因も関与していることが示唆されている（Roy et al., 1995; Kendler et al., 1998; Kamakura et al., 2001）。そして，その非共有環境要因の寄与は約50％から70％程度であるのに対し，遺伝的要因の割合は約30％から50％程度と推測されている。さらに，自尊感情の時系列的な安定性を導く要因として主に遺伝的要因が寄与している一方，自尊感情の時系列的な変動を導く要因としては主に非共有環境が関与していることが報告されている（Jonassaint, 2010; Kamakura et al., 2007）。このように，自尊感情の時系列的な安定性と変動が生じる要因として，遺伝的要因と非共有環境要因が独自に機能していると推察される。

　以上のことから，自尊感情の形成因として遺伝と環境的要因を含めたさまざまな要因が考えられるが，いくつかの研究課題が残されている。たとえば，上述のように，青年期における自尊感情の形成に対して仲間関係が有意に関与しているかもしれないが，この可能性について実証的に明らかにされているとはいえない。また，自尊感情に影響する遺伝と環境的要因の寄与に関して，ふたごを含めた調査対象者の文化的差異の影響，年齢段階の相違の影響等によって，自尊感情に関与する遺伝と環境的要因の寄与の割合は異なる可能性が考えられる。よって，上記の研究課題に関して，今後検討することが必要とされよう。

引用文献

Gecas, V.(2001). The self as a social force. In T. J. Owen, S. Stryker, & N. Goodman (Eds.), *Extending self-esteem theory and research: Social and psychological currents.* (pp. 85-100). Cambridge: Cambridge University Press.

Jonassaint, C. R.(2010). Heritability of self-esteem from adolescence to young adulthood. *The New School Psychology Bulletin*, **7**, 3-15.

Kamakura, T., Ando, J., & Ono, Y.(2001). Genetic and environmental influences on self-esteem in a Japanese twin sample. *Twin Research*, **4**, 439-442.

Kamakura, T., Ando, J., & Ono, Y.(2007). Genetic and environmental effects of stability and change in self-esteem during adolescence. *Personality and Individual Differences*, **42**, 181-190.

鎌倉利光（2010）．人格　平田裕美・伊藤美奈子（編）　心理学入門　こころの仕組みを理解する（pp.17-32）建帛社．

Kendler, K. S., Gardner, C. O., & Prescott, C. A.(1998). A population-based twin study of self-esteem and gender. *Psychological Medicine*, **28**, 1403-1409.

Pettit, J. W., & Joiner, T. E., Jr. (2001). Negative life events predict negative feedback seeking as a function of impact on self-esteem. *Cognitive Therapy and Research*, **25**, 733-741.

Roberts, J. E., & Monroe, S. M.(1994). A multidimensional model of self-esteem in depression. *Clinical Psychology Review*, **14**, 161-181.

Rosenberg, M.(1965). *Society and the adolescent self-image*. Princeton, NJ: Princeton University Press.

Roy, M., Neale, M. C., & Kendler, K. S.(1995). The genetic epidemiology of selfesteem. *British Journal of Psychiatry*, **166**, 813-820.

教育心理学コラム 9

性同一性における遺伝と環境—教育とジェンダー

佐々木掌子

シモーヌ・ド・ボーヴォワール（1949）の著作,「第二の性」の書き出し「人は女に生まれない。女になるのだ」を体現している人たちがいる。**トランスジェンダー**（transgender）の女性たちだ。彼女たちは男として生を受け，そして女になった。女に生まれず，たとえ男として小児期，青年期，あるいは成人期と暮らしていたとしても，ある時点から女になることは可能だとわれわれに教えてくれている。解剖学的な性別は宿命（Freud, 1925），ではないのだ。

女である，男である，あるいは規定されない性別である，という自己認識のことや，その性別に対する統一性，一貫性，持続性のことを「**性同一性**（gender identity）」という。この概念は心理学者**ジョン・マネー**（John Money）によって定義された（Money, 1965）。

ジョン・マネーは,「人は女に生まれない。女になるのだ」という立場を明確にした研究者としても著名である。彼は,「人は生まれた時には中性だ」と提起したのである。その根拠のひとつとしたのが，性分化疾患（身体的に性別が多様な状態。インターセックスと表現されることもある）の当事者のほとんどが，生まれた時に割り当てられた性別のまま社会適応していた，というデータである。これにより女として育てれば女に，男として育てれば男になるとマネーは主張した。その壮大なる「実験」として有名になったケースがある。「マネーのふたご」とも呼ばれるジョンとジョーンという一卵性双生児の男の子の話だ。事の発端は，生後8ヵ月の時に一方の男の子が包皮切除術の失敗でペニスを失ってしまい，両親がマネーに相談したことに始まる。マネーから「女の子として育てるよう」助言を受けた家族は，その後，

遺伝的にはまったく同一の一卵性双生児の男の子を，一方は男の子として，もう一方は女の子として養育したのである。もしもうまくいけば，遺伝ではなく養育こそがその子の性別を決めたことになる。その後ジョーンは，学童期になってもそのまま女の子として生活していた。男の子としての"生まれ"ではなく，女の子としての"育ち"がジョーンの性同一性を女の子ならしめたのだとマネーは主張したのである。

しかしその後，ミルトン・ダイアモンド（Diamond, 1982）がドキュメンタリー番組を通じ，思春期以降，ジョーンが女であることを拒否し男に戻っていたことを明らかにした（事の顛末については，「ブレンダと呼ばれた少年（Colapinto, 2000）」に詳しい）。これはマスメディアによって周知され，書籍もベストセラーになったこともあり，にわかに「どれだけ女に教育しても男は男だ」という極端な「生まれ論」が活気づいた。しかし事はそのような単純なものでもなかったのである。

ジョーンと逆のケースとしてBradleyら（1998）の報告があげられる。このケースでは，男の子として生まれ，生後2ヵ月の時にペニスを喪失し，女児として育てられたが，26歳の段階でも彼女は女性の性同一性を発達させていた。「女に教育すれば男も女になった」のである。

2000年代を過ぎると，ケースレポートが引き起こした論争は，人体実験ではなく，統計処理によって検討される時代となった。それが大規模双生児データによる行動遺伝学研究である。これまでわが国も含め，イギリス，オーストラリア，オランダ，スウェーデン，フィンランドなどの諸外国のデータが出始めてきている。ここで重要なのは，マネーの時代よりも，セクシュアリティに関する概念の整理も進んだということだ。性同一性と**性役割**（gender role）は必ずしも同一ではない。性役割とは，それぞれの性別に付与された役割のことであるが，その内容や幅は社会や文化によって変化する。個人差も大きい。ジョン・マネーは両者の関係を「コインの裏表」と表現していたが，ジョーンは典型的な女性役割を身につけつつも「自分は女ではないのではないか」と性同一性については疑問を抱く幼少期を送っていた。両

者は相関はあるといえど同一概念ではないことは**性同一性障害**（gender identity disorder）の当事者を検討した研究でも見出されている（佐々木，2007）。また，これらと恋愛や性愛の対象の性別を指す**性的指向**（sexual orientation）も同一概念ではない（佐々木・尾崎，2007）。

　これまでの行動遺伝学研究により，性同一性，性役割，性的指向といった各概念には，「生まれ」と「育ち」の相対的影響力が異なること，その違いには，性差や発達差があることなどが示されるようになってきたのである。

引用文献

Bradley, S. J., Oliver, G. D., Chernick, A. B., & Zucker, K. J.(1998). Experiment of nurture: Ablation penis at 2 months, sex reassignment at 7 months and a psychosexual follow-up in young adulthood. *Pediatrics*, **102**, 91-95.

Colapinto, J.(2000). *As nature made him: The boy who raised as a girl*. New York: Harper Colins（村井智之（訳）（2000）．ブレンダと呼ばれた少年　無名舎）

Diamond, M.(1982). Sexual identity, monozytic twins reared in discordant sex roles and a BBC follow-up. *Archives of Sexual Behavior*, **11**, 182-187.

Freud, S.(1927). Some Psychical Consequences of the Anatomical Distinction between the Sexes. *International Journal of Psycho-Analysis*, **8**, 133-142.（懸田克躬・吉村博次（訳）（1969）．解剖学的な性の差別の心的帰結の二三について　フロイト著作集第5巻（pp. 161-170）　人文書院）

Money, J.(1965). *Sex research: New developments*. New York: Holt, Rinehart and Winston.

佐々木掌子（2007）．性同一性障害当事者におけるジェンダー・アイデンティティと典型的性役割との関連　心理臨床学研究, **25**(2), 240-245.

佐々木掌子・尾崎幸謙（2007）．ジェンダー・アイデンティティ尺度の作成　パーソナリティ研究, **15**(3), 251-265.

Simone De Beauvoir(1949). *Le deuxième sexe*.（『第二の性』を原文で読み直す会（訳）（2001）．第二の性　新潮社）

The mechanism of learning

第 2 部

学習のメカニズム

intro 2
学習とは何か

　日常，私たちが「**学習**」（learning）という言葉を使うときは，いわゆる「お勉強」の意，つまり学校で教わる教科内容を学ぶことを連想しがちである。しかし心理学で用いる「学習」という用語はもっと広い概念であり，一般に「経験による行動の持続的変容」を意味する。ここで「持続的変容」と限定しているのは，たとえば幼児の足の裏を刺激すると反り返らせるバビンスキー反射のような反射行動や，足をケガしたことでしばらく歩けなくなるというような一過的変化は，経験による行動の変容ではあるが，学習に含めないという意味である。食べ物を口にすると唾液が出るのは反射であり，学習ではない。しかし梅干を食べて唾液を出す経験を繰り返すと，梅干を見ただけで唾液が分泌されるようになる。これは学習（後述するレスポンデント条件づけ）である。この部で扱われる記憶や知識，動機づけなどは，まぎれもなく学習によって獲得されるものである。

■ **オペラント条件づけとレスポンデント条件づけ**

　学習を「経験による行動の持続的変容」と定義すれば，それは必然的にある経験をもたらした特定の刺激がある特定の反応や行動と「結びつく」ことを意味する。このような特定の刺激と反応との結びつきを「**連合**」（association）といい，そのような連合が生ずることを「**条件づけ**」（conditioning）と呼ぶ。行動分析学の祖であるスキナーは，これを**レスポン**

図 2-i-1 三項強化随伴性

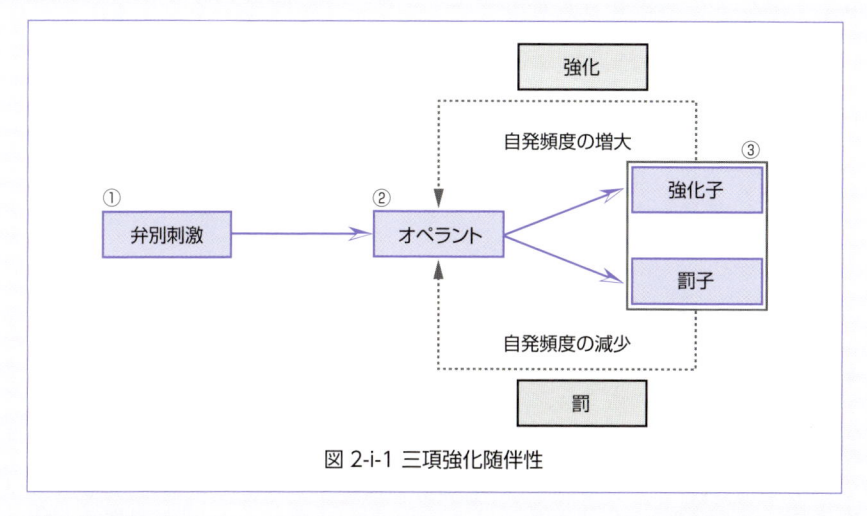

デント条件づけ（respondent conditioning）と**オペラント条件づけ**（operant conditioning）に区別した（佐藤，1976；杉山，2005）。

　レスポンデント条件づけ（または古典的条件づけあるいはパブロフ型条件づけともいう）とは，先に述べた梅干を見たときの唾液分泌のように，もともと生得的に持ち合わせている無条件反射（ここでは食べ物が無条件刺激，唾液分泌が無条件反応となる）に基づき，その反射が後天的に与えられた刺激（この場合，梅干を見ること）が無条件刺激に随伴することでも引き起こされるように変容して条件反射が形成されることをいう（この場合，梅干が条件刺激，唾液分泌が条件反応となる）。学校でひどいいじめを受け，恐怖反応が引き起こされると，学校の門を見るだけで足がすくんでしまうなどはレスポンデント条件づけの例である。

　一方，オペラント条件づけとは，生得的な無条件反射に基づくものではなく，何らかの自発的な行動（これを**オペラント**（operant）という）に基づくもので，図2-i-1に示す三項強化随伴性によって成り立つ条件づけである。何らかの他と区別される刺激（これを①弁別刺激という）に対して出現した②オペラントの結果与えられる刺激によって，その後のオペラントの自発頻度が増大したり減少したりする。この時，オペラントの自発頻度を増大させ

る刺激を③強化子といい，この場合の条件づけを**強化**（reinforce）という。反対にオペラントを減少させる刺激を③罰子（または嫌悪刺激），その場合の条件づけを罰という。教室で騒ぐなどの望ましくない行動に対して,「叱る」ことによってその行動が減少すれば，それは罰であるが，逆に生徒が教師の「叱る」行動を誘発したくて騒いでいるような場合は，叱ることが強化になることもある。教育によって形成したい行動に対して，教師のどのような行動が強化子あるいは罰子になっているかを理解することは重要だろう。

　ここで，強化子は特定のオペラントが生起したときにいつも与えられる連続強化よりも，ときどきしか与えられない間欠（部分）強化の方が，一般にオペラントの自発頻度は多くなり，強化しなくなってもオペラントはなかなか消去されにくいことが知られている。人間がギャンブルにしばしば依存してしまうのは，こうしたメカニズムがあるからであるとされる。また罰はオペラントの自発頻度を低めるが，消去するわけではないので，罰がなくなればまた生起したり（負の強化），そのオペラントに代わる別のオペラントで代替されることがある。教室で暴れていた子を厳しく体罰すると，学校では暴れなくなる代わりに，家庭やバイト先で問題を起こすことがあるのはその一例である。

　オペラント条件づけは，それ自体，行動研究の方法論として，特に自ら言葉によって心の内を報告してもらえない動物や乳児の能力を研究する場合に，よく用いられる。たとえばチンパンジーが文字や数字の意味を理解することができるか，乳児にrとlの区別がつくかを確かめるためには，スクリーンに提示した数字を小さい方から順番に押せた場合にのみ，あるいはrの音が聞こえたときにサックを吸った場合にのみ，食べ物やジュースなどの強化子を与えて，学習が成立するかどうかを調べればよい（図2-i-2）。またオペラント条件づけの手法は，教育においては**プログラム学習**（program learning）に，また心理臨床においては論理行動療法のなかで実践に生かされている。特に表2-i-1に例示するプログラム学習は，表2-i-2の5つの原理に従って設計されるものである。この原理はいわゆるプログラム学習に限ら

図 2-i-2　チンパンジーに数字や文字がわかるかどうかを確かめる実験
（京都大学霊長類研究所のアユム）

ず，一般の教育方法を考えるうえでも示唆に富む。たとえば，長年にわたり学校で英語の授業を受けても英語を話せるようにならないのは，実際に話させるという「積極的反応の原理」に従っていないからである。また大学などでテストをしっぱなしで年度末に成績を知らせるだけというのは「即時確認の原理」に従っておらず，一時にたくさんのことを教えて消化不良にさせてしまうのは「スモールステップの原理」に反し，能力や習熟度の個人差にかかわらず一斉授業や学年制をしく教育制度では「自己ペースの原理」が実現されにくく，学習成果の評価を先生任せにして自分で考えさせないと「学習者検証の原理」に反しており，いずれも効果的とはいえない学習をもたらしている。

■ 個体学習と社会学習

　学習は人間だけがするものではない。ともすれば人間以外の動物は本能のままに生きているかのように思われがちだが，本能どころか神経系すらもたない単細胞動物であるゾウリムシにも学習があることが見出されている。彼らは培養されていた環境の温度を記憶しており，別の環境に移されたときに

表 2-i-1 プログラム学習の例（佐藤, 1976 改変）

最右列を隠しながら，各フレームを読んで空欄に適切な言葉を実際に書き込み（積極的反応の原則），フレームごとに回答を自分自身で確認して（学習者検証の原理，即時確認の原理），正しければ次のフレームに進んでゆくことで，少しずつ（スモールステップの原理），自分のペース（自己ペースの原理）で一定の知識を誰でも確実に学習できる。

1	有機体の行動は，レスポンデント行動とオペラント行動に二分される。われわれは，この①_____行動と②_____行動の区別からはじめよう。［指示：ここまでの文章をよく読んでから，それぞれの空欄に，その箇所に適当と思われる語を必ず記入する。記入が終わったならば，次の2の項目の最後に，ゴシック体で，この1の項目の空欄に入れるべき語が番号つきで示されているから，あなたの記入した語と一致しているか否かを確かめる。一致したならば，2に進む。以下，特別の指示のないかぎり同様に進むこと。あまりにも単純で，しかもくどくて，バカバカしいと思っても，必ず全部を自分で記入することが重要なのである（空欄でなく，別紙に書いてもよい）。］	①レスポンデント ②オペラント
2	口の中の食物という刺激は唾液分泌という反応を誘発 (elicit) する。（誘発とは，人間の場合，通常，意志にかかわりなく，機械的，受動的に反応が引き起こされることをいう。）目にあたる光の明るさの変化という刺激は瞳の大きさの変化という反応を誘発する。（明るいほど瞳は縮小する。）このように，一定の③_____により，一定の④_____が⑤_____される刺激−反応の関係を反射という。口の中の食物により，唾液が分泌するのは⑥_____の一つで，唾液分泌反射と呼ばれる。光の明るさの変化に応じて瞳の大きさが変化するのも⑦_____の一つで瞳孔反射と呼ばれる。	③刺激 ④反応 ⑤誘発 ⑥反射 ⑦反射
3	反射における反応をレスポンデント行動という。唾液分泌⑧_____における唾液分泌は⑨_____である。瞳孔⑩_____における瞳の変化も⑪_____である。	⑧反射 ⑨レスポンデント行動 ⑩反射 ⑪レスポンデント行動
︙	︙	︙

もその温度に向かって集まるという（中岡, 2009）。あらゆる動物は，自分が置かれた環境に適応するために，その環境に合わせて行動をカスタマイズしなければならず，そのために「学習」というメカニズムを進化のきわめて

表 2-i-2 プログラム学習の 5 原理

原理	特徴
積極的反応の原理	正しいオペラントを実際に行なわせる
即時確認の原理	オペラントの正否をすぐに知らせる
スモールステップの原理	学習のステップを小さくして学習者が間違われないようにする
自己ペースの原理	学習者自身のペースで進める
学習者検証の原理	オペラントの正否を学習者自らが判断し確認する

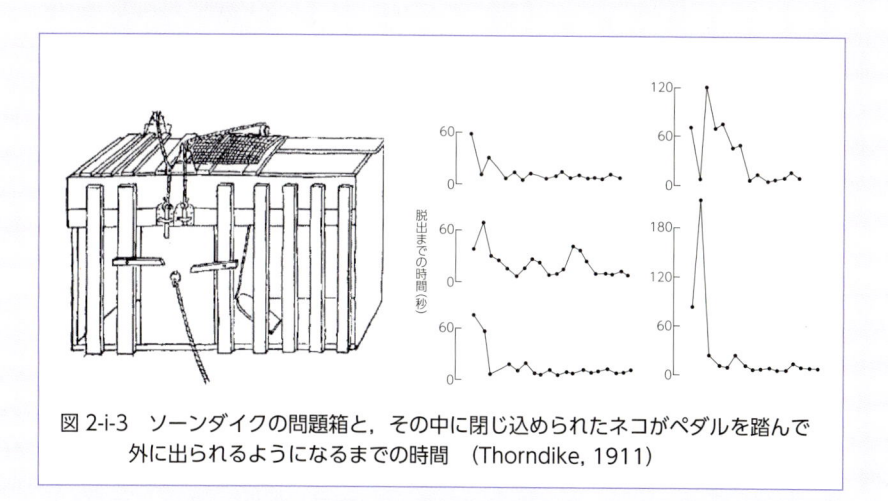

図 2-i-3 ソーンダイクの問題箱と，その中に閉じ込められたネコがペダルを踏んで外に出られるようになるまでの時間 (Thorndike, 1911)

早い段階から獲得していたと思われる。そのもっとも基本的な学習のあり方は，もっぱら他個体によらず独力で行なう**個体学習** (individual learning) である。単細胞動物をはじめ神経系すらもたない動物でも行なうもっとも単純な個体学習の形式は**試行錯誤学習** (try-and-error learning) であり，人間を含むあらゆる動物はオペラント条件づけによってこれをすることができる。たとえばソーンダイクの問題箱 (図 2-i-3) の中に閉じ込められた哀れなネコが，じたばたもがいているうちにペダルを踏むと外に出られるという経験をすると，やがて閉じ込められてもすぐにペダルを踏む行動を学習するのは

試行錯誤学習である（これはオペラント条件づけであり，道具的条件づけとも呼ばれる）。しかし進化の過程で脳という複雑な神経系組織が獲得され，頭の中で何らかの表象を扱うことができるようになると，ただやみくもに試行錯誤するのではなく，表象を心的に操作することで成り立つ**洞察学習**（insight learning）ができるようになる。ケーラー（Köhler, 1973）の有名な「類人猿の知恵実験」では，チンパンジーが天井からつるされた手の届かないところにある食べ物を，試行錯誤によらず，洞察学習によって頭の中で見通しを立てて道具を組み合わせて取ることができることが示されている（図2-i-4）。人間においてこれが可能になるのは，ピアジェの発達理論でいう感覚運動期の終わり，前操作期の始まりにあたる2歳頃であるとされる（第1部第1章　知性の発達　1-2節参照）。

またやはり進化の過程で，社会的な群れをなして生きる動物が生まれると，他個体の影響を受けながら学習する**社会学習**（social learning）が成立した。それは，オオカミやライオンが群れで狩りをする仕方を学ぶように，特定の状況を共有する機会を通じて学習する共同学習，ならびに他個体の行動を観察し模倣することによって成り立つ**模倣学習**（immitation learning）（モデリングあるいは観察学習ともいう）が主たるものである（Bandura, 1977）。模倣学習には，行動の結果だけを模倣するエミュレーションと，その結果を生み出す手続きまで模倣するイミテーションがある。チンパンジーが行なう模倣は主としてエミュレーションであるが，人間はイミテーションまで行なうことができる。それは人間が「**心の理論**（Theory of Mind; ToM）」（第1部第3章　社会性の発達　3-2-1項参照）をもち，他者の行為の意図まで理解することが可能であるからと考えられている。さらにこうした模倣学習が成り立つのは，他者の行動を見るだけでその行動を引き起こす観察者側の脳神経が賦活するミラーニューロン（Rizzolatti & Sinigaglia, 2006）の働きが関与していると考えられる。

模倣学習は社会的状況で行なわれるという意味で社会学習だが，それはもっぱら個体が他者の行動を手がかりに自分一人で行なうという意味では個

図 2-i-4　類人猿の知恵実験
(Köhler, 1973)

体学習の延長といってよい。ところがヒトが行なう「教育による学習」は，教師にあたる他個体が，わざわざ学習者の学習を促す特別な行動（すなわち「教える」という行動）を行なうという独特の学習様式をとる。動物行動学者のカロとハウザーは，動物にも適用できる「教育」の定義として，以下の3つの条件をあげた（Caro & Hauser, 1992）。

①ある個体Aが経験の少ない観察者Bがいるときにのみ，その行動を修正する。

②Aはコストを払う，あるいは直接の利益を被らない。

③Aの行動の結果，そうしなかったときと比べてBは知識や技能をより早く，あるいはより効率的に獲得する。あるいはそうしなければ全く学習が生じない。

つまり①自分一人のためにはしないような「教える」という特別な行動を，②他個体のためにわざわざ手間暇をかけてしてやることで，③初めて学習が

intro 2　学習とは何か　151

成立するという，進化的に稀有な学習様式が教育であり，このような特殊な学習様式は，これまでのところミーアキャットが砂漠でサソリの取り方を大人が子どもに教えるなど，ヒト以外の動物ではごく限られた形でしか現れない（Thornton & Raihani, 2008）といわれ，チンパンジーでもこれを行なうことはできない。ところが人間は，これをいとも自然にやってのけることができる。

　チブラとゲルゲリー（Csibra & Gergely, 2009）は，乳児ですら，大人が示す特別なサイン（幼い子どもだけに発せられる特別な抑揚をもったマザリーズや，単にアイコンタクトを向けることだけでも）を手がかりにして，その大人が伝えることがらを選択的に，かつ普遍的な知識として学習できることを示し，これを**ナチュラル・ペダゴジー**（natural pedagogy, 自然な教育）と呼んだ（図2-i-5）。また2歳にも満たない乳児が，問題解決に困っている他者に，自ら進んで自分の知っている解決法を教えようとする行動をとる（赤木，2004；明和，2012）。シュトラウスとジブ（Strauss & Ziv, 2012）は，こうした教示行動とそれによって学ぶ能力が，知識伝達という特殊な適応的課題のために特化された複雑な認知能力を必要とするにもかかわらず，世界中の誰でも，誰からも教わることなく，そのやり方の理屈についてわざわざ考えずにできて，それが人間を特徴づけているという点が，あたかもヒトの自然言語能力（第1部第2章　言語獲得　2-1-1項参照）に匹敵するとして，教育を生得的な自然的認知能力（teaching as natural cognitive ability; TNCA）と位置づけている。

　その目で見ると，いわゆる学校的な環境でなくとも，「技は盗め」と一見何も教えてくれない職人親方と弟子との間に作られる徒弟制的な状況や，本やテレビ，インターネットなどのメディア，機械のマニュアルや宣伝広告，さらには道路標識にすら，ここでいう「教育」的な機能があることに気づく。そのように考えると，教育がいかに人が生きるうえで重要かつ特殊な学習様式として，私たちの文化の中で偏在し機能しているかがわかるだろう。

〈安藤寿康〉

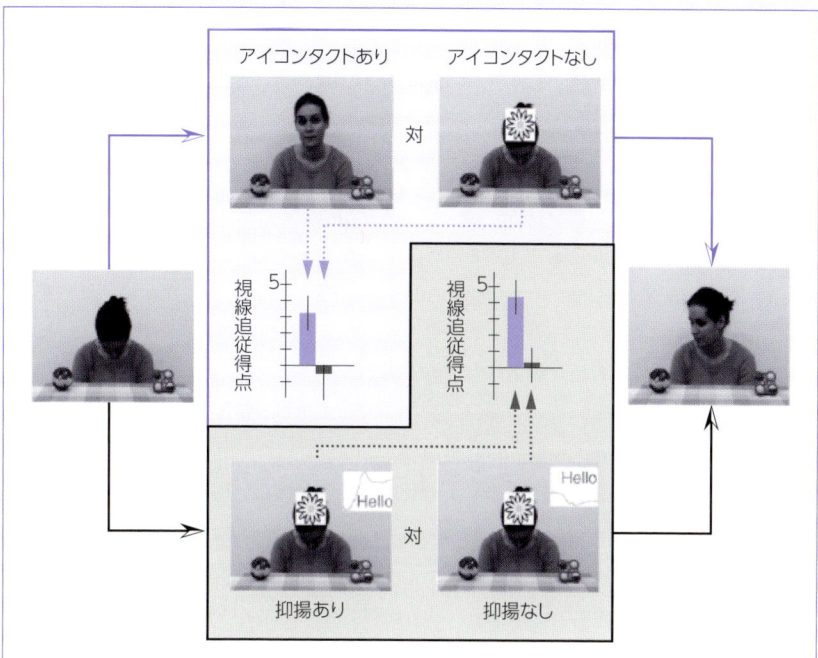

6ヵ月児に，注意を促すようなサインとなるアイコンタクト（上）や子ども向けの抑揚で話されたあいさつ（下）をした後で，2つの対象物のいずれか一方を向いたときには，その対象物に視線を追従させるが，アイコンタクトがない場合や大人に向けられるような抑揚のあいさつをされた場合には視線追従させない。

図 2-i-5　ナチュラル・ペダゴジー　(Csibra & Gergely, 2009)

引用文献

赤木和重（2004）．1歳児は教えることができるか：他者の問題解決困難場面における積極的教示行為の生起　発達心理学研究, **15**, 366-375.

Bandura, A.(1977). *Social learning theory*. Englewood Cliffs, NJ: Prentice Hall.（原野広太郎（監）　社会的学習理論—人間理解と教育の基礎　金子書房　1979）

Caro, T. M., & Hauser, M. D.(1992). Is there teaching in nonhuman animals?, *Quartelry Review of Biology*, **67**(2), 151-174

Csibra, G., & Gergely, G.(2009). Natural pedagogy. *Trends in Cognitive Sciences*, **13**(4), 148-153.

明和政子(2012). まねが育むヒトの心　岩波書店.

Köhler, W.(1973). Intelligenzprüfungen an Menschenaffen: mit einem Anhang zur Psychologie des Schimpansen. Berlin: Springer-Verlag.（宮　孝一（訳）(1962). 類人猿の知恵試験　岩波書店）

中岡保夫(2009). ゾウリムシは本当に学習するのか？　日本比較生理生化学会（編）動物の多様な生き方4　(pp. 16-31)　共立出版.

Rizzolatti, G., & Sinigaglia, C.(2006). *Las neuronas espejo.* Los mecanismos de la empatía emocional. Barcelona: Ediciones Paidós Ibérica.（茂木健一郎（監修）柴田裕之（翻訳）(2009). ミラーニューロン　紀伊國屋書店）

佐藤方哉(1976). 行動理論への招待　大修館書店.

Strauss, S., & Ziv, M.(2012). Teaching is a natural cognitive ability for humans. *Mind, Brain and Education,* **6**(4), 186-196.

杉山尚子(2005). 行動分析学入門—ヒトの行動の思いがけない理由—　集英社.

Thorndike, E. L. (1911). *Animal intelligence: An experimental study of the associative processes in animals.* New York: The Macmillan company.

Thornton, A. & Raihani, N. J.(2008). The evolution of teaching. *Animal Behaviour,* **75**, 1823-1836.

教育心理学コラム 10

言語の学習の臨界期

今井むつみ

　母語であれ，外国語であれ，言語を学習するのに「**臨界期**」（critical period）があるのかということがよく議論されている。動物によくみられることだが，生育初期に与えられたある種の経験が後の生理的・心理的な発達に大きな効果をもたらすことがある。しかも，その効果は成長期のある時期にのみ有効で，しかもその反応は生涯にわたって変わらず，消去することができない。この効果が有効に成立し得る期間を臨界期という。

　言語習得に臨界期があるという考えは，もともとエリク・レネバークという神経科学者によって提唱された。レネバーグは脳の成熟と言語の学習の臨界期の間に因果関係があると考えた。彼は脳の外傷を原因とする言語機能の喪失や回復のパターンが年齢と関係していることに注目した。幼い子どもの時に脳の一部に大きな外傷をおって言語機能が一時的に失われても，いずれ言語機能が回復することがある。しかし，思春期を過ぎてから同じ場所に外傷をおった場合，回復しない。この臨床パターンから，思春期までは脳の左半球の担う言語機能を右半球でも代替できるが，それ以降はそれが不可能になり，その時期が言語学習の臨界期であると主張した（Lenneberg, 1967）。

　臨界期は脳のシナプスの刈り込みと関係するという考え方もある。脳細胞は約1千億個程度と推定されており，大半のニューロンは妊娠3ヵ月で形成される。細胞間のつながりは，生後間もなく爆発的に増え，成人のレベルを超える。それに伴い，樹状突起やシナプスが急激に形成され，脳の体積当たりのシナプスの量が大きく増える。この時期はしばらく続くが，その後，よく使われるつながりは強まり，使われないものは消えていく。これをシナプスの「刈り込み」という。ヒト乳児の視覚野では，生後2，3ヵ月でシナプ

スのつながりが急速に増え，10ヵ月くらいで最大値になり，その後刈り込みが始まる。このシナプス形成と刈り込みの時期が動物やヒト乳児の発達現象と呼応するところから，臨界期は脳の発達と深い関係にあると考えられている（Huttenlocher & Dabholkar, 1997）。

　しかし，言語の臨界期と脳の成長の関係については，注意が必要である。そもそもシナプスの増大や刈り込みの時期は脳の領野によって異なる。文法をはじめとした言語の機能が深く関わるとされる前頭葉では視覚野よりも開始が遅く，長くかかり，ニューロンは青年期を通して発達を続け，18歳まで成人レベルにならないので，脳の成熟と「言語の臨界期」の因果関係にはいまだに疑問が残る。

　認知発達の著名な研究者エリッサ・ニューポートたちのグループはアメリカ手話話者のパフォーマンスと，話者が手話を学習し始めた年齢，環境との関係を調査した（Newport, 1990）。耳が聴こえる子どもの言語獲得においては，生まれた時から，母語をネイティヴとする人たちの言語インプットを絶えず浴びるように享受する環境で，母語の学習に臨む。しかし聴力に障害がある手話話者の場合，このような環境が保障されるとは限らない。たとえば両親が健聴者である場合，手話を知らない場合がほとんどである。このような場合，手話のネイティヴインプットは手話を教えるための教育機関で初めて与えられる場合が多いし，それが何歳の時であるかも子どもによって大きく異なる。それに対し，親のどちらかが手話話者である場合，手話の言語インプットは子どもが生まれた直後から与えられるだろう。

　ニューポートたちは聴覚に障害があるため音声の英語をほとんど理解しないASL（American Sign Language）話者を対象に研究を行なった。彼女たちは被験者たちをASLの学習を始めた時期によってネイティヴ手話話者，早期学習者，遅延学習者の3つのグループに分け，これらの被験者たちにASLの統語規則と形態素（たとえば語順，動詞における数や時制による語尾変化，名詞と動詞を区別する派生形態素など）について，理解（わかるか）と産出（話せるか）を測度としてテストを行なった。結果は，ASLの全体

的な習熟の度合いは3つのグループ間で大きく異なり，学習を始める時期が早いほど習熟度が高いことを示すものであった。さらにニューポートたちはASL習熟度と経験年数との関係を調べたが，ASL経験年数は習熟度と無関係であることがわかったのである。この結果はネイティヴと同様の習熟度に達するには，レネバークの主張する臨界期よりもずっと早い時期にネイティヴのインプットがある環境で言語の学習を始めなければならないこと，言語学習を始める時期は早ければ早いほど習熟度はネイティヴに近くなることを示唆するものであり，ニューポートたちは外国語学習でも，最終的な習熟度を決めるのは学習年数ではなく，学習者がその言語を母語とする環境に何歳で移住して学習を始めたかという学習開始年齢であると結論づけた(Johnson & Newport, 1989)。

　これらの結果から一般的には，言語の学習には臨界期が存在する，そして学習は早期に始める方が最終的な習熟度は高くなる，という結論が導出される。しかしこの結論には細心の注意が必要である。手話や**外国語学習の臨界期**は主に語尾変化や派生形態素など，形態素を含む項目にみられ，基本的な語順に関しては学習開始年齢によって習熟度の違いはみられなかった。つまり，言語の学習における学習開始年齢の影響は言語のさまざまな要素のそれぞれによって異なるのである。母語に存在しない音素の最小対比の弁別などは1歳の誕生日前に臨界期を迎える場合もある。他方，10代以降に外国語学習を始めても，文法の自動的な判断は難しくても母語話者よりも豊富な語彙と表現力を身につけることは十分可能である。

　外国語学習を始めるもっとも適当な時期を考える際，音声や文法の一側面が母語話者と同じように自動的に処理できるようになるかという観点に立つよりも，語彙力や表現力などを含めて言語を自由に操りコミュニケートできる能力を考えるべきである。その観点からは言語学習には臨界期は存在せず，脳の成熟の習熟度との因果関係も考えにくい。いずれにせよ言語学習の臨界期という概念は，そもそも言語の能力をどのように定義し，何を指標にするかということで大きく変わってしまうものだということを理解することが大

事であり，外国語教育の導入時期の議論に軽々しく臨界期の議論を持ち出すべきではない（今井ら，2012）。

　他方，母語に関してはどのような子どもも一日も早く母語話者による多量の言語のインプットを享受できる環境にあることが重要である。聴覚障害の子どもに対する早期診断，早期手話教育は社会全体で取り組んでいくべき課題である。

引用文献

Huttenlocher, P. R., & Dabholkar, A. S.(1997). Regional differences in synaptogenesis in human cerebral cortex. *Journal of Comparative Neurology*, **387**, 167-178.

今井むつみ・野島久雄・岡田浩之 （2012）. 新・人が学ぶということ―認知学習論からの視点― 北樹出版.

Johnson, J., & Newport, E.(1989). Critical period effects in second language learning: The influence of maturational state on the acquisition of English as a second language. *Cognitive Psychology*, **21**, 60-99.

Lenneberg, E.(1967). *Biological foundations of language*. New York: Wiley.

Newport, E.(1990). Maturational constraints on language learning. *Cognitive Science*, **14**, 11-28.

1. Knowledge Acquisition
知識獲得

　子どもや生徒たちは，教科書やいろいろな本を読んで，また他人の話を聞いて，新しい言葉や概念を覚えていく。私たち大人も，毎日さまざまなメディアを通して新しい知識を獲得している。まず，知識獲得の基礎にある記憶のメカニズムについて説明する。次に知識獲得を促進する方法を述べる。

1-1　記憶の3段階

　記憶の過程は，3つの段階に分けることができる。たとえば，山を歩いていて，背の高い赤紫色の花を見つけて，友だちに聞いたら「やなぎらん」だと教えてくれたとする。友だちの発した物理的な音を「や・な・ぎ・ら・ん」というふうに解読して記憶に入れる（記銘する）段階がある。**符号化**（encoding）段階（コード化段階）ともいう。次に，この花の名を記憶内に維持し続ける（保持する）段階を**貯蔵**（storage）段階という。そして，再びその花を見つけたとき，その名を記憶から思い出そうとする（想起しようとする）段階を**検索**（retrieval）段階という。

1-2 短期記憶

　記憶は伝統的に2種類に分けて研究されてきた。数秒から十数秒というごく短時間だけ情報を記憶する**短期記憶**（Short-Term Memory, STM）と，数分から何年間と長期間にわたって情報を記憶する**長期記憶**（Long-Term Memory, LTM）とである。両者は，密接に関連して機能しているが，さまざまな点で性質が異なっている。短期記憶にも長期記憶にも，符号化段階，貯蔵段階，検索段階という3段階がある。まず，短期記憶の諸性質を説明する。ちなみに，短期記憶は，**ワーキングメモリ**（working memory）（作業記憶，作動記憶）と呼ばれることも多い。

▶▶ 1-2-1　符号化

　われわれは感覚器官を通じて絶えず膨大な物理的刺激にさらされている。この膨大な刺激のなかから，注意を向けたごく一部の刺激だけが選ばれて符号化されて（パターン認識されて）短期記憶の中に取り込まれる。たとえば，電話番号を調べて電話をかけ終わるまでその番号，045-3396-3588，を記憶する事態を考えてみよう。番号を，「ゼロ　ヨン　ゴー　サン　サン　キュー　ロク　サン　ゴー　ハチ　ハチ」というふうに音響的に符号化することもできるし，数字の形を視覚的に符号化して記憶することもできる。また，「大仕事，さんざん苦労，最後はハッピー！」と意味をむりやりこじつけて符号化し，楽に記憶することも可能である。数字や文字，単語などの系列を丸暗記する場合は，音響的に符号化し，それを繰り返し復唱（**リハーサル** rehearsal）することが多いだろう。数学の授業で，黒板に先生が書いた複雑な数式，たとえば，(a + b) c + (a + b) d = (a + b) (c + d) を，ノートに書き写す場合，数式の意味がわからなければ，音響的符号化と視覚的符号化の両方を使って，書き終わるまで何回も黒板を見なおして，短期的に記憶して，ノートするのが普通であろう。複雑な漢字を習うときには，字の部

分部分の形を視覚的に符号化して何回も書いてリハーサルするはずである。

▶▶ 1-2-2 貯蔵

　短期記憶の特徴の一つは，貯蔵の容量が非常に小さいことである。たとえば，数字の系列や，文字の系列，単語の系列を提示して，それを記憶させるとする。長期記憶に貯蔵されている情報と関係づけることのできないくらいの速さで提示されると，提示直後に想起しても（再生させても），平均7個の数字や文字や単語しか正しく想起できない。たった7個である。ミラー（Miller, 1956）は，多くの先行研究の結果をまとめて，「不思議な数7±2」という論文を書き，短期記憶の容量は，普通5項目から9項目で，平均7項目であると論じた。この記憶容量は，**記憶範囲**（memory span）とも呼ばれ，個人差の重要な指標の一つになっている。4，5歳児で約4項目，成人で7項目くらいである。

　短期記憶のもう一つの特徴は，せっかく貯蔵された情報が，すぐに忘却されてしまうということである。忘却は，すでに記憶していた情報が，新たに入ってきた情報に置き換わってしまい，元の情報が思い出せなくなるという**置換**（displacement）により生ずる。また，時間の経過により，記憶の痕跡が減衰してしまうという，記憶痕跡の減衰による忘却も考えられる。ピーターソンら（Peterson & Peterson, 1959）は，たくみな実験により，短期記憶内の情報は，リハーサルされなければ約15秒で忘却されることを発見した。ピーターソンらは，実験参加者にBKJといった無意味な3子音綴りを提示した。参加者には，リハーサルさせないために数の逆算を何秒間かさせてから，このBKJを再生させた。数の逆算時間（BKJの保持期間にあたる）を，3秒から18秒と長くするに従い，BKJの再生率が低下し，15秒で下限に達した（図2-1-1）。

　図2-1-1に示した再生率の低下の様子から，短期記憶に貯蔵された情報は，リハーサルされなければ，15秒で減衰し想起できなくなる，すなわち，忘却されてしまうのだろうと，ピーターソンらは考えたのである。図で再生率

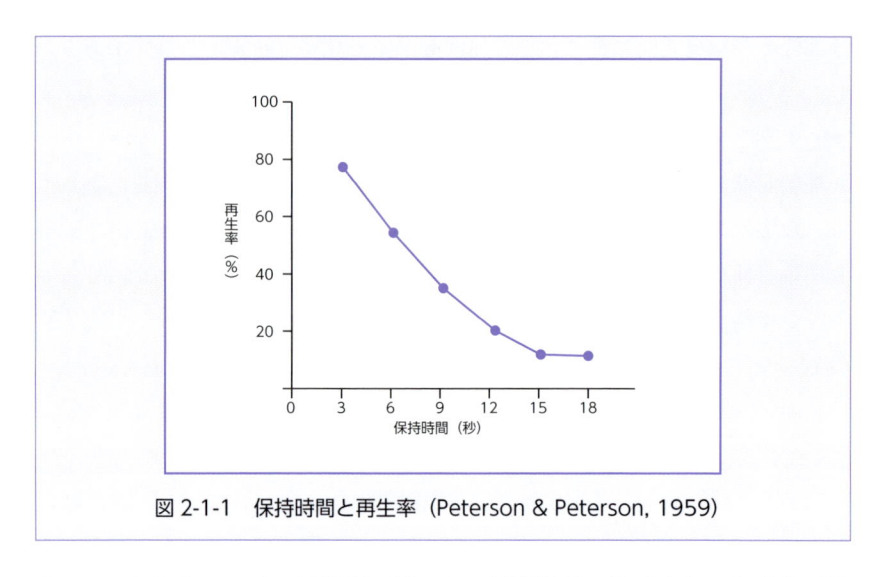

図 2-1-1　保持時間と再生率（Peterson & Peterson, 1959）

が 0％にならないのは，情報が一瞬にして長期記憶に貯蔵されてしまう可能性があるからであろう。リハーサルさせておけば，いつまでも情報を短期記憶内に保持することができる。

▶▶ 1-2-3　検索

　短期記憶内に貯蔵されている事項は，確実に検索し想起することができる。ただし，貯蔵されている事項の数が 1 つ増えるごとに，検索時間が約 40 ミリ秒ずつ増えることが実験でわかっている（Sternberg, 1966）。

▶▶ 1-2-4　ワーキングメモリ（作業記憶，作動記憶）

　短期記憶の機能は，単に外界からの情報を保持記憶するだけではないはずである。文や文章を理解したり，なにか問題を解いたりする時に，必要な情報を長期記憶から検索してきて，関連する情報を処理する**心的作業領域**（mental working place 心の作業をする場所）としての機能ももつと考えられる。単なる情報の保持ではなく，心的作業をする場所という側面を強調するためには，短期記憶といわずに**ワーキングメモリ**（working memory）と

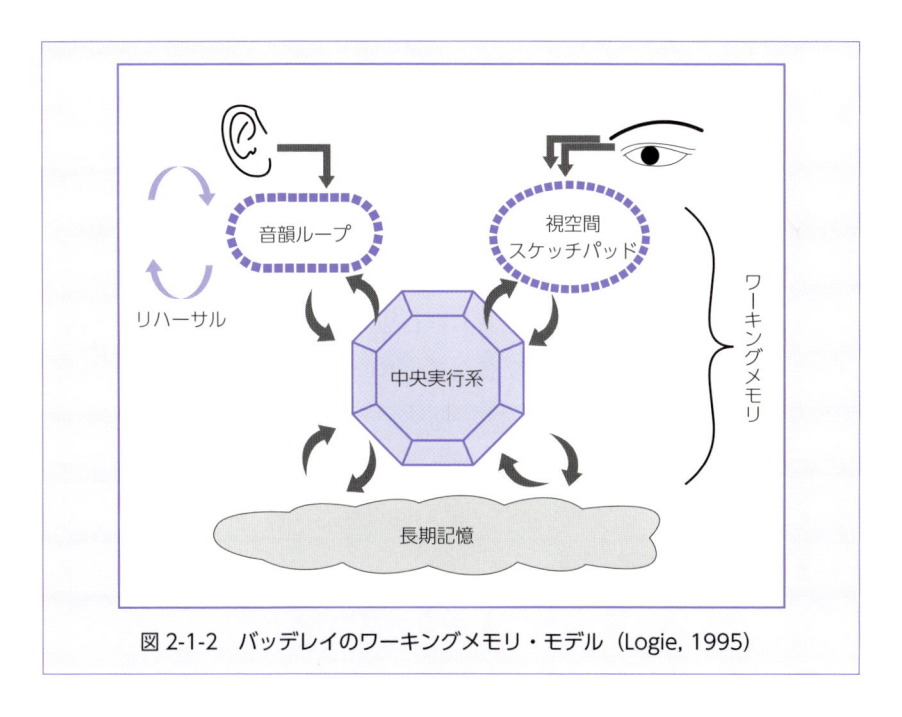

図 2-1-2　バッデレイのワーキングメモリ・モデル (Logie, 1995)

呼ぶことを，バッデレイとヒッチが提案した（Baddeley & Hitch, 1974）。例として，57×6 を暗算する場合を内観してみよう。計算に必要な足し算やかけ算の操作手続きや，7×6=42，5×6=30 といった九九の知識を長期記憶の中から検索してきて，これらの情報を処理していることが実感されるだろう。この一連の心的作業をしているところが，ワーキングメモリである。バッデレイ（Baddeley, 1986）は，図 2-1-2 のように，ワーキングメモリが 3 つの下位システムからなるというモデルを提案した。

音韻ループ（phonological loop）と**視空間スケッチパッド**（visuo-spatial sketchpad），**中央実行系**（central executive）という 3 つの下位システムからなり，中央実行系は前二者を制御する，というモデルである。音韻ループは，言語を理解したり，文章を理解したり，推論をしたりするときに，音韻情報を一時的に保持する下位システムである。視空間スケッチパッドは，視空間的なイメージを保持したり操作したりするための下位システムである。

そして中央実行系は，この2つの下位システムを制御し，長期記憶との間で情報をやりとりするのだろうと考えられている。

ワーキングメモリが心的作業をする情報処理容量にも限界がある。たとえば，自分の電話番号を再生しながら，57×6の暗算をすることが難しいのは，2つの心的作業を同時にすることが処理容量を超えてしまうからであろう。一方，視空間スケッチパッドに富士山のイメージを浮かべながら，さらに三田キャンパスの東門のイメージを重ね合わせて合成イメージを作ることはやさしそうに思える。それぞれの下位システムの働きや容量限界についてはわからないことだらけというのが研究の現状である。

1-3 長期記憶

外界から入ってきた情報を十数秒といった短時間記憶しておくのではなく，もっと長時間記憶しておき，必要になったときその情報を想起するといった記憶の働きを長期記憶という。

▶▶ 1-3-1 符号化

われわれは外界からの情報のごく一部を符号化して短期記憶に保存している。短期記憶内の情報の一部は，そのままの形で，あるいは，さらに加工されて，長期間記憶されるようになる。記憶しやすいように情報を加工することを**精緻化**（elaboration）という。精緻化は，長期間記憶するための重要な符号化の方法である。以上の過程を，「短期記憶から長期記憶への情報の転送」という。長期記憶に情報を転送するためにリハーサルすることを，転送リハーサルと名づけよう。表2-1-1は，リハーサルの種類を示している。

記憶すべき情報を適当なかたまり（chunk）に分割することを，**チャンキング**（chunking）という。たとえば，64579411921945という数字の系列を

表 2-1-1　リハーサルの種類（大村，1996）

無転送リハーサル（維持リハーサル）		一時的に情報を短期記憶に維持（保持）しておくためだけで，長期記憶へ転送する意図はないリハーサル
転送リハーサル		情報を短期記憶から長期記憶へ転送する意図で行なうリハーサル
	無精緻化リハーサル	長期記憶へ情報を転送する意図はあるが，特に情報の精緻化はせず，単に反復するリハーサル
	精緻化リハーサル	長期記憶へ情報を転送するために，チャンキング，有意味化，イメージ化，物語化など，種々の精緻化を伴うリハーサル

　645（大化の改新の年），794（平安京に遷都の年），1192（鎌倉幕府完成），1945（敗戦）というふうに，長期記憶にすでに貯えられていた知識（既有知識）を利用し，こじつけて，4個のチャンクに分割する。すると，相互に独立した14個の数字（短期記憶容量を超えている）をおぼえるのではなく，4個のチャンク（短期記憶容量の範囲内である）を記憶するだけですみ，容易に記憶することができるようになる。種々の精緻化の例を表 2-1-2 に示す。記憶術といわれる術は，これら精緻化の諸方法を巧みに利用しているのである。

　教科書中に質問を挿入したり，授業中に教師が質問したりすることは，生徒に重要な事項を確実に符号化させ，記憶に留まりやすくする技法として有効である。ロスコフ（Rothkopf, 1970）は，文章中に挿入された質問には2種類の効果があることを明らかにした。たとえば，「鎌倉幕府を開いたのは誰ですか」，「桃山文化を代表する画家は誰ですか」，「豊臣秀吉のあと，天下統一の事業を受け継いだのは誰ですか」といった質問を日本史の教科書や授業の中に挿入したとする。それぞれの質問に対して，「源頼朝」，「狩野永徳」，「徳川家康」という答えを学習することを，質問の「直接教授効果」という。また，人名の質問が連続したために，人名に注意して学習するようになることを，質問の「全般的注意喚起効果」という。同じ教科書を使っていても，教師の発する質問によって，生徒が学習する内容が異なってくるのだという

表 2-1-2　精緻化の例（大村，1996）

チャンキング	既有知識を利用して，情報をいくつかのかたまりに区切りなおすこと。	「NT-TJ-RN-HK」という文字列を「NTT-JR-NHK」と区切りなおす。
有意味化	少しでも有意味度が増すようにする。	「ミヤマモミジイチゴ」を「深山紅葉苺」としたり，「アツバキミガヨラン」を「厚葉君が代蘭」とすれば記憶しやすくなる。
		「$\sqrt{5} = 2.2360679$」を「富士山麓オーム鳴く」とするのは有名な例である。
イメージ化	複数の単語を記憶するとき，それらを結びつけたイメージを作っておぼえる。	「バナナ　カエル　ヒコーキ　…」に対して「カエルがバナナをかじりながらヒコーキに乗っている…」のようなイメージを描く。
物語化	単語の系列を記憶するとき，単語を結びつけて物語を作っておぼえる。	「リンゴ　オートバイ　サル　ユキ　トンボ…」をおぼえる時，「リンゴをオートバイに積んでサルがユキの中を走る。サルがトンボを捕まえる。…」といった話を作る。

ことは，非常に重要である。

▶▶ 1-3-2　貯蔵

　長期間記憶するためには，情報をよく**構造づけ**（organization, structuring）て（相互に関連づけ，整理して）おくことが重要である。構造づけられた情報の方がばらばらな情報より記憶しやすいことを，バウワーら（Bower et al., 1969）が次のような実験で検証した。実験参加者がやらなければならない課題は，プラチナ，真鍮，サファイヤ，石灰岩，銅，などという 28 種の鉱物名を記憶することである。参加者の一群に対しては，これら 28 語をランダムな順序で合計 4 回提示した。別の一群に対しては，28 の鉱物名を図 2-1-3 のように構造づけて提示した。すなわち，最初にレベル 1 とレベル 2 の単語を提示し，次に，レベル 1 からレベル 3 までの単語を提示し，それから初めて 28 語を 2 回だけ提示した。つまり，この群には，鉱物間の階層構造が推量しやすいように提示したことになる。すると，鉱物名を構造づけやすいように単語が提示された群は，28 個の鉱物名をたったの 2 回しか提示されなかったのに，ランダムに 4 回提示された群よりも，結果として

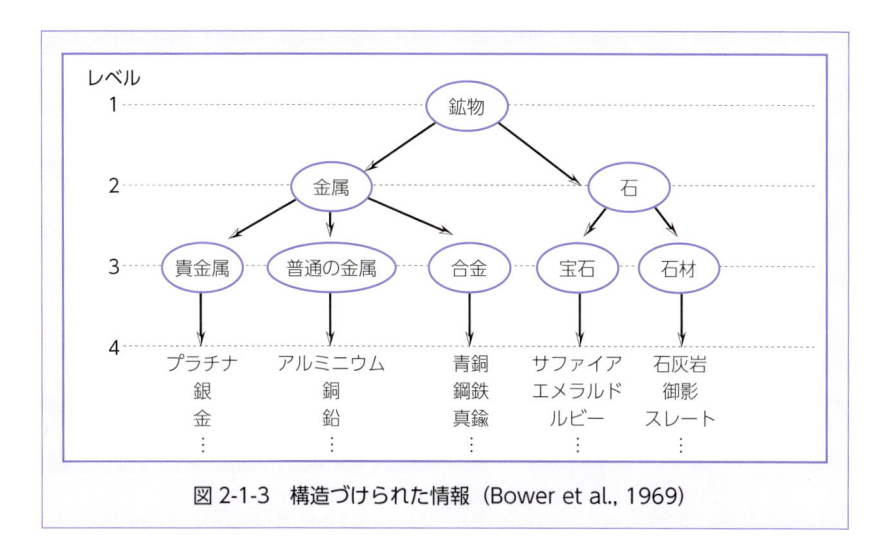

```
レベル
1           鉱物
2      金属        石
3  貴金属 普通の金属 合金  宝石  石材
4  プラチナ アルミニウム 青銅 サファイア 石灰岩
   銀    銅      鋼鉄 エメラルド 御影
   金    鉛      真鍮 ルビー   スレート
   ⋮    ⋮      ⋮   ⋮     ⋮
```

図 2-1-3　構造づけられた情報（Bower et al., 1969）

3倍もよく記憶できたのである。

　長期記憶内の知識は，実に複雑な連想関係により構造づけられて貯蔵されていると考えられる。構造を表現するために，種々のネットワーク表現が工夫されているが，図2-1-4が，その一例である。

　この図では，楕円は**概念ノード**（concept node）といい，一つの概念を表す。直線が連想（連関）関係を，線の長さが連想の強さを表している。連想関係が強ければ強いほど2つの概念は短い線で結合されている。1つの概念が活性化されると，その活性化が直線に沿って次々に隣の概念へ拡散していく。これがコリンズとロフタス（Collins & Loftus, 1975）が提案した「**活性化拡散理論**（spreading activation theory）」であり，記憶や意味処理理論の中心的な仮定になっている。

　図2-1-5は，物理学の熟達者（物理学科の大学院生）と初心者（力学の授業を1学期間とった大学生）が「斜面」の問題を解くことに関連してもっている知識をネットワークで表現したものである。**意味ネットワーク**（semantic network）とも呼ばれる。「斜面」に関して3分間以内にできるだけたくさん話をさせて，各人のもっている知識の構造を推定したのである。初心者で

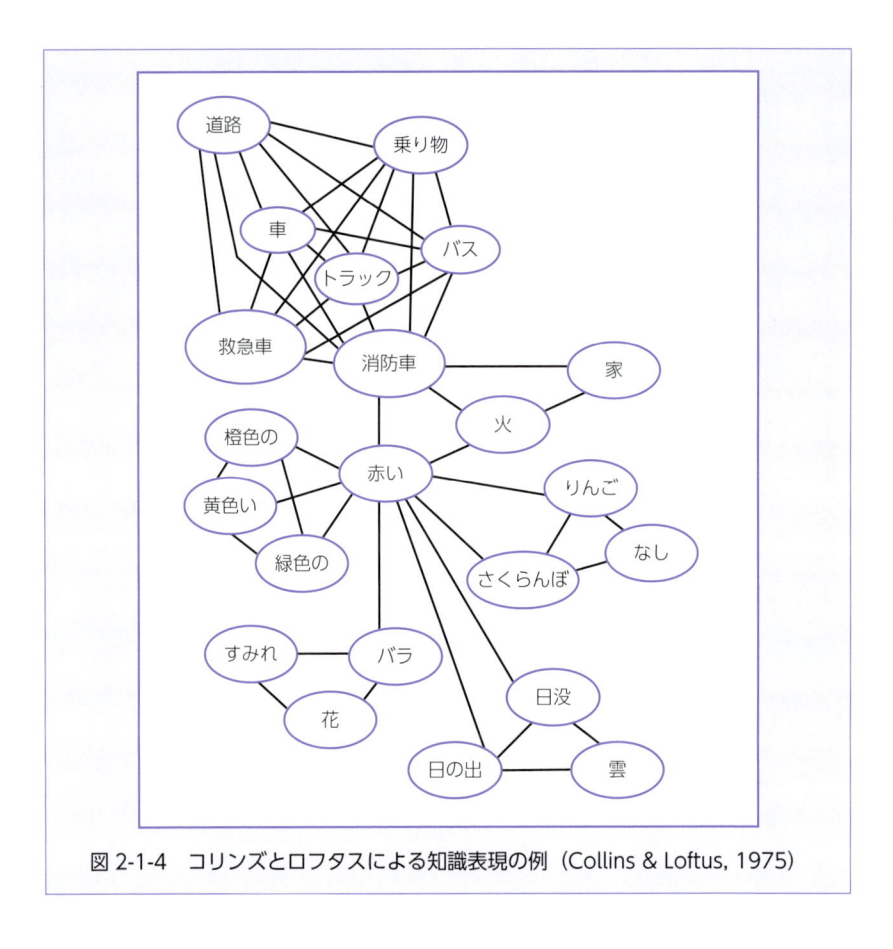

図 2-1-4　コリンズとロフタスによる知識表現の例（Collins & Loftus, 1975）

も斜面に関して多くの概念を関係づけていることがわかる。この初心者は，「平面」，「積み木」などいろいろな用語を述べたあとに，「エネルギーの保存の法則」を指摘した。一方，熟達者は，「斜面」と聞くと即座に「力の原理」，「エネルギーの保存の法則」，「ニュートンの力の法則」を指摘し，それと一緒に法則の適用条件も述べたことがわかる。熟達者においては，法則や原理が，それを適用する手続き的知識とセットになって記憶貯蔵されているのであろう。

　ちなみに，あるトピックについての知識量を推定するには，そのトピック

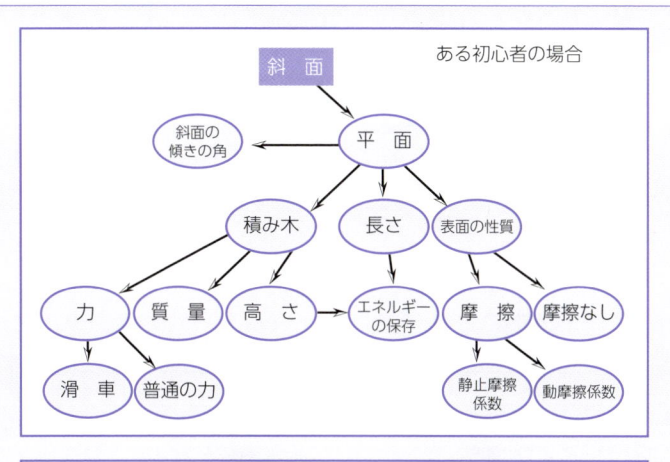

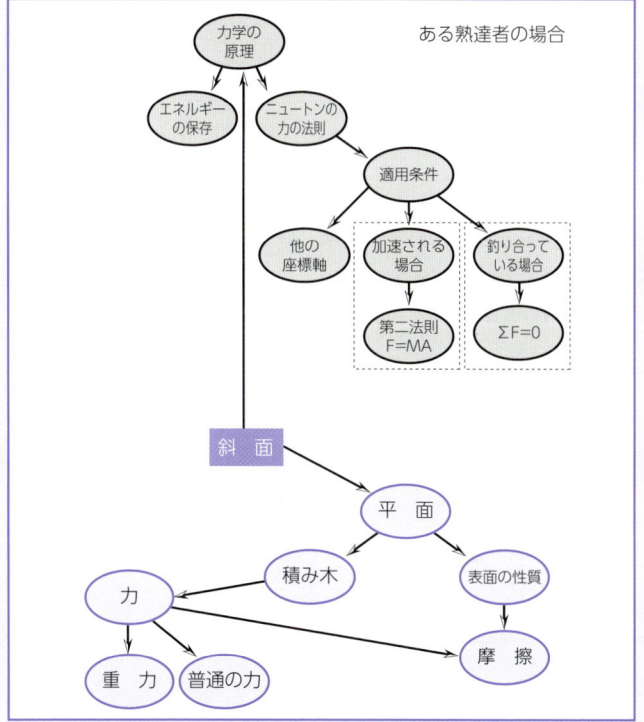

図 2-1-5　斜面の問題についてある初心者と熟達者のもっている知識の構造 (Chi et al., 1981)

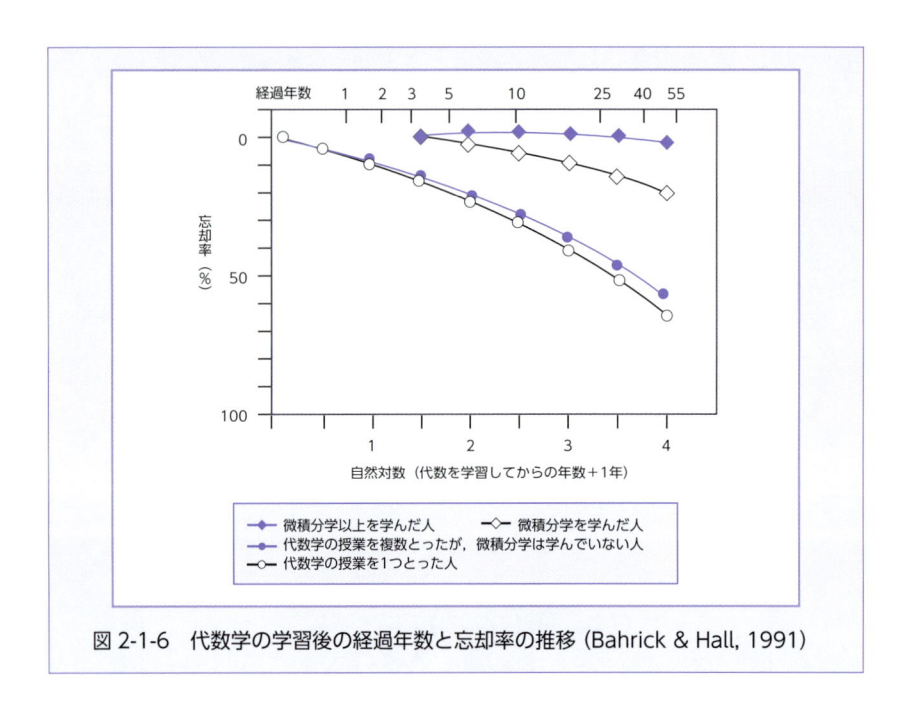

図 2-1-6　代数学の学習後の経過年数と忘却率の推移（Bahrick & Hall, 1991）

に関連して想起できる単語や言語表現，絵画表現を列挙させてみることである。

▶▶ 1-3-3　検索

　検索と貯蔵とは密接に関連している。たとえば，構造づけられて貯蔵されている知識は，その構造を手がかりにして，確実に検索されるし，検索時間も短くてすむことがわかっている。検索の失敗や検索の遅れに影響する原因のなかで重要なのが**干渉**（interference）である。ある概念について学んだ事実の数が増えるほど，その概念ノードに結びついている事実が増える。その事をネットワークで表現すると，概念ノードを扇子の要にして，あたかも扇をだんだん拡げていく形になる。概念ノードに結びついている一つの事実を検索するとき，結びついている別の事実が検索を妨害する（干渉する）。結びついている事実が増えれば増えるほど，妨害の程度（干渉の程度）が増

表 2-1-3　読解方略に影響する要因（大河内, 2001）

要因	具体的要因	例
テキスト	矛盾の性質	・矛盾が明確であるか ・矛盾する文が近接しているか
	テキストの性質	・ジャンル（物語・説明文など） ・難しさ，詳しさなど ・テキスト構造
読み手	作業記憶	・作業記憶（ワーキングメモリ）容量の限界
	知　識	・文章内容に関連した既有知識 ・ジャンルやスタイルについての知識（談話知識）
	読解力	・言語スキル ・推論能力
	目的・目標	・課題に対しどのような期待をもつか ・何のために読むか
	動機づけ	・習熟志向の高さなど
	認識論的信念	・知識や学習についての考えはどのようなものか
	興味	・内容やトピックについての個人的な興味 ・テキストに触発された状況的な興味
課　題		・再生 ・要約 ・作文 ・問題解決
状　況		・授業の科目は何か ・権威筋からの情報であるかどうか

えることになる。この現象をアンダーソン（Anderson, 1974）は，**扇効果**，あるいは**散開効果**（fan effect, fanning effect）と名づけた。学んだ事実がよく整理され構造づけられていないと，学べば学ぶほど検索に失敗したり，検索時間が長くなり，思い出すのが難しくなる。単に事実をたくさん知ることを目指すのではなく，よく構造づけられた知識獲得を目標にすることが重要である。

　学校で学習したことを，われわれはどのくらいの期間憶えていられるのだ

表 2-1-4 理解評価の基準 (Baker, 1985)

Ⅰ 語彙の水準	綴りの誤りや難しい語，おかしな語はないかを評価	
Ⅱ 統語の水準	文法的に正しいかを評価	
Ⅲ 意味の水準	①隣接する命題間のつながり	代名詞や指示語，接続詞を手がかりに意味が関連し合っているかを評価
	②構造的つながり	文章のテーマ，話題と命題の内容があっているかを評価
	③外的一貫性	書かれている内容が既有知識と一貫性があるかを評価
	④内的一貫性	文章中に書かれている内容同士が，論理的に一貫しているかを評価
	⑤情報の明確さと完全性	読んで知りたい情報が明確にかつすべて書かれているかを評価

ろうか。丸暗記した知識はすぐ忘れてしまうことを，われわれは自分の経験から知っている。バーリックとホール (Bahrick & Hall, 1991) が大変興味ある研究成果をあげた。図 2-1-6 に示して，それを説明する。

　バーリックとホールは，約 900 人の調査参加者について，数学をどの程度学習し，また代数学を学んでから何年経過しているかなど，さまざまなことを調べた。学習した知識が経過年数とともにどのように低下していくのかを，重回帰分析という統計学の手法を用いて計算した。代数学しか学習しなかった者でも，55 年後に約 50％ の知識を保持していた。微積分学まで学んだ者は，代数学の知識がほとんど変化しないことがわかった。バーリックは別の研究 (Bahrick, 1984) で，外国語としてスペイン語を学んだ高校生の記憶の推移を調べている。文法や単語の知識は，3 年間で，学習直後の知識の 40％ くらいまで減少したが，その後の 30 年間にはほとんど変化しないことをつきとめている。いったん獲得した知識は，ずいぶん長い間保持されていることになる。

表 2-1-5　学習者のもつ誤った概念や知識の例（麻柄ら，2006）

領域	対象	内容
物理	小 6，中 2	電球がつくと電流は消費される。 電池の両極から豆電球に向かって電流が流れる。
	小 5	物質はそれ自体の温度をもっている。（例：毛布は暖かい）
	小 5	物体はそれ自体の色をもっていて，目はそれをとらえている（物が反射した光の色とは考えない）。
地学	小 1，3，5	地球は円盤形で，その上に人が住んでいる。 地球は空洞で中に平面があり，その上に人が住んでいる。
	小 4，5，6	太陽は地球の周りを回っている。月の満ち欠けは月が地球の影に入るから。
化学	中 1～高 3	金属は燃焼すると重さが減る。
	小 6	塩酸に溶けたアルミは泡になって溶液中に溶けている。
生物	幼児	大型哺乳類は胎生で，小型哺乳類は卵生である。
	全学年	土は植物の養分だ。 植物は根から栄養を吸収してそれを葉に蓄える。
	大学生	光合成をするのは葉だけだ。
	小 1～中 2	生後に獲得した形態も遺伝する。
数学	小 5	角を示す弧が大きければ角度は大きい。 角をなす 2 直線が長ければ角度は大きい。
	小 6，中 2	1 つの文字式の中の異なる文字は違う数字を表す。（例：a + b = 12 で，a = 6，b = 6 は誤りだ）
	小 5	対角線とは真正面に対応し合う 2 つの頂点を結んだ線である。（だから正六角形の対角線は 3 本だ）
	小 6	人口密度と人口が区別できない。密度と重さが区別できない。（内包量の保存の未成立）
歴史	大学生	江戸時代の日本は中央集権的な国家である。（例：徳川幕府は全国の大名から年貢を取った。全国に対して警察権を行使していた）
	大学生	明治時代になるとそれまで途絶えていた天皇家が復活した。平安時代には武士はいなかった。 明治政府が開国を決断した。
地理	小 6	メルカトル地図上の面積は実際のものと対応している。
	大学生	北海道はどこでも（太平洋側でも）夏より冬の降水量が多い。
経済	幼児～小 5	物理的特性や効用が価格を規定している。（例：本は時計より大きいから高い。自動車は行きたいところへ連れて行ってくれるから高い）
	小学生	商品の小売値は仕入れ値と同じ。（または仕入れ値より安くして売っている）
	大学生	銀行の個人融資の判断基準は，担保ではなくて借り手の人格や借り手への同情。
法律	大学生	署名，捺印がある契約書を用いない口約束だけでは法的に契約は成立しない。
	大学生	違法な内容であっても，誓約書を出してしまった以上，それを破棄することは違法である。
国語	小 6	動詞は動作を表す単語である。（例：「マラソン」「懸垂」は動詞。「休む」「怠ける」は動詞ではない。）
	2 歳児	1 音（文字）の名前（名詞）はない。（例：「ちが出た」「かに刺された」ではなく，「ちが一が一出た」「かに一に一刺された」だと思う）
	聴覚障害児	文中では「～は」という助詞が最初に来て，次に「を」が来る。（例：「本は太郎君を読む」と助詞を使う）

1-4 読解による知識獲得

われわれは，見たり聞いたり読んだりして新しいことを学習していく。以下では，文章を読むことにより新しい知識を獲得していく過程に関連した教育心理学的知見を説明する。

文章（テキスト）を読むときには，文章の性質や，読み手のいろいろな個人差，読む目的などにより，読み方が異なってくる。読み手がどのように文章を読むかを，読解方略という。読み手が用いる読解方略に影響する要因を，大河内（2001）は先行研究に基づき表 2-1-3 にまとめている。

▶▶ 1-4-1 メタ認知

われわれは，自分が今行なっている認知活動（見る，聞く，記憶する，想起する，推理する，理解するなど）の状態を認知する（把握する）ことができる。このような自分の認知を認知するという，一段高次の認知能力を**メタ認知**(metacognition) という。メタ認知の働きは，さらに認知的モニタリング (monitoring) と認知的コントロール（control）とに分けられる（第 2 部第 2 章 思考参照）。前者は，自分の認知過程についての気づきや予想，評価などを指す。後者は，自分の認知活動の目標，方略などを修正，変更，調整することを意味する。たとえば，文章を読んでいて，「おや，わからなくなってきたぞ」とか，「これ変じゃないか」などと，自分の理解状態を評価するのは認知的モニタリングである。このモニタリングに応じて，「もう一度読みなおそう」と決断するのが認知的コントロールである。

文章の読解中に自分の理解状態を評価するとき，さまざまな基準がある。秋田（2002）は，ベイカー（Baker, 1985）の「理解してないことがどうしてわかるか」という論文から，理解評価の基準を表 2-1-4 にまとめた。

なおメタ認知の諸研究は，三宮（2008）に詳しい。

▶▶ 1-4-2　概念の獲得と変化

　子どもたちは，学校に入る前からさまざまな概念や知識を獲得している。日常生活を通じて獲得した概念を生活的概念という。これに対して学校教育では科学的概念を学ぶ。学校で学ぶ概念には，教科の背後にある数学，物理学，生物学，経済学，政治学などといった，いわば親学問の概念の構造が反映されている。教科学習では，生徒がすでにもっている生活的概念や素朴概念，あるいは誤概念が強固に働いて，科学的概念の獲得を妨害することが非常に多い。そのため，科学的概念の学習に時間がかかったり，どうしても理解できなかったりする。やっと理解できた概念も，また生活的概念に引きずられて，誤った概念に落ち着いてしまうということが起こるのである。麻柄ら（2006）は，多くの研究結果をまとめて，表2-1-5のように学習者のもつ誤った概念や知識を示している。

　生徒のすでにもっている知識の性質を十分に考慮して指導内容，指導方法を工夫することが大切である。また，生徒には自分の理解状態を常にモニタリングさせ，「あれ？　おかしいな。変だな」，「どうしてだろう？」といった疑問を積極的にもたせながら，新しい知識獲得へと導くことが教師には求められている。西林（1994）や伏見・麻柄（1993）は，良い授業について考えるうえで参考になる。

注）記憶に関する文章は，「記憶と文章理解」（大村，1996）の一部分を理解しやすくしたものである。

（大村彰道）

引用文献

秋田喜代美（2002）. 談話理解　稲垣佳世子・鈴木宏昭・亀田達也（共編）　認知過程研究：知識の獲得とその利用（pp. 165-179）　放送大学教育振興会.

Anderson, J. R.(1974). Retrieval of propositional information from long-term memory. *Cognitive Psychology*, **6**, 451-474.

Baddeley, A. D.(1986). *Working memory*. Oxford University Press.

Baddeley, A. D., & Hitch, G. J.(1974). Working memory. In G. H. Bower(Ed.), *The psychology of learning and motivation*, 8 (pp. 47-89). Academic Press.

Bahrick, H. P.(1984). Semantic memory content in permastore: 50 years of memory for Spanish learned in school. *Journal of Experimental Psychology: General*, **113**, 1-29.

Bahrick, H. P., & Hall, L. K.(1991). Lifetime maintenance of high school mathematics content. *Journal of Experimental Psychology: General*, **120**, 20-33.

Baker, L.(1985). How do we know when we don't understand?: Standards for evaluating text comprehension. In D. L. Forest-Pressley, G. E. Markman, & T. G. Waller(Eds.), *Metacognition, cognition, and human performance* (pp. 155-205). New York: Academic Press.

Bower, G. H., Clark, M. C., Lesgold, A. M., & Winzenz, D.(1969). Hierarchical retrieval schemes in recall of categorized word lists. *Journal of Verbal Learning and Verbal Behavior*, **8**, 323-343.

Chi, M. T., Feltovitch, P. J., & Glaser, R.(1981). Categorization and representation of physics problems by experts and novices. *Cognitive Science*, **5**, 121-151.

Collins, A. M., & Loftus, E. F.(1975). A spreading activation theory of semantic processing. *Psychological Review*, **82**, 407-428.

伏見陽児・麻柄啓一（1993）．授業づくりの心理学　国土社．

Logie, R. H.(1995). *Visuo-spatial working memory*. Lawrence Erlbaum Associates.

麻柄啓一・工藤与志文・植松公威・進藤聡彦・立木徹（2006）．学習者の誤った知識をどう修正するか―ル・バー修正ストラテジーの研究―　東北大学出版会．

Miller, G. A.(1956). The magical number seven plus or minus two: Some limits on our capacity for processing information. *Psychological Review*, **63**, 81-97.

西林克彦（1994）．間違いだらけの学習論：なぜ勉強が身につかないか　新曜社．

大河内祐子（2001）．文章理解における方略とメタ認知　大村彰道（監修）　秋田喜代美・久野雅樹（共編）　文章理解の心理学：認知，発達，教育の広がりの中で（pp. 66-79）　北大路書房．

大村彰道（1996）．記憶と文章理解　大村彰道（編）　教育心理学Ⅰ：発達と学習指導の心理学（pp. 89-109）　東京大学出版会．

Peterson, L. R., & Peterson, M. J.(1959). Short-term retention of individual verbal items. *Journal of Experimental Psychology*, **58**, 193-198.

Rothkopf, E. Z.(1970). The concept of mathemagenic activities. *Review of Education-*

al Research, **40**, 325-336.
三宮真智子（編）(2008). メタ認知：学習力を支える高次認知機能　北大路書房.
Sternberg, S.(1966). High speed scanning in human memory. *Science*, **153**, 652-654.

2. 思考 Thinking

2-1 思考とは何か

　パスカルの「人間は考える葦である」という言説にも表れているように，人間に思考する能力が備わっていることは，他の動物と区別される重要な特徴の一つである。数学の宿題が出されて問題の解き方を考える。明日のスピーチで何を話そうか考える。学校教育場面に限らず日常生活の中でもわれわれは頻繁に考えている。また，子どもに対して親や教師が「よく考えなさい」と言っているシーンもよく見かける。では，そう言われ，よく考えている（つもりになっている）子どもの頭の中では何が行なわれているのだろうか。たとえば学習指導要領では「思考力・判断力・表現力の育成」を重視しているが，この場合の思考力とはどのようなものを指すのだろうか。本章では，思考に関して心理学的に明らかにされてきたことを取り上げていく。

　ある人の行動を観察して「あの人はどんな性格をしているのか」と考える場合と，「二次方程式の文章題の解き方」を考える場合とで，同じ「考える」という言葉を用いていても，頭の中で行なう作業は幾分異なっているように感じられる。これらの違いについて心理学では前者を**推論**（inference），後者を**問題解決**（problem solving）と呼び，それぞれについて検討がなされてきた。本節では推論について整理していくことにする。

推論とは，行動から性格を予想するときのように，ある情報が与えられたときに，その情報に基づいて何らかの結論を導くような思考のことである。一般には結論の導き方によって**帰納的推論**（inductive reasoning）と**演繹的推論**（deductive reasoning）に分類される。

▶▶ 2-1-1 帰納的推論

われわれは，生活の中で経験した事柄に基づいて，さまざまな推論をしている。たとえば，「黒い鳥のことをカラスと呼ぶ」のを見て，「黒い鳥はカラスという名前である」と認識するように，いくつかの具体的な事例に基づいて，そこから一般的な結論を導くことを帰納的推論と呼ぶ。帰納的推論の場合，あくまでも経験した事柄のみに基づいて結論を導くため，それが実際に正しい結論に到達しているという保証は得られないのが特徴である。カラスの例の場合，われわれが観察したことのあるのは，せいぜい数十羽から数百羽のカラスであり，世の中に生存している（生存していた）すべてのカラスを観察したわけではない。もしかしたら真っ赤なカラスも1羽くらいいる可能性を否定することができないわけである。

帰納的推論は，必ずしも正しい結論が得られる保証がないにもかかわらず，われわれはこれを頻繁に利用することで円滑な生活を営んでいる。たしかにカラスのなかには真っ赤なカラスが存在している可能性もあるわけだが，だからといってその可能性が完全になくなるまで「黒い鳥がカラス」という結論を導くのをためらっていれば，われわれの頭の中はたちまちのうちに情報があふれてしまう。たとえば，教師が質問方法をいろいろ工夫して授業を実施したとしよう。ある方法がうまくいった場合に「いや，これはまだ本当に有効なのかわからないぞ」と考えて，次々と違う方法を試すばかりで結論を保留にしていれば，そのまま教師生活を終えることになってしまうだろう。つまり，導いた結論に合致しない事例（論理学的には反例という）が見つかる可能性があるけれども，ひとまずそれが正式に見つかるまでは手元の事例に合致する結論を採用しておこうとするのが帰納的推論を用いるときの特徴

である。

　帰納的推論は，新たな知識を生み出している研究の現場でも重要なものとなっている。「リンゴが落ちる」という現象を目にして，「何か引っ張る力があるのかもしれない」という推論をするのも帰納的推論である。これを「ミカンだったら落ちないかもしれない」などと考えているようでは話にならない。「リンゴが落ちる」という事例を基に仮説を立て，それを検証していく。科学はこうした仮説検証（hypothesis testing）の繰り返しで発展してきたわけである。また科学的な世界だけでなく，われわれの生活の知恵と呼ばれるものもほとんどが帰納的推論によって導かれたものであり，人間が円滑に生活を営むためには必要不可欠なものである。

　なお，仮説検証の思考は，推論する人の知識や認知的な性質によってゆがめられるときがある。代表的なものの一つが**確証バイアス**（confirmation bias）である。これは仮説を検証する際にそれを確証する事例ばかりを追ってしまうことで，正しい検証ができにくくなる傾向のことである。このバイアスのために，反例となるべき事例を見過ごす可能性が高くなり，正しい結論にスムーズに到達できないこともある。たとえば，ウェイソン（Wason, 1960）の「2-4-6 課題」（2-4-6 task）を用いた実験では，参加者の仮説検証が確証バイアスによってゆがめられる様子が詳しく紹介されている。この課題は，実験者があらかじめ決めたルールを参加者に推理させることが目的のゲームである。まず，実験者が一つの数列を提示する（たとえば「2, 4, 6」）。参加者は実験者が設定したルール（単に増加する数列）を発見するために必要な数列をその選択理由とともに提示し，その数列がルールに従っているかのフィードバックを受ける。それを繰り返すなかで，ルールがわかったと確信を得たときに実験者に報告するという流れで進行する。実際に Wason (1960) で課題に取り組んだ参加者をみると，多くの人が自分の立てた仮説を確証するような傾向（たとえば「8, 10, 12」を提示し，「2 ずつ増える数列」というルールをあげるなど）を示したという。この課題は，自分の仮説を反証するような例を探すことで早く正解にたどりつく仕組みになっているわけ

だが，確証バイアスによって仮説検証の方法として効率的でない方法を選択してしまう恐れがあることがわかるだろう。これは科学的な世界における厳密な仮説検証の場だけでなく，日常生活の中で素朴に考えた仮説を検証する際にも発動する。「あの生徒は男子なので，理系の方が得意であろう」という必ずしも正確とは限らない仮説をもってしまった教師が，その仮説に見合う事例ばかりに注目し，本来その生徒が力を発揮できるはずの分野を見逃してしまうことがあるとすれば，それも確証バイアスが働いた結果である。

▶▶ 2-1-2　演繹的推論

「三角形の内角の和は180度である」という定理がある。このとき「2つの内角の和が90度である」ことがわかれば，残りの1つは必然的に「90度である」と導くことができる。このようにある主張や仮説が正しいことを前提とした場合に，その前提から論理的な結論を導くことを演繹的推論という。前項の帰納的推論が論理的には必ずしも正しいとはいえない結論を導くことがあるのに対し，演繹的推論は論理的に正しい結論へと到達するのが特徴である。数学の定理や三段論法（人間はすべて死ぬ。ソクラテスは人間である。よってソクラテスは死ぬ）などで用いられる推論はこの演繹的推論である。ただし，前提となる主張や仮説が正しくない場合には，そこから導かれた結論が論理的に正しくても，実際の真偽とは食い違ってしまうこともある。たとえば，「最近の子どもたちの学力は低下している」という主張から，「これから担当する子どもたちの学力は低下しているはずだ」という結論を導き，指導に当たったとしよう。この場合，推論そのものは演繹的推論であり，論理的には正しい。しかし，前提条件の「最近の子どもたちの学力は低下している」という主張が誤っていた場合には，実際に目の前で接する子どもたちに対して誤った偏見をもつことにもなってしまうわけである。

演繹的推論によって論理的な推論ができるはずなのだが，人間には必ずしもその推論がうまくできないことがあることもわかっている。図2-2-1はウェイソン（Wason, 1968）が用いた「4枚カード課題」（four-card problem）と

> 下の4枚のカードには片方にアルファベット，もう片方には数字が書かれている。このカードについて，「もしカードの一方の面にDが書いてあるならば，そのカードのもう一方の面は3である」という言説が正しいかどうかを確かめたいとき，どのカードを裏返して確認すればよいか。

| D | 3 | B | 7 |

図 2-2-1　4枚カード課題　（Wason, 1968 より作成）

> 下の4枚のカードには，4人の人物の情報が書かれており，片方にはその人の年齢が，もう片方にはその人が飲んでいるものが書かれている。このカードについて，「もしビールを飲んでいるならば，その人は20歳以上でなければならない」という言説が正しいかどうかを確かめたいとき，どのカードを裏返して確認すればよいか。

| ビール | コーラ | 22歳 | 16歳 |

図 2-2-2　4枚カード課題（飲酒問題）　（Griggs & Cox, 1982 より作成）

呼ばれるものである。実際にどれを選ぶか考えてみてほしい。この課題に取り組む多くの人が，Dと3のカードを選ぶか，Dのカードだけを選ぶという。Dのカードは裏側が3でなければならないので確かに裏返す必要がある。しかし，3のカードは裏側がDでなくても間違いというわけではない。正しい選択はDと7である。「片面がDならば裏面が3である」というルールは，「片面が3でないならば裏面はDでない」ということを意味する。したがって，片面が7のカードの裏面がDでないことを確認しなければならないわけである。これも演繹的推論であり，答えを聞けば納得できたとしても，最初から7のカードを選択することは非常に難しいと感じるだろう。実際に，大学生であってもおおよそ1割程度しかこの問題に正答しないという結果が得られている。この例からも，人間は論理的な推論を機械的に適用できるわけで

はないことがわかる。

　次に図2-2-2の問題を見てほしい。興味深いのは，この問題になると多くの人がビールと16歳という正しい選択をするようになることである。あらためて問題を見てみると図2-2-1と図2-2-2の問題は論理的には同じ構造をしているのである。にもかかわらず，図2-2-2の方が簡単に感じるのはなぜだろうか。GriggsとCox（1982）によれば，経験による知識（この場合，未成年はアルコールを飲んではいけないという知識）が推論に影響しているからだという。このように，どのような材料に対して演繹的推論を働かせるかによって，推論の質が異なってくるわけである。4枚カード課題を用いた研究には，問題が設定する文脈にあわせてさまざまな理論が提案されており，それらを通じていえることは，人間が抽象的な論理規則のみに基づいて推論をしているわけではないということである。

2-2　問題解決

　われわれが日常生活の中で「考える」という言葉を用いるときには，前節のような推論ばかりを指しているわけではない。たとえば，数学の問題を前にしてどうやって解いたらよいのかをあれこれと模索しているというのも，やはり「考える」という行為に含まれ，これは問題解決と呼ばれる。本節では，問題解決のための思考についてみていく。

▶▶ 2-2-1　問題解決過程

　問題解決とは，「何らかの目標があり，現状と目標との間に障害があった場合に，目標に到達するための方法を探し出すこと」と定義することができる。心理学では問題解決のメカニズムを研究するにあたり，そのとき解決すべき問題の種類によって良定義問題（well-defined problem）と不良定義問

> 3本の棒があり，棒Aに大中小の円盤が重なっている。この状態から，以下の規則を守りながらすべての円盤を棒Cへと移動させたい。どうすればよいか。

〈規則〉
・一回に一つしか円盤を動かせない
・小さい円盤の上に大きい円盤は置けない
・円盤は棒以外のところには置けない

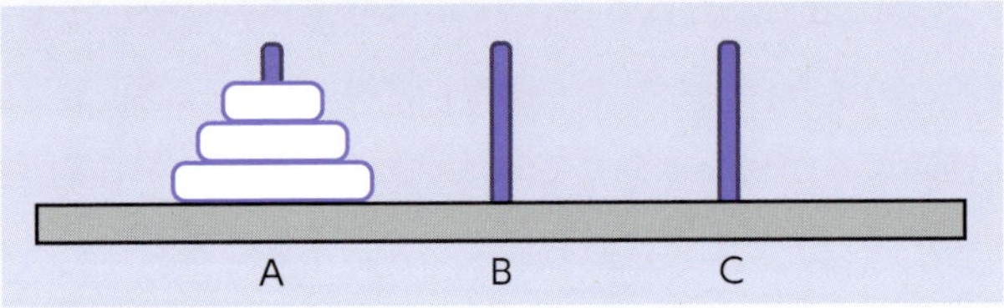

図 2-2-3　ハノイの塔

題（ill-defined problem）に区別してきた。良定義問題とは，数学の計算のようにある方法を用いれば必ず解に到達するようなものである。一方「あの生徒と信頼関係を築くにはどうしたらよいか」という問題は，これをこうしたら必ず目標を達成できるという方法が明確に決まるわけではない。このような問題が不良定義問題である。日常的に直面する問題は「明日の授業をどう展開したらよいのか」などのように不良定義問題が多く，解決するために多くの人が苦労しているわけであるが，心理学では解への道筋がはっきりした良定義問題を扱い，問題解決過程のメカニズムを検討してきた。

ニューウェルとシモン（Newell & Simon, 1972）によれば，問題解決過程は次のような要素に分割できるという。すなわち，①初期状態，②目標状態，③中間状態，④オペレータである。これに従えば，問題解決とは初期状態から目標状態に至るまでに，中間状態を経由しながら，さまざまなオペレータを適用するという心的過程だとみることができる。図2-2-3の問題は「ハノイの塔（Tower of Hanoi）」と呼ばれる課題で，問題解決過程を検討するための研究でよく取り上げられるものである。ハノイの塔の場合，初期状態と

して左の棒Aに大，中，小の円盤があり，目標状態は右の棒Cに3つの円盤を移すことである．実際に課題を解いてみると，1枚の円盤を動かすごとに目標状態との違いを検討し（中間状態），次にどれを動かすか（オペレータ）を検討する，ということを繰り返しながら徐々に目標状態へと近づけていくはずである．このように，問題解決過程において人は適切な方法を取捨選択しながら解決へと近づいていくのである．

▶▶ 2-2-2　ヒューリスティックス

　では，問題解決を行う際にはどのようにオペレータを選択しているのだろうか．ハノイの塔の場合，枚数が少ないうちはそれほど苦労せずに次の一手を決定することができるだろう．しかし，枚数が増えてきたときや，もっと複雑な課題の場合には適切なオペレータを選択するのが難しくなってくる．そのようなとき，人は時として**ヒューリスティックス**（heuristics）と呼ばれる簡便な方法を用いて，オペレータを選択することがある．ヒューリスティックスとは，必ずしも正解に到達するとは限らないが，うまくいけば時間を節約し，効率的に正解に到達できる方法のことである．たとえば，「r, d, e」を並べ替えて意味のある単語を作るというアナグラム課題というものがある．この場合，正解の「red」に到達するために，すべてのパターン（3×2×1 = 6通り）を考えたうえで答えを出している（なお，このようなやり方はアルゴリズム（algorithm）と呼ばれ，必ず正解に到達できる方法とされる）わけではないだろう．「rとdのような子音は二つ並ぶことは少ない」という知識を(暗黙のうちにせよ)利用して迅速に答えに結びつく方法をとっているはずである．このような方法は，うまくいけば認知資源を大幅に節約することができ，効率的に問題解決へと到達できるため，多くの問題解決場面で人はヒューリスティックスを利用している．

　しかし，利用したヒューリスティックスによっては，問題に直面したときに必ずしも問題解決へ至るとは限らない．たとえば，ハノイの塔を解決する際にも用いられる手段＝目標分析（means-ends analysis）というヒューリス

ティックスがある。これは，現在の状況と目標との差異を特定し，その差異を解消するようなオペレータを選択する方法であり，ハノイの塔のように差異を減じるために適切な下位目標を設定できる（まずは大きな円盤を棒Cに持っていくことを目標にするなど）ような問題であれば有効に機能する。しかし，不良定義問題のように何が差異に該当するのかつかみにくい問題では，必ずしも有効な方法とはいえない。このように同じ問題解決とはいえ，それがうまく解決へと至る場合とそうでない場合とがあることがわかる。

　心理学ではこれまでどのような人であれば問題解決がうまくいくのか，うまくいく人といかない人との差はどこにあるのかを検討するため，特定の分野の熟達者（expert）と初心者（novice）を比較する研究を行なってきた。その結果，熟達者と初心者とでは問題表象の仕方，すなわち問題をどのようにとらえるかという点に違いがあることがわかっている。たとえば，Chi ら（1982）は物理の熟達者と初心者を対象に，教科書に掲載されている問題を分類させるという課題を実施した。熟達者も初心者もほぼ同数のカテゴリーに分類したが，熟達者がその問題を解くうえで必要な物理法則に基づいた分類をしているのに対し，初心者は問題で扱われている表面的な情報（たとえば斜面の問題であることなど）に従って分類した。つまり，熟達者の方がより深い抽象的な法則に沿った問題表象を形成できているということである。この結果を学校教育の現場に当てはめて考えてみると，問題解決場面において表面的な解決法を教え，それを反復させるだけでは，必ずしも適切な問題表象を形成できる学習者になるとはいえないことがわかるだろう。

▶▶ 2-2-3　類推（アナロジー）

　問題解決がうまくいくためには，適切な問題表象を形成させることが重要であることは前述の通りである。しかし学習者である子どもに最初から適切な表象を形成するよう求めるのは難しいときもある。そのため，子どもがすでにもっている知識（これを既有知識という）を活用することで問題解決を円滑に進めるという方法も考えられる。これは**類推**（analogy）と呼ばれ，

> 〈将軍のストーリー〉
> 　ある小国は独裁者が統治している。要塞は国の中央にあり，放射状に道路が走っている。ある将軍がその小国へ兵を送り込もうとするが，道路には地雷が埋め込まれており，一度に多数の兵が通ると爆発する。地雷を爆発させることなく，兵を結集させて要塞を陥落するために，将軍は兵を小隊に分割し，それぞれの道路から要塞へと向かわせる戦略をとった。兵は同時に要塞へと攻め込み，独裁者から解放することができた。

> 〈放射線問題〉
> 　胃に悪性の腫瘍をもつ患者がいる。患者を手術することは不可能だが，放射線を当てることで腫瘍を破壊することができる。しかし，強い放射線を当てると健康な組織も破壊されてしまう。健康な組織は破壊せず，腫瘍のみを破壊するためにはどうすればよいか。

図 2-2-4　類推の事例　（Gick & Holyoak, 1983 より作成）

問題解決のために必要な表象を直接には形成しにくい課題のときには有効である。たとえば，電気回路を流れる電流を水の流れに見立てるという類推は実際の教科書などでも目にする活用例である（これは水流モデルと呼ばれ，水流モデルを電磁気学の類推として用いることの是非については種々議論がなされている）。電流という目に見えない現象（ターゲット）を水の流れというすでにもっている知識（ソース）に重ね合わせることで，問題解決に有効な表象を形成するのを助けることができるわけである。

　ただし，類推についても学習者に対する周到な援助が必要である。Gickら（1983）は類推が活用できるときでも，学習者がそのことに自発的には気づかないことがあることを興味深い事例を用いて説明している。この研究では図 2-2-4 に示す「将軍のストーリー」を参加者（高校生）に理解させた後，「放射線問題」に取り組ませた。文脈は異なっているがどちらも問題構造が類似しているという特徴がある。図 2-2-4 のように二つを並べてみると，一見簡単に「将軍のストーリー」を「放射線問題」に適用できるように感じられるが，実際にはそれができた参加者は 3 割程度にとどまるという結果が得られている。参加者に「将軍のストーリーを活用する」というヒントを与え

ることで，ようやく8割程度正答に到達するようである．すなわち，類推は問題解決のために有効な方法ではあるものの，それを意図的に提示するなどの外的な支援が必要になることもあるといえる．

2-3 思考力を育む

　学校教育の目標は，各教科で学習する内容について出題される問題を効率的に解けるようになることではない．最終的な目標は学校で学習した知識や技能を日常生活や社会的活動の中で活用できるようになることであろう．つまり，ある場面で学んだことを別の場面に活かすことができるようになることである．心理学ではこれを**転移**（transfer）と呼び，前節で紹介した類推も転移の一例である．学習指導要領における思考力の育成として，単純な推論や手段＝目標分析のような素朴な問題解決の方法を身につけることが期待されているわけではないだろう．より高度な思考のスキルを各教科の学習を通して身につけ，社会に出た際に活用できるようになっていくことが求められているわけである．そのようなスキルの一つとして，近年注目を集めているのが**批判的思考**（critical thinking）である．

　一方，専門家を育成することを目指す場合，前節で述べたような熟達者になることが目標となる．熟達者とはその領域についての構造化された知識をもっており，適切な表象を形成できる人物のことである．さらに，熟達者には答えが既知の問題を扱うこと以上に，未知の問題に対して新たな解決方法を探っていくことも求められる．このような新たなアイデアを創出するような思考は創造的思考と呼ばれ，批判的思考とともに近年注目を集めている．本節では，思考力を育むという議論において重要視されることの多いこれら二つの思考を取り上げる．

▶▶ 2-3-1　批判的思考（クリティカル・シンキング）

　批判的思考とは，さまざまなものごとに対して客観的，論理的に評価・検討し，適切な基準に基づいて判断するようなものを指す。「批判的」という名前だが，そこに否定的な意味合いは含まれていない。楠見（2011）によれば，批判的思考にはさまざまな定義があるが，共通点を抽出すると以下の3点から定義できるという。

(1) 批判的思考は，論理的・合理的思考であり，規準に従う思考である。
(2) 批判的思考とは，自分の推論プロセスを意識的に吟味する内省的・熟慮的思考である。
(3) 批判的思考とは，より良い思考を行なうために，目標や文脈に応じて実行される目標志向的思考である。

　すなわち，目標に従って論理的に思考し，そのなかで自らの推論プロセスを内省しながら進めるような思考のことである。たとえば，自分の意見をレポートにまとめなければならないときに，自分の直観的な意見だけを並べ立てるだけでは良いレポートとはいえない。独りよがりの意見だけではなく，客観的な視点を含めながら論理的に意見を組み立てる必要がある。そのときに働かせるのがまさに批判的思考なのである。また，自らの意見をアウトプットするときだけでなく，他人の書いた意見などを読み進めるというようなインプットのときにも，批判的思考によって情報を鵜呑みにしない思考が可能となる。学習指導要領で取り上げられる思考力として，この批判的思考力を育むことが期待されているといってもよいだろう。

　批判的思考力を育成するには，教育現場でどのような取り組みをすればよいのか。一つの指針となるのが**メタ認知**（metacognition）である。メタ認知とは「認知についての認知」，すなわち自分自身の認知過程についての認知を指し，メタ認知的知識とメタ認知的活動に分類されることが多い（図2-2-5）。メタ認知的知識とは，「私は英語よりも数学の方が得意である」などといった認知特性に対する知識のことである。一方，メタ認知的活動は，メタ認知を働かせて自分の認知状況を確認（メタ認知的モニタリング）したり，

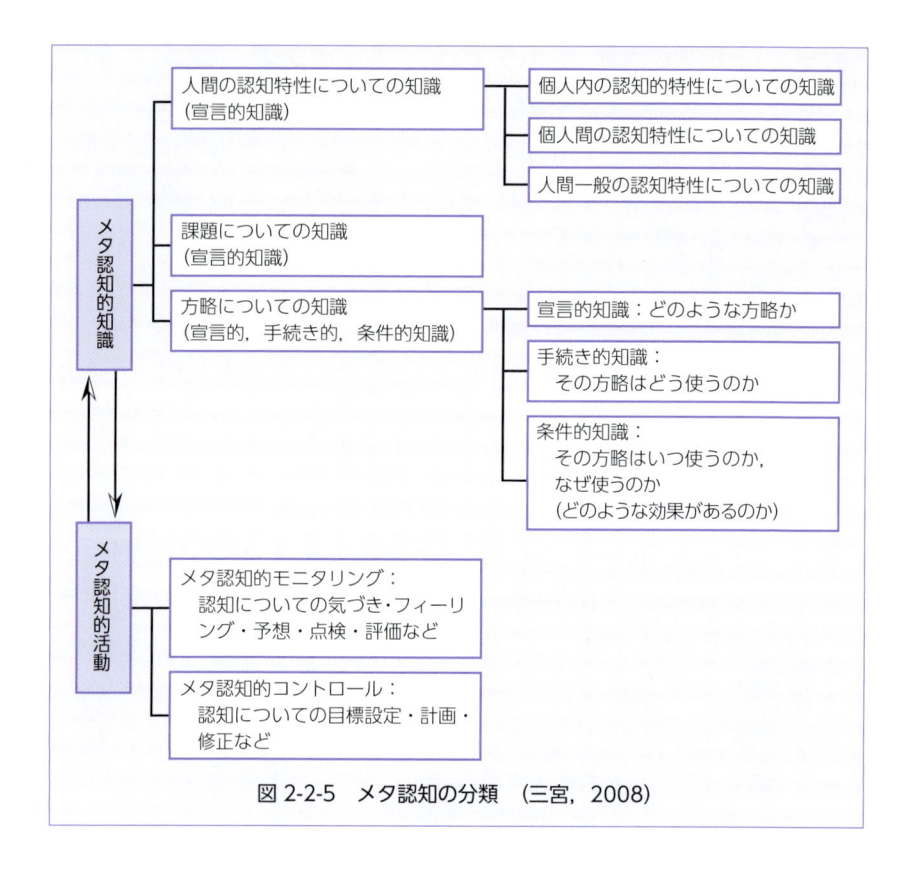

```
                     ┌─ 人間の認知特性についての知識     ┌─ 個人内の認知的特性についての知識
                     │   (宣言的知識)              ├─ 個人間の認知特性についての知識
                     │                           └─ 人間一般の認知特性についての知識
  メタ                │
  認知   ────────────┼─ 課題についての知識
  的知識              │   (宣言的知識)
                     │
                     │                           ┌─ 宣言的知識：どのような方略か
                     └─ 方略についての知識          │
                         (宣言的，手続き的，条件的知識) ├─ 手続き的知識：
                                                  │    その方略はどう使うのか
                                                  │
                                                  └─ 条件的知識：
                                                       その方略はいつ使うのか，
                                                       なぜ使うのか
                                                       (どのような効果があるのか)

  メタ                ┌─ メタ認知的モニタリング：
  認知                │   認知についての気づき・フィーリ
  的活動 ─────────────┤   ング・予想・点検・評価など
                     │
                     └─ メタ認知的コントロール：
                         認知についての目標設定・計画・
                         修正など
```

図 2-2-5　メタ認知の分類　(三宮，2008)

その結果から目標を修正（メタ認知的コントロール）したりする活動を指す。批判的思考においては，メタ認知的知識を活用して思考を働かせる対象を決定し，適切な思考方法を選択する必要がある。また，メタ認知的活動によって思考プロセスをチェックすることも求められる。したがって，メタ認知をどれだけ有効に機能させることができるかが鍵となり，そのための取り組みを教育現場で実施していくことが求められる。現在では，メタ認知を働かせるための取り組みとして，メタ認知的方略（たとえば，プランニングやセルフモニタリングなど）を指導することの有効性が示されている。

▶▶ 2-3-2　創造的思考

　学習指導要領で提起された「生きる力」の背景には，知識が社会・経済の源泉となる「知識基盤社会」があるとされており，柔軟な思考力に基づく新しい知や価値を創造する能力が求められると述べられている（文部科学省,2008）。ここで期待されているように，人間には新たな着想を発明・発見するという**創造的思考力**（creative thinking）が備わっており，これを育むことも教育における重要な課題となっている。

　発明・発見というと，一部の天才的な人に与えられた特別なもののように感じられるかもしれない。だが，前節で述べたような日常的な問題解決場面においても創造的思考は働いている。たとえば，初めて出会う問題を解決するには創造的思考の働きが欠かせない。また，前項の批判的思考によって，思考プロセスを内省した結果，何らかの修正を図らなければならないときには，やはり創造的思考によって新たな目標や計画を立案する必要があろう。創造的思考はあらゆる場面，あらゆる人にとって必要不可欠な思考である。

　では，どのようにすれば創造的なアイデアが得られるのだろうか。心理学では一般に，創造的な問題解決は①準備，②あたため，③ひらめき，④検証というプロセスで行なわれると説明している。新たな発想によって解決しなければならない課題に直面したときに，われわれはどうしたらよいか思考を巡らせる（準備）。しかし，なかなか解決法を見出せず問題解決とは関係のない活動をすることもある（あたため）。すると突如として解決法が見つかるときがある（ひらめき）。見つかったアイデアは実際に問題解決につながるか確認することになるわけである（検証）。

　また，創造的思考を促すための具体的な発想方法も開発されている。ブレインストーミング法（brain-storming）（一切の批判や否定をしないというルールのもとで，集団で自由にアイデアを出し合っていく方法。批判や否定がないため，多くのアイデアが生成され，そのなかで実際に使えるアイデアを絞っていくことが狙い）や，KJ法（KJ method）（一つひとつのアイデアをラベル化し，それを分類・整理する過程で，新たなアイデアを創出しよう

とする方法）などは実際に社会の中で活用されている創造的思考を活性化するための方法である。

それ以外にも，創造的思考を促すための一つの方法として，**協同**（collaboration）で活動することの重要性が指摘されるようになってきている。先述のブレインストーミング法などにも当てはまるが，創造的思考を働かせようとするときに人は他者と協同して課題に取り組むことが多い。もちろん，一人で延々と考え込み，その結果すばらしいアイデアがひらめくこともあるだろう。しかし，創造的思考を必要とする多くの現場では，グループによる協同によって運営されていることが多いのが現状であろう。協同が創造的思考にどう影響を与えているのかについては，創造課題（たとえば9点問題。「田」の字状に並んだ3×3の9点をすべて通るように一筆書きの直線で結ぶ。ただし，3回だけ曲がることができるという課題）を解決する人の行動や発言の分析を通してその心的過程に迫っている。三宅（2000）は，一人よりも二人で取り組むことが有利になるときの認知過程の特徴について，次のように説明している。

(1) 参加メンバーの思考プロセスの明示的な外化が促進される。
(2) 参加メンバーがそれぞれに外化された内容の意識的な再吟味が許容される。
(3) それによって批判的な視点や考え方の生成を引き起こしやすく，より深い理解につながるときがある。

たとえば，白水ら（Shirouzu et al., 2002）は折り紙を用いた研究によって上記の認知過程の特徴を明らかにしている。この研究では参加者に折り紙を渡し「折り紙の"3分の2"の"4分の3"のところに斜線を引く」という課題に取り組ませる。すると単独で取り組むよりもペアで取り組む方がより抽象度の高い方法（掛け算を利用して2分の1と求める）へと到達する。これはペアでやることで確率的に2倍の解法が得られるからという単純な理由によるものではなく，ペアが「課題遂行役とモニター役」を相互に担うことで，外化された手続きを客観的に再解釈しやすいからである。なお，白水らは単

独では自分の採用した解法に固執してしまう傾向にあると指摘しており，ここには先述の確証バイアスの影響もみることができる。

協同問題解決に関する研究からわかることは，協同で作業に取り組むことで創造的思考を促すことにつながり，かつ確証バイアスから脱する効果ももたらされるということであろう。教育場面に活用する際には，単にグループ活動をさせればそれでよいと考えるのではなく，なぜグループ活動が有効になるのか，それには何が有効に寄与しているのかを理解したうえで授業へと取り入れていく必要がある。ここで紹介した例からいえることは，グループによる活動内容がお互いに見えやすい状況でなければ，協同が形だけで終わってしまう可能性がある点である。現在は，パソコンなどの情報機器を用いて協同による活動がより効果的になるような実践も行なわれており（たとえば三宅・白水，2003などを参照），ますますこれからの研究の進展が望まれるところである。

（伊藤貴昭）

引用文献

Chi, M. T. H., Glaser, R., & Rees, E.(1982). Expertise in problem solving. In R. Sternberg(Ed.), *Advances in the psychology of human intelligence*, Vol. 1. Erlbaum.

Gick, M. L., & Holyoak, K. J.(1983). Schema induction and analogical transfer. *Cognitive Psychology*, **15**, 1-38.

Griggs, R. A., & Cox, J. R.(1982). The elusive thematic-materials effect in Wason's selection task. *British Journal of Psychology,* **73**, 407-420.

楠見孝（2011）．批判的思考とは　楠見孝・子安増生・道田泰司編　批判的思考力を育む　有斐閣．

三宅なほみ（2000）．建設的相互作用を引き起こすために　植田一博・岡田猛編　協同の知を探る：創造的コラボレーションの認知科学（pp. 40-45）　共立出版．

三宅なほみ・白水始（2003）．学習科学とテクノロジ　放送大学教育振興会．

文部科学省（2008）．幼稚園，小学校，中学校，高等学校及び特別支援学校の学習指導要

領等の改善について.

Newell, A., & Simon, H. A.(1972). *Human problem solving*. Prentice-Hall.

三宮真智子（2008）．メタ認知研究の背景と意義　三宮真智子（編）　メタ認知　北大路書房．

Shirouzu, H., Miyake, N., & Masukawa, H. (2002). Cognitively active externalization for situated reflection. *Cognitive Science: A Multidisciplinary Journal*, **26**, 469-501.

Wason, P. C.(1960). On the failure to eliminate hypotheses in a conceptual task. *The Quarterly Journal of Experimental Psychology*, **12**, 129-140.

Wason, P. C.(1968). Reasoning about a rule. *The Quarterly Journal of Experimental Psychology*, **20**, 273-281.

3. Motivation 動機づけ

3-1 動機づけとは何か

　動機づけ（motivation）とは，「行動の生起，維持，方向づけ過程」を意味する学術用語である。たとえば，レポートを仕上げるためには，テキストを精読したり，参考文献に目を通したり，メモを書き込んだり，パソコンで文書作成をしたりといった一連の行動が遂行されるはずである。このような行動が開始され，調整されつつ継続していくプロセスが動機づけである。

　動機づけ研究で対象となる行動は広範だが，教育心理学の観点から重視されているのは達成行動，とりわけ学習に関わる行動である。何かを学んだり，成し遂げたりすることを目指した動機づけ，つまり「意欲」とか「やる気」がそこでは問われることになる。

　動機づけの伝統的な分類として，**内発的動機づけ**（intrinsic motivation）と**外発的動機づけ**（extrinsic motivation）の区別があげられる。たとえば，興味や関心に基づいて特定の科目を履修する場合のように，行動（この場合は学習）それ自体が目的となっている心理現象が内発的動機づけである。それに対して，卒業や進級するための手段として履修するといった場合のように，行動が何らかの目的の手段として位置づけられている心理現象は外発的動機づけと呼ばれている。もちろん，学習への動機づけをこのような二分法

表 2-3-1　エンゲージメントと非エンゲージメント
(Skinner et al., 2009 を一部改変)

	エンゲージメント	非エンゲージメント
行動的側面	行為を始める／努力する／試行する／持続的に取り組む／熱心に取り組む／専念する／熱中する／没頭する	受動的で先延ばしにしようとする／あきらめる／落ち着きがない／気乗りがしない／課題に焦点が向いていない／注意散漫／燃え尽き状態／準備不足／不参加
感情的側面	情熱的である／興味を示している／楽しんでいる／満ち足りている／誇りを感じている／活き活きしている／興奮している	退屈している／興味がない／不満げである／怒っている／悲しんでいる／気にしている／不安を感じている／恥じている／自己非難している
認知的側面	目的を自覚している／目標実現を考える／方略を吟味する／積極的に頭を働かせる／集中する／注意を向ける／チャレンジを求める／熟達を目指す／注意を払って最後までやり抜く／細部にまで丁寧で几帳面である	無目的である／無力な状態である／あきらめている／気の進まない様子である／反抗的である／頭が働いていない／回避的である／無関心である／絶望している／精神的圧迫を感じている

のみによって十分に理解することはできないが，これまで教育心理学では内発的動機づけの教育的意義が強調されてきたといってよい。質の高い学習プロセスと成果が期待できるからである。

　内発的動機づけによって促される具体的な心理状態として「没頭」をあげることができるだろう。課題に意識を集中し，活動に熱中しているような没頭状態は，**エンゲージメント**（engagement）と呼ばれ，パフォーマンスを質的に向上させる。表 2-3-1 には「エンゲージメント状態」，「非エンゲージメント状態」の特徴が記されているので比較してみよう。エンゲージメントとは，目標実現のためにチャレンジを求め，熱心に取り組んでいるような「知情意が一体となって活性化している心理状態」であることがわかる。

　常時「エンゲージメント状態」であるということはまずありえない。動機づけという心理現象には「波」があって不安定である。また，仕事に対しての積極性がみられなくても，趣味の領域に対しては熱意を示すというように，同じ人であっても活動内容や領域によって動機づけは異なる。一方，何事に

対しても積極的な人は、どんな状況であっても行動を起こそうとするだろうし、逆に怠けがちな人は、いつでもものぐさな様子が目につくというように、動機づけは時と場合を問わず安定した個人差として理解することもできる。

以上のことをふまえると、動機づけには一般性／具体性のレベルにおいて少なくとも三つの水準が存在するといえるだろう（Vallerand & Ratelle, 2002; 鹿毛, 2004）。すなわち、①特定の場面や領域を越えた一般的な傾向性であり個人のパーソナリティの一部として全般的に機能するレベル（特性レベル）、②動機づけの対象となる分野や領域の内容に即して発現するレベル（領域レベル）、③その場、その時に応じて現れ、時間経過とともに現在進行形で変化するレベル（状態レベル）の三水準であり、それらは相互に関連しあっている。たとえば、前述のエンゲージメントは、状態レベルの動機づけだといえるが、仕事や趣味といった領域レベルの動機づけ、勤勉、好奇心旺盛といった特性レベルの動機づけの影響を受けているに違いない。

これまで動機づけは「認知」、「欲求」、「感情」（以上、個人内要因）、「環境」（個人外要因）の計四つの要素によって主に説明されてきた（鹿毛, 2013）。以下では、それぞれの研究アプローチについて概観していこう。

3-2　認知論的アプローチ

▶▶ 3-2-1　期待と価値

認知論的アプローチとは、「当人の主観的な意味づけ」によって動機づけが規定されるという考え方を指す。たとえば、「レポートを書くうえで役に立ちそうだ」と思って特定の参考書を購入するとか、「締め切りまでにレポートを書き終えることができそうだ」といった見通しをもつことで意欲的になるといったことがあるだろう。このように認知論的アプローチでは、行動の決定因として、われわれの思考や学習の内容、プロセスに着目する。

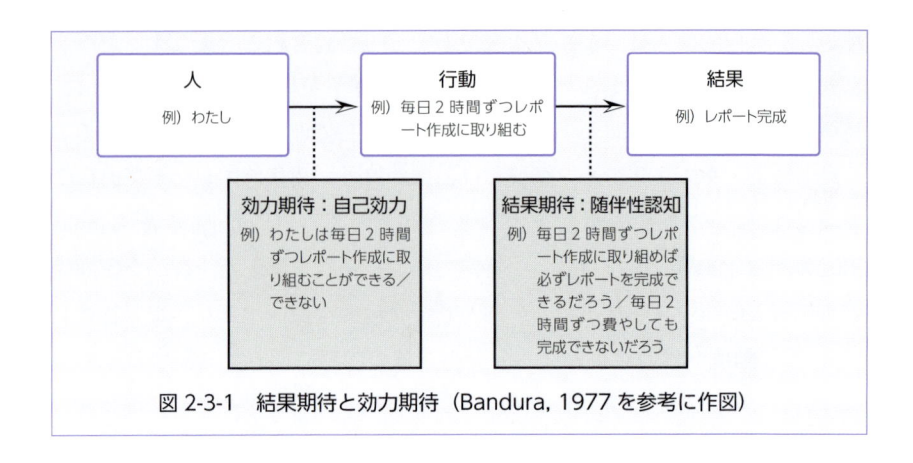

```
┌─────────┐   ┌──────────────┐   ┌──────────┐
│   人    │──▶│    行動      │──▶│   結果   │
│例）わたし│   │例）毎日2時間ず│   │例）レポート│
│         │   │つレポート作成に│   │    完成  │
│         │   │取り組む      │   │          │
└─────────┘   └──────────────┘   └──────────┘
     ┊               ┊
┌─────────────────┐ ┌─────────────────┐
│効力期待：自己効力│ │結果期待：随伴性認知│
│例）わたしは毎日2 │ │例）毎日2時間ずつレ│
│時間ずつレポート作│ │ポート作成に取り組め│
│成に取り組むことが│ │ば必ずレポートを完成│
│できる／できない  │ │できるだろう／毎日2│
│                 │ │時間ずつ費やしても │
│                 │ │完成できないだろう │
└─────────────────┘ └─────────────────┘
```

図 2-3-1　結果期待と効力期待（Bandura, 1977 を参考に作図）

　その代表的な理論である「期待×価値理論」では，動機づけ現象を「期待」と「価値」の積として説明する。**期待**（expectancy）とは，「主観的に認知された成功の見込み」を意味する。われわれの動機づけは「できそうか」という認識（成功可能性の認知）に左右される。つまり，「できそうだ」という知覚がなければ行動は生じない。一方，**価値**（value）とは，当人が課題（対象）やその達成（行動と結果）に対してどの程度価値（主観的な魅力や望ましさ）を知覚しているかという要因を指す。われわれは「取り組むに値する行為であるからこそやる」のであって，価値を感じているほど，その実現に向かう動機づけが高まる一方で，価値を一切感じていなければ行動は生じないのである。

　以上のように期待と価値はそれぞれ動機づけに影響を及ぼすが，期待×価値理論のポイントは，動機づけが「積」（乗算の結果）として表現されるという点にある。すなわち，たとえ成功する見込みがあったとしても行動に価値が見出せない場合や，価値を知覚している行動であっても成功する見込みがないと思っている場合には，動機づけは生じない。

▶▶ 3-2-2　随伴性認知と自己効力

　期待は，結果期待（outcome expectation）と効力期待（efficacy

expectation）とに区別される（Bandura, 1977：図 2-3-1 参照）。

　結果期待とは，ある行動が特定の結果を生じさせるであろうという予測，すなわち，随伴性認知（perceived contingency）を指し，「自分には結果をコントロールすることが可能だ」という知覚，またはその信念を意味する。それに対して，「どうせやっても無駄だ」のように「自分が何をしたとしても結果とは無関係だ」という知覚は非随伴性認知である。「どうせやってもダメだ」と思うよりも「毎日 2 時間ずつレポート作成に取り組めば必ずレポートを完成することができる」と信じている方が動機づけられるにちがいない。

　「どうせやってもダメだ」という信念が先行経験によって学習されてしまうという可能性もある。たとえば，努力しても成績が向上しないという体験が繰り返されると，それ以降，努力しようとする気持ちが失せてしまうに違いない。このようにいくら自分が行動しても望む結果が得られないという体験の積み重ねによって「どうせ行動しても無駄だ」という非随伴性認知を学習してしまったために無力感に陥ってしまうという現象は学習性無力感（learned helplessness）と呼ばれている。

　一方，「○○という（具体的な）行動ができるという主観的な判断」は効力期待（**自己効力**）と呼ばれ，動機づけの強力な規定因とされている。「毎日 2 時間ずつレポート作成に費やすことができる」という自信のある人ほど，実際にレポート作成に向けた努力をするというのである。効力期待は，結果期待よりも因果的な先行条件として機能することから，より基礎的な動機づけ要因として位置づけられている。いくら「やればできる」と思っていても「わたしには毎日 2 時間ずつレポート作成に取り組むことなどできない」と感じていれば，実際にはレポート作成に取り組まない可能性が高いからである。

　自己効力（self-efficacy）は以下の四つの情報源に基づいて変化するという。すなわち，①行為的情報（実際に課題を遂行することを通して成功体験をすると自己効力が高まる一方で，失敗体験によって自己効力が低まる），②代理的情報（他者による課題の遂行を観察することによって「自分にもできそ

表 2-3-2　達成課題に対する価値の分類（鹿毛，2013）

		何に価値を感じるか	課題に対する典型的な評価基準
課題内生的	興味関連価値	課題の楽しさ，興味	興味深い－つまらない
	実用関連価値	目標に対しての手段的有用性	役に立つ－立たない
	文化関連価値	文化に対する適応的な意味	社会的に望ましい－望ましくない
課題外生的	自我関連価値	課題の達成に伴う自尊感情（self-esteem）の高揚，維持	自分を誇らしく感じる－自分が惨めになる
	報酬関連価値	課題の達成に伴う実利性	得をする－損をする
	対人関連価値	課題の遂行や達成に伴う人間関係上の効用	他者の期待に応える－他者が望まない

うだ／自分にも無理だ」などと感じ，自己効力が変化する），③言語的説得の情報（他者からの言葉による説得や自己暗示などが自己効力に影響を及ぼす），④情動的喚起の情報（ドキドキする，不安になるといった身体的，生理的反応の知覚が自己効力に影響を及ぼす）の四つであり，①が情報源としてもっとも影響力があるという。

▶▶ 3-2-3　価値と目標

　われわれの動機づけは「価値」，すなわち，当人の意味づけや意義の知覚にも大きく規定されている。とりわけ，達成行動の動機づけは，課題の固有な属性に基づく課題内生的価値によって生じるものと，課題の特性とは無関係な課題外生的価値に基づくものとに大別できる（表 2-3-2 参照）。前者は当人の興味，実用的あるいは文化的内容に関連した，課題特有の内容や性質に依存する動機づけであるのに対し，後者は自尊心，報酬，人間関係が行為の目的となっており，課題の性質それ自体は原理的に無関係な動機づけを指す。たとえば，「英語」に対する関心やその有用性の認識が理由で「英語検定」の試験勉強とするといった課題内生的価値に基づく動機づけは，課題内容である「英語」という要因抜きに説明できないが，その試験勉強の理由が自尊

心や報酬といった課題外生的価値にある場合,「英語」が必ずしもその動機づけの本質的要素だとはいえない。当人にとって自尊心が満たされたり,報酬が得られたりするのであれば「漢字検定」でも「簿記検定」でもかまわないわけである。

　価値と行動を媒介する認知変数が「目標」である。人は,ある結果を望み,それを意識し,その実現のために努力する存在であり,**目標**(goal)とはその結果に該当する認知的表象,すなわち「人が成し遂げようと努力する最終的な事柄(対象,状態)」を意味する。

　その代表的な考え方である達成目標理論によれば,有能さに関連する活動(たとえば,英語の勉強)の目的は,**マスタリー目標**(mastery goal)と**パフォーマンス目標**(performance goal)の二つに大別できるという。マスタリー目標とは,活動の目的が「自分の能力を発達させること」にある場合(たとえば,英会話をマスターする)を指し,ものごとへの熟達に当人の関心が向けられる心理状態,すなわち課題関与(task-involvement)へと導く。一方,パフォーマンス目標とは,自分の能力に対してポジティブな評価を得ること,あるいはネガティブな評価を避けることが活動の目的である場合を指し,達成状況において「自分という存在」の価値づけ(self-worth)に注意が向けられている心理状態,すなわち自我関与(ego-involvement)を促すことになる。近年,このパフォーマンス目標はさらに二種類に区別され,パフォーマンス目標の積極的な側面(自らの能力の高さを証明すること)はパフォーマンス接近目標(performance-approach goal),「他者と比べてできないことや無能さをさらすことを避ける」といった消極的な側面(自分の能力の欠如を露呈させないこと)はパフォーマンス回避目標(performance-avoidance goal)と呼ばれている。

　一般に,学習場面のような達成状況では,マスタリー目標が適応的で成果の質を高めるのに対し,パフォーマンス回避目標が不適応的な行動を促進し,学習にもネガティブな効果をもつとされている(Midgley, 2002 など)。

3-3 欲求論的アプローチ

　動機づけを理解するためには，認知論的アプローチのみでは不十分であろう。欲求論的アプローチでは，動機づけの根源に「○○したい」という**欲求**，すなわち「人を行動に駆り立てて，その行動を方向づけるような比較的安定した心理的エネルギー」を想定する。欲求には，生体を維持するために不可欠な生理的欲求と，生理的な過程に直接依存しないが当人の環境への適応や心理的健康を大きく左右する心理的欲求の二種類があるという（Reeve, 2009）。たとえば，生得的な基本的欲求について論じた**欲求階層説**（Maslow, 1970）では，「生理的欲求」（食欲など）をもっとも低次であるがもっとも強力な欲求として仮定したうえで，心理的欲求については「安全の欲求」，「所属と愛情の欲求」，「自尊の欲求」，「自己実現への欲求」に区別し，これら計五つの欲求を上記の順で低次から高次への階層として配置した。そして低次の欲求が満たされると，より高次の欲求が発現し，それが低次の欲求に代わって優位に立ちその充足を求めるようになるという心理的メカニズムを仮定し，特に人の成長という観点から**自己実現への欲求**（その人が潜在的にもっている可能性を実現しようとする傾向性）に基づく動機づけを重要視した。

　今日における代表的な欲求論的アプローチとして自己決定理論があげられよう。**自己決定理論**（self-determination theory）では，人の成長や統合的な発達に必要不可欠な三つの生得的な心理的欲求の充足が重要視されている（Deci & Ryan, 2002）。その三つとは，①コンピテンスへの欲求（need for competence：環境と効果的に関わりながら成長しようとする傾向性），②自律性への欲求（need for autonomy：行為を自ら起こそうとする傾向性），③関係性への欲求（need for relatedness：他者やコミュニティと関わろうとする傾向性）であり，これらの欲求が同時に満たされるような条件のもとで人は意欲的になり，パーソナリティが統合的に発達していくのに対し，これらの欲求が満たされないと意欲や心理的な健康が損なわれるという。また，社

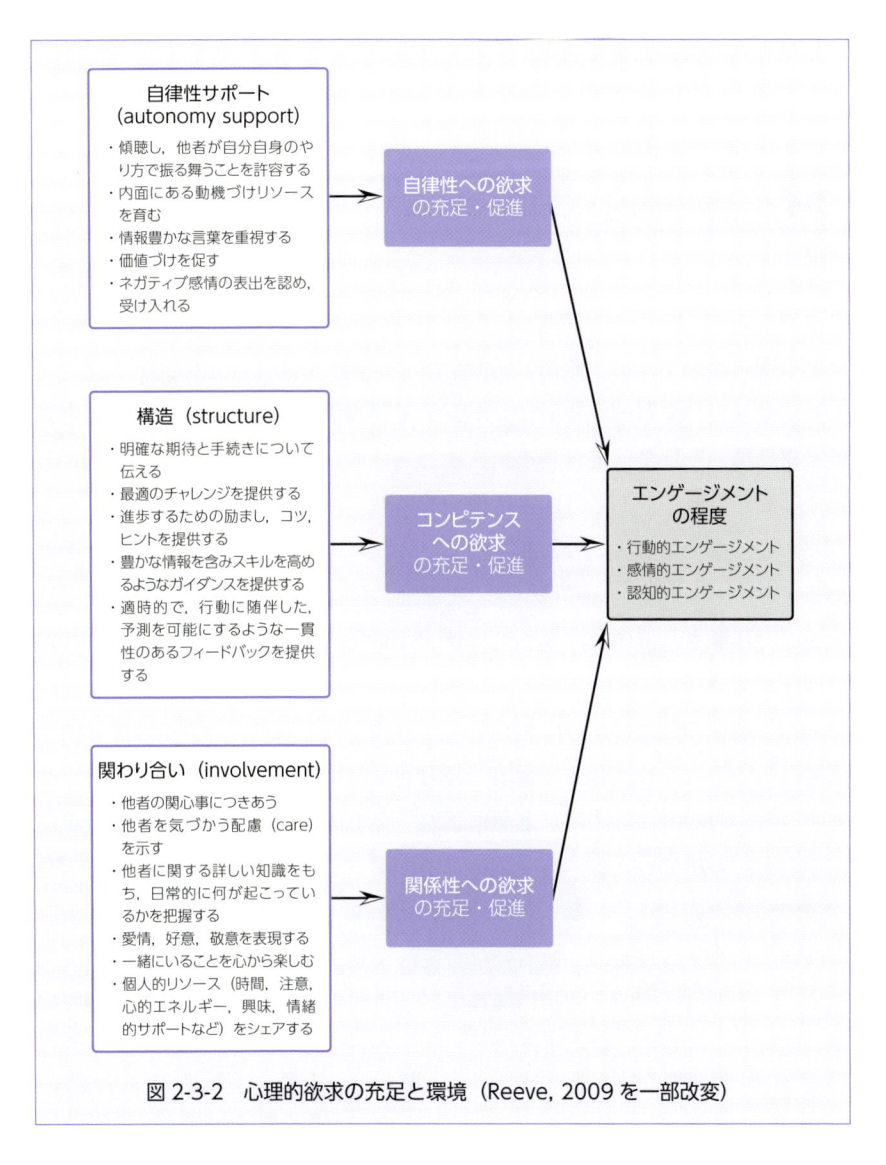

```
┌─────────────────────────┐
│ 自律性サポート            │
│ (autonomy support)       │
│ ・傾聴し,他者が自分自身のや │
│  り方で振る舞うことを許容する│
│ ・内面にある動機づけリソース │
│  を育む                  │
│ ・情報豊かな言葉を重視する   │        ┌──────────┐
│ ・価値づけを促す           │ ──────→│ 自律性への欲求 │
│ ・ネガティブ感情の表出を認め,│        │ の充足・促進 │
│  受け入れる               │        └──────────┘
└─────────────────────────┘

┌─────────────────────────┐
│ 構造 (structure)         │
│ ・明確な期待と手続きについて │
│  伝える                  │
│ ・最適のチャレンジを提供する │                                ┌──────────────┐
│ ・進歩するための励まし,コツ,│        ┌──────────┐           │ エンゲージメント │
│  ヒントを提供する          │        │ コンピテンス │           │ の程度        │
│ ・豊かな情報を含みスキルを高め│ ──────→│ への欲求   │ ────────→ │ ・行動的エンゲージメント│
│  るようなガイダンスを提供する│        │ の充足・促進 │           │ ・感情的エンゲージメント│
│ ・適時で,行動に随伴した,   │        └──────────┘           │ ・認知的エンゲージメント│
│  予測を可能にするような一貫 │                                └──────────────┘
│  性のあるフィードバックを提供│
│  する                    │
└─────────────────────────┘

┌─────────────────────────┐
│ 関わり合い (involvement)  │
│ ・他者の関心事につきあう    │
│ ・他者を気づかう配慮 (care)│
│  を示す                  │
│ ・他者に関する詳しい知識をも │        ┌──────────┐
│  ち,日常的に何が起こってい │ ──────→│ 関係性への欲求 │
│  るかを把握する           │        │ の充足・促進 │
│ ・愛情,好意,敬意を表現する │        └──────────┘
│ ・一緒にいることを心から楽しむ│
│ ・個人的リソース (時間,注意,│
│  心的エネルギー,興味,情緒 │
│  的サポートなど) をシェアする│
└─────────────────────────┘
```

図 2-3-2　心理的欲求の充足と環境（Reeve, 2009 を一部改変）

会文化的な環境は個人の動機づけに対して支援的,あるいは妨害的に機能する。図2-3-2に示すように,上記の三つの欲求を満たすような環境のあり方（自律性サポート,構造,関わり合い）が当人のエンゲージメントを促進し,ひ

いては当人の統合的な発達を促すとされている。

3-4 感情論的アプローチ

　快適な気持ちが行為を促進したり，不快な体験によって消極的になることなどに明らかなように，感情も動機づけの規定因である。感情論的アプローチの研究知見によれば，一般に，**ポジティブ感情**の随伴が接近行動を，**ネガティブ感情**の随伴が回避行動を起こすとされている。たとえば，外国人と英語で話せたうれしさから外国人に積極的に話しかけたいという気持ちになったり，逆に英会話に失敗した恥ずかしい体験によって外国人を避けようとしたりするかもしれない。動機づけに影響を及ぼす感情は多岐にわたるが，学校場面で体験される学業関連感情（academic emotions）は表2-3-3のように整理されている。

　また，感情の随伴によってポジティブ感情と接近行動，ネガティブ感情と回避行動がそれぞれ連合して**習慣**（努力せずに反復可能な行動パターン）や**態度**（特定の対象に対する反応準備状態）を形成し，のちの動機づけを規定する。上記の例でいえば，英会話に対するポジティブあるいはネガティブな感情の随伴が繰り返されることで，英会話を話す習慣が身についたり，英語や外国人に対する肯定的，あるいは否定的な態度が形成されたりするわけである。以下では，学習と密接に関連する具体的な感情として，興味と不安について取り上げることにしよう。

　興味によって自ずと動機づけられた体験は誰にでもあるはずだ。たとえば，野球に興味があれば，実際に野球チームに所属するなど自らプレイすることにとどまらず，プロ野球に関するニュースを調べたり，雑誌を購読したりするといった積極的な行動が自然に起こっているに違いない。**興味**（interest）とは，ある特定の対象に注意を向け，それに対して積極的に関与しようとす

表 2-3-3　学業関連感情の領域と例（Pekrun et al., 2002）

		ポジティブ感情	ネガティブ感情
課題関連／自己関連の感情	プロセスで体験する感情	楽しさ（enjoyment）	退屈（boredom）
	将来と関連して体験する感情	予期的うれしさ（anticipatory joy） 希望（hope）	絶望（hopelessness） 不安（anxiety）
	回想として体験する感情	成功したうれしさ（joy about success） 満足（satisfaction） 誇らしさ（pride） 安堵（relief）	悲しみ（sadness） 落胆（disappointment） 恥・罪（shame and guilt）
社会関連の感情		感謝（gratitude） 共感（empathy） 感嘆（admiration） 同情・愛（sympathy and love）	怒り（anger） 嫉妬・ねたみ（jealousy and envy） 軽蔑（contempt） 反感・嫌悪（antipathy and hate）

る感情状態を指し，外的なプレッシャーがない状況下で特定の活動に対して自発的に関わろうとする行動パターンとして顕在化する。とりわけ，動機づけ概念としてのユニークな特徴は対象（内容・領域）特殊な心理現象（上記の例では「野球」への動機づけ）を記述している点にある（Schiefele, 2009）。興味の心理学的メカニズムを表した図 2-3-3 には，心理状態としての興味（状態興味）は個人内の要因（特性興味）と個人外の要因（状況・環境）に規定され，内発的動機づけを促進する働きがあることが示されている。

　不安も学習に強い影響を及ぼす感情である。**不安**（anxiety）とは，特定の状況や出来事について当人を脅かすもの，危険なもの，有害なものと知覚した際に喚起される感情であり，緊張や懸念といった不快な感覚，くよくよと悩んだり自分自身について考え込んでしまうといった認知，自律神経システムに基づく生理的活動（動悸，発汗，身体のこわばりなど）を活性化して覚醒を高める働きがある（Zeidner, 2008）。不安は，特定の状況に対する一

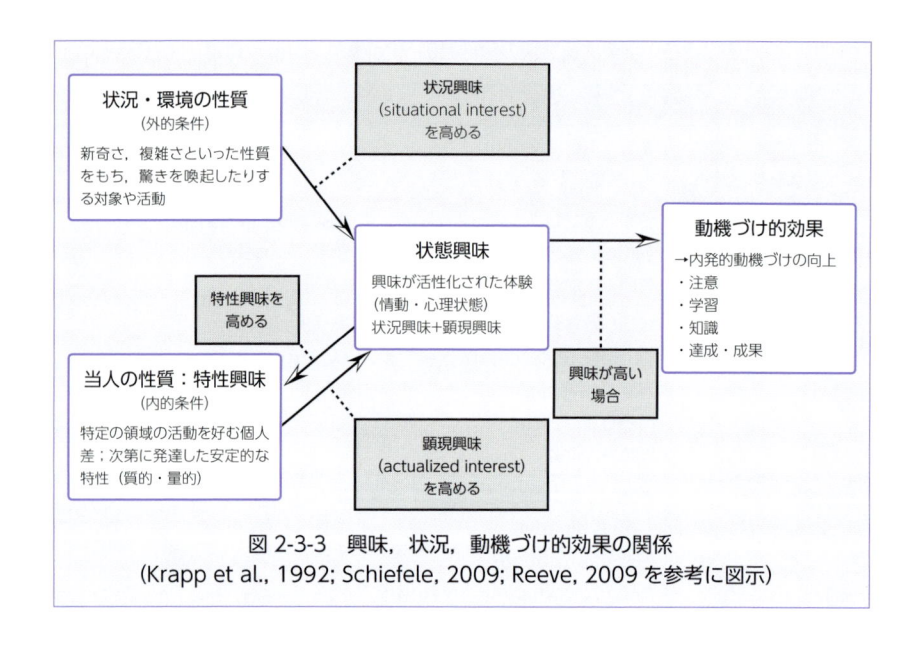

```
┌─────────────────────────────────────────────────────────────┐
│  ┌──────────────────┐      ┌──────────────┐                 │
│  │ 状況・環境の性質  │      │   状況興味    │                 │
│  │    (外的条件)    │  ┈┈▶│(situational  │                 │
│  │ 新奇さ，複雑さと  │      │  interest)   │                 │
│  │ いった性質をもち，│      │   を高める    │                 │
│  │ 驚きを喚起したり  │      └──────┬───────┘                 │
│  │ する対象や活動    │             ┊                         │
│  └────────┬─────────┘             ▼                         │
│           │         ┌──────────────────┐   ┌──────────────┐│
│           │         │     状態興味      │   │ 動機づけ的効果││
│           └────────▶│ 興味が活性化された │──▶│→内発的動機づけ││
│  ┌──────────────┐   │ 体験(情動・心理状態)│  │  の向上      ││
│  │ 特性興味を    │◀─┤ 状況興味＋顕現興味 │   │ ・注意       ││
│  │   高める      │   └──────┬───────────┘   │ ・学習       ││
│  └──────┬───────┘          ▲                │ ・知識       ││
│         │                  ┊興味が高い      │ ・達成・成果 ││
│         ▼                  ┊場合            └──────────────┘│
│  ┌──────────────────┐             ┊                         │
│  │ 当人の性質:特性興味│      ┌──────────────┐                │
│  │    (内的条件)    │      │   顕現興味    │                 │
│  │ 特定の領域の活動を│  ┈┈▶│(actualized   │                 │
│  │ 好む個人差；次第に │     │  interest)   │                 │
│  │ 発達した安定的な  │      │   を高める    │                │
│  │ 特性(質的・量的)  │      └──────────────┘                │
│  └──────────────────┘                                       │
└─────────────────────────────────────────────────────────────┘
```

図 2-3-3 興味，状況，動機づけ的効果の関係
(Krapp et al., 1992; Schiefele, 2009; Reeve, 2009 を参考に図示)

時的な反応としての**状態不安**（state anxiety）と比較的安定したパーソナリティ特性としての**特性不安**（trait anxiety）とに区別でき，状態不安は特性不安と現在の状況との相互作用によって生じるとされている（Spielberger, 1966）。

　教育場面で主に問題となるのは評価不安であろう。**評価不安**とは評価的あるいは競争的な場面に直面した際に自尊感情（self-esteem）が脅かされることによって生じる状態不安を指し，ネガティブな自己に関する信念や自分に関することばかり考えてしまうといった「とらわれ」によって，ネガティブな感情，回避目標が生起する心理現象を意味している（Zeidner & Matthews, 2005）。特に，試験場面で感じる不安はテスト不安と呼ばれる。一般に不安は，学業達成を低下させたり，心理的な苦痛や不健康な心身の状態を引き起こしたりするとされているが，人によってはむしろ適切な行動を促しパフォーマンスを高める働きをもつ場合（促進不安）があることも知られている。

3-5　教育環境と動機づけ

　本章のまとめとして，動機づけを促すような教育環境のあり方について触れておきたい。次頁の表2-3-4に示すように，教育実践の具体的な指針や方策についての知見は「課題環境」「コントロール環境」「目標—評価環境」という三つの側面によって整理することができる（鹿毛, 2013）。たとえば，既知と未知のギャップ（**概念的葛藤**）を利用して不思議さや驚きといった気持ちを喚起するような課題を用いること，「やらされるのではなく自分から進んでやっている」という気持ち（**オリジン感覚**）を高めるために選択の機会を提供すること，マスタリー目標や協同学習を重視するような学級風土を醸成すること，学習それ自体に焦点化した評価のあり方を工夫することなど，学習者の動機づけを促進するための教育実践上のポイントが明らかになっている。また，学習者の心理的欲求を充足させることによって意欲を高めるための指針については，前掲の図2-3-3も参考になるだろう。

　学習や発達が促進されるためには，当人の動機づけが必須の心理的条件となる。教育する立場にある者には，この点を十分に理解したうえでよりよい教育環境を具体的に創り出すことが期待されているといえるだろう。

（鹿毛雅治）

引用文献

Bandura, A.(1977). Self-efficacy: Toward a unifying theory of behavioral change. *Psychological Review,* **84**, 191-215.

Deci, E. L., & Ryan, R. M.(2002). *Handbook of self-determination research.* Rochester, NY: The University of Rochester Press.

鹿毛雅治（2004）．「動機づけ研究」へのいざない　上淵寿（編著）　動機づけ研究の最前線（pp. 1-28）　北大路書房．

鹿毛雅治（2013）．学習意欲の理論—動機づけの教育心理学—　金子書房．

Krapp, A., Hidi, S., & Renninger, K. A.(1992). Interest, learning, and development. In

表 2-3-4　動機づけを促す教育環境（鹿毛，2013 を一部改変）

	アプローチ	指針	方策（代表例）
課題環境	①課題のタイプ	興味や好奇心を喚起する	・概念的葛藤を引き起こす課題を用いる ・課題を学習者がすでに興味をもっているトピックに関連させる
		注意を持続させる	・メディアや問いを工夫する ・多様な学習方法を組み合わせる
		学ぶ意味や価値を実感させる	・課題を現実的，社会的な文脈や想像的な文脈と関連づける
		「学び方を学ぶ」ことを促す	・学習の計画，実行，評価に関する自己調整スキル（メタ認知的方略など）を獲得する機会を課題に埋め込む
	②課題の困難度	チャレンジを提供する	・成功するか失敗するかわからないような目標（達成できる見込みが50％程度の目標）を設定する
		達成を保障する	・学習のプロセスで失敗しても最終的にはやり遂げることが可能になるように配慮する
	③個人差への対応	量的，質的個人差に配慮する	・一人ひとりの学習ニーズを分析して課題の内容と困難度を調整する
コントロール環境	①応答性	応答的環境を創る	・学習者の働きかけに対して適切に応じるダイナミックな場をデザインする
	②随伴性	行為に随伴した成功を保障する	・遠隔目標ではなく近接目標（短期間の目標）の設定を促す ・努力帰属，方略帰属を促すようなフィードバックを提供する
	③権限性	オリジン感覚を保障する	・外発的随伴性（報酬の約束など）の使用を控える，あるいは低減する
		選択の機会を提供する	・学習方法や内容を学習者自身が決定できる機会を設ける
目標─評価環境	①目標─評価システム	協同的／個人的目標─評価システムを構築する	・相対基準の利用や評価結果の公表をなるべく避け，社会的比較の強調を控える ・グルーピングを工夫し協同達成を保障する機会を設定する
		マスタリー目標の学級風土を醸成する	・理解の深化やスキルの向上に目を向けさせる ・誤りや失敗を学習改善に活かす有意義な情報としてとらえるなど，学習プロセスを重視する信念（学習観）を培う
	②評価構造	学習者を評価主体にする	・学習のプロセスや成果を自己評価する機会を設ける
		学習の内容や進歩を評価基準とする	・工夫された絶対評価（到達度評価，ルーブリックなど）や個人内評価（縦断的，横断的）を積極的に用いる
		評価状況を改善する	・不安や緊張を低めるような評価場面を工夫する ・評価によって学習プロセスを可視化し，評価情報を学習に活かす ・評価不安，テスト不安の個人差に配慮する

K. A. Renninger, S. Hidi., & A. Krapp(Eds.), *The role of interest in learning and development* (pp. 3-25). Hillsdale, NJ: Lawrence Erlbaum Associates.

Maslow, A. H.(1970). *Motivation and personality*(2nd ed.), New York, NY: Harper and Row.

Midgley, C.(Ed.) (2002). *Goals, goal stuructures, and patterns of adaptive learning.* Mahwah, NJ: Lawrence Erlbaum Associates.

Pekrun, R., Goetz, T., Titz, W., & Perry, R. P.(2002). Academic emotions in students' self-regulated learning and achievement: A program of qualitative and quantitative research. *Educational Psychologist, 37*, 91-105.

Reeve, J.(2009). *Understanding motivation and emotion*(5th ed.). Hoboken, NJ: John Wiley & Sons.

Schiefele, U.(2009). Situational and individual interest. In K. R. Wentzel & A. Wigfield(Eds.), *Handbook of motivation at school*(pp. 197-222). New York, NY: Routledge.

Skinner, E. A., Kindermann, T. A., Connell, J. P., & Wellborn, J. G.(2009). Engagement and disaffection as organizational constructs in the dynamics of motivational development. In K. R. Wentzel & A. Wigfield(Eds.), *Handbook of motivation at school*(pp. 223-245). New York, NY: Routledge.

Spielberger, C. D.(1966). Theory and research on anxiety. In C. D. Spielberger(Ed.), *Anxiety and behavior*(pp. 3-20). London, UK: Academic Press.

Vallerand, R. J., & Ratelle, C. F.(2002). Intrinsic and extrinsic motivation: A hierarchical model. In E. L. Deci & R. M. Ryan(Eds.), *Handbook of self-determination research*(pp. 37-63). Rochester, NY: Rochester University Press.

Zeidner, M.(2008). Anxiety revisited: Theory, research, applications. In G. J. Boyle, G. Matthews, & D. H. Saklofske(Eds.), *The SAGE handbook of personality theory and assessment*(pp.423-446). Los Angeles, CA: Sage.

Zeidner, M., & Matthews, G.(2005). Evaluation anxiety: Current theory and research. In J. Elliot & C. S. Dweck(Eds.), *Handbook of competence and motivation.* New York, NY: Guilford Press.

教育心理学コラム 11

小中学生の生活満足度

福永信義

　2011年ヒマラヤ山脈の南方，ブータン王国から国王夫妻が来日した。その際，同国が提唱するGNH（国民総幸福量）という考え方が，わが国のマスコミによって頻繁に取り上げられた。国民の幸せは，GDP（国内総生産）のような経済指標だけでとらえることはできず，精神的な豊かさも指標化し国策として充実させていく，というブータンの幸福哲学に，日本人の多くは共感したようである。1990年代初頭の，いわゆるバブル経済崩壊を契機として，大人たちは「真の幸せとは何か」を自らに問いかけ，模索し，悩んでいる。大人たちの幸福感の「揺らぎ」は，そのまま子どもたちの生活に影を落としているように思う。

　学校現場では，いじめや不登校，学級崩壊など，子どもたちの心と行動の問題が指摘されているが，実際のところ，子どもたちは日々の生活にどれくらい満足感をもっているのだろうか。

　福井県敦賀市の社会教育委員会は，2001年に市内の全小中学生（6,563名，うち有効回答者6,397名）を対象とし，生活実態・意識についてアンケート調査を行なった。筆者らは，そのデータに基づいて，彼らの日常生活への満足度，友人関係や遊び，家族とのかかわり，地域とのかかわりを分析した（福永・柴原 2002a, 2002b）。まず，生活満足度をたずねる質問項目「毎日の生活は楽しいですか」の結果を示す（図11-1）。87％の小中学生が，「大変楽しい」「まあまあ楽しい」を選択しているが，学年の進行とともに，生活満足度は低下している。「たいへん楽しい」を選択した36.7％（2,345名）の児童生徒を，生活満足度の「高群」とし，「楽しくない」を選択した3.5％（222名）を「低群」として，両群の他項目での回答傾向を比較した。両群間に差がみ

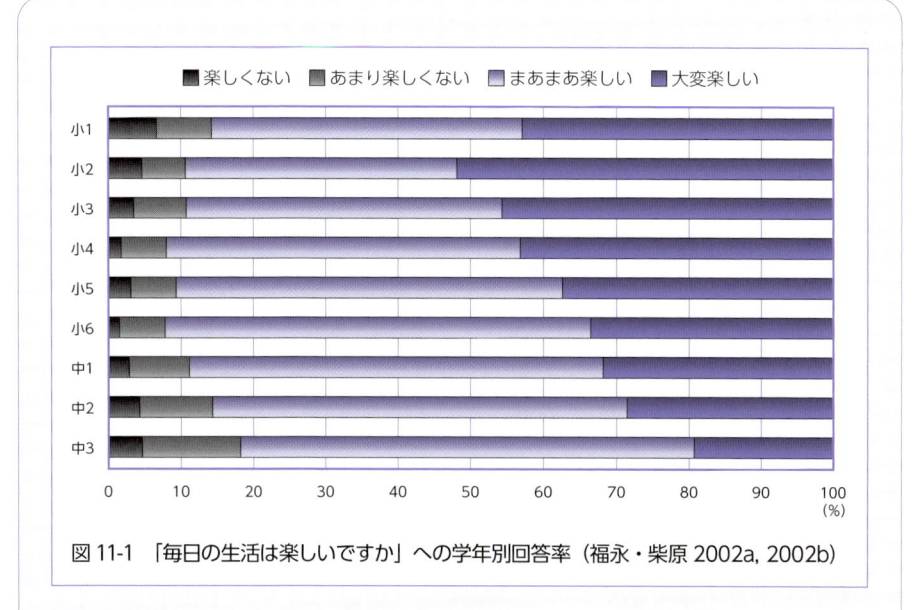

図 11-1 「毎日の生活は楽しいですか」への学年別回答率（福永・柴原 2002a, 2002b）

られる顕著な結果として，①友だちと遊ぶ頻度が，高群で高いこと，②放課後の楽しい時間として，低群は「ひとりでいるとき」を選ぶ傾向があること，③家族との関係（家族で出かける，両親や祖父母との会話量，朝食・夕食を家族そろってとる）では，高群で家族とのコミュニケーション量が多いこと，④地域との関わり（子ども会行事への参加，スポーツ大会への参加，近所の人に挨拶する）でも，高群の地域活動への参加や地域住民との接触が多いこと，以上が指摘された。子どもたちの「心の居場所」は，安全や安心の場であるとともに，そこには質量ともに豊かなコミュニケーションが含まれる必要性を，あらためて認識する結果といえる。

ところで，1980 年代以降，「学級適応感」「学校適応感」については，積極的に研究され，また尺度化の試みも数多い（樋掛・内山, 2011）。近年になって，主観的幸福観，生活充実感のような名称で，学校現場に限定されない包括的な適応概念が検討されるようになり，尺度化を試み，信頼性・妥当性を確認した研究もみられる（高橋・青木, 2010）。筆者は，今後の研究課題の一つとして，上述したように「地域との関わり」が生活満足度に寄与してい

る可能性があるという観点から，これを適応概念のなかに位置づけること，そして地域での異年齢集団や社会活動の意義を実証的に明らかにすることが必要であると考える。またそのような学校外の集団活動を推進していくことが，子どもたちに多様なコミュニケーション機会を与え，生活満足度を高めるであろうと予測している。

　かつて，児童期は「ギャング・エイジ」と呼ばれ，自然発生的な異年齢集団を構成し，年長者がリーダー的存在となっていた。地域の子どもたちは，主として屋外で遊び，愛他的行動や共感性など，児童期の発達課題ともいえる社会的スキルを獲得した。このような集団が消失したことで，子どもたちの対人スキルは未発達のままになり，そのことが思春期での「孤立感」や「疎外感」の問題に重なってくる（小石, 1995）。

　「古き良き時代」のギャング集団の再生は，急速に進んだ少子化や，子どもの遊び形態の変化もあって，今後望むことは難しいだろう。現在，ギャング集団に近い機能を果たす集団として，学童保育，子ども会，スポーツ少年団があげられる。これらは，大人が指導者や助言者として存在するものの，新しい異年齢集団として機能し得る（開・柿森, 2009）。また，学校教育と社会教育の連携も，工夫次第では，異年齢集団あるいは世代間交流の内容豊かな活動を提供し，子どもたちの生活満足度につながるかもしれない。いじめや不登校に代表される諸問題の解決には，学校での教育・援助サービスを充実させることも重要だが，学校と家庭に限らず「心の居場所」を複数用意し，トータルな日常的満足度を高めていくことが求められる。

　最後に，中国の格言を紹介したい。「子どもと老人が不幸な国は滅びる。」果たして，わが国の現在と未来はどうであろうか…。

引用文献

福永信義・柴原宜幸（2002a）．小中学生の生活満足度と家庭・地域での生活実態　日本教育心理学会第44回総会発表論文集（p. 153）．

福永信義・柴原宜幸（2002b）．児童生徒の日常的幸福感と家庭・地域での人間関係　敦

賀論叢（敦賀短期大学紀要），17, 35-46.

樋掛優子・内山伊知郎（2011）．児童・生徒の学校適応に関する日本の研究の動向について—学級適応に関する理論的視点の整理（1）—　新潟青陵学会誌, 4(1), 71-78.

開　浩一・柿森昭長（2009）．異年齢集団活動が児童の発達に関わる可能性　長崎ウエスレヤン大学現代社会学部紀要, 7(1), 39-45.

小石寛文（1995）．児童期の人間関係（人間関係の発達心理学3）　培風館．

高橋智子・青木多寿子（2010）．児童期からの適応感を測定できる生活充実感尺度の開発—適応感研究の相互比較を可能にする尺度をめざして—　広島大学大学院教育学研究科紀要第一部, 59, 69-77.

Learning environment and
Educational Practice

第3部

学習環境と教育実践

intro 3
教育実践とは何か

　人は外界との関わりを通じて，学び，育っていく。その意味で，われわれが生活で出会うすべての場が「**学習環境**」だといっても過言ではない。自然環境を通して学ぶことも多いが，われわれの学習や発達を大きく規定するのはやはり社会環境であろう。すなわち，外界には親，地域の人びと，教師，友だちといった他者や，家族，学校，職場といったシステムが社会的に存在し，当人の学習や発達に影響を及ぼしていると考えられるのである。

　教育とは，広義には学習や発達の促進機能全般を指すが，特に，個人や集団に対する社会環境側からの働きかけを意味する用語である。とりわけ，特定の人あるいは人びとの学習や発達を促すことを目的とした他者による意図的な営為は教育実践と総称される。たとえば，「どのような授業をすれば学習を促すだろうか」といった問題意識を背景として学級の子どもたちに具体的な働きかけを行なうのが教師の仕事である。教育する側には教育的意図を反映した学習環境，すなわち「**教育環境**」を具体化することが求められているわけである。**教育実践**とは，教育環境を創造する営みなのだといえるだろう。

　教育環境にはダイナミックな性質がある。たとえば机，椅子，黒板，掲示物など，複数の物的要素から構成される特定の教室で，特定の教師と子どもたちが相互に関わり合うことによって，一人ひとりの行為（動作など）や表現（発言，表情など）が刻一刻と生み出され，それらを新たな環境の要素として含み込みながら教育環境は現在進行形で変動していく。しかも，その背

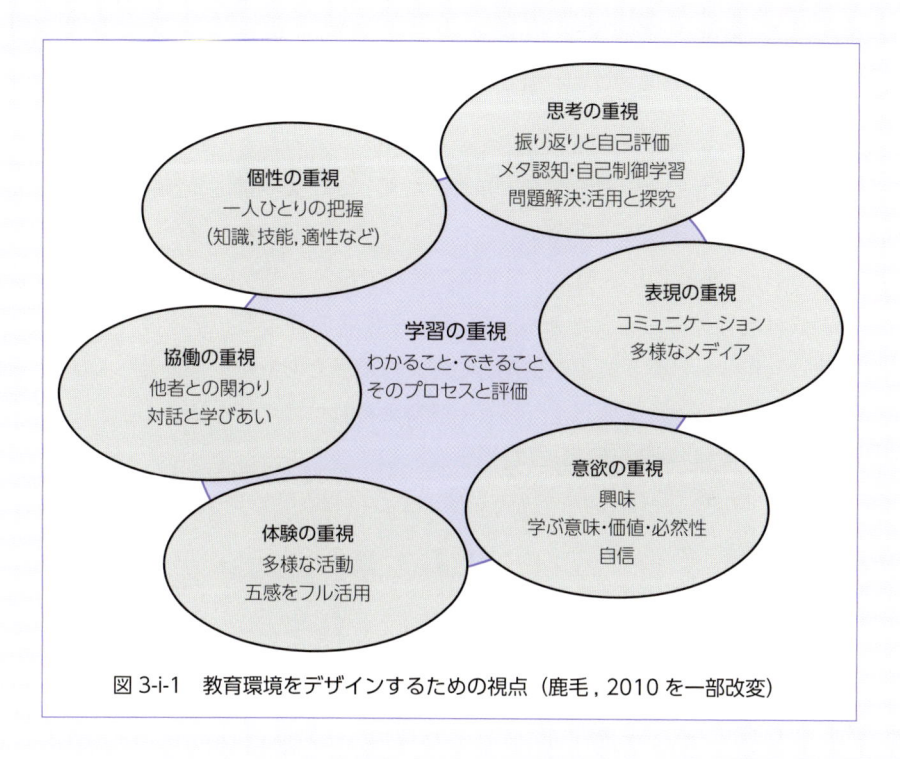

図 3-i-1　教育環境をデザインするための視点（鹿毛, 2010 を一部改変）

- 思考の重視：振り返りと自己評価／メタ認知・自己制御学習／問題解決：活用と探究
- 個性の重視：一人ひとりの把握（知識, 技能, 適性など）
- 表現の重視：コミュニケーション／多様なメディア
- 学習の重視：わかること・できること／そのプロセスと評価
- 協働の重視：他者との関わり／対話と学びあい
- 意欲の重視：興味／学ぶ意味・価値・必然性／自信
- 体験の重視：多様な活動／五感をフル活用

景には，学校教育としてのカリキュラムが存在し，学習の目的，内容，方法を規定している。つまり，教育の場には教育する側の意図によって一種の「磁場」が創り出され，一人ひとりの学習者はその磁場に巻き込まれながら固有の学習活動を展開することになるのである（鹿毛, 2010）。

　教育環境について以上のように理解するなら，具体的な教育環境を構想する際，「一人ひとりの学習者の体験や，彼らの学習プロセスと成果を重視する立場」に立つこと，すなわち，「学習者の視座」(McCombs & Whisler, 1997) から教育環境を吟味することが不可欠だということに思い至る。ダイナミックな環境における学習者一人ひとりの体験はそれぞれ異なっており，学習のプロセスや成果はそのユニークな体験に規定されるものだからである。したがって，その学習者がその場をどのように体験するだろうかという想像力を働かせつつ具体的な教育環境を柔軟に構想し，教育実践をダイナ

ミックに展開していくことこそが，教育する立場にある者に求められることになるのだ（鹿毛, 2011）。

　親が子どもに何度言い聞かせてもそれに従わなかったり，教師がよく説明したつもりでも生徒の理解が不十分だったりというように，教育実践は，教育する側の思い通りにはいかないものである。教育実践とは，「教えれば学ぶ」「思い通りに育つ」というような単純な営みでは決してないということをわれわれは肝に銘じる必要があろう。また，「模範的教え方」を求め，それを一律に適用すれば学習成果が上がると考える風潮もあるが，学習者一人ひとりが異なった存在である以上，教育や学習の複雑さに思いを馳せることのないこの種の実践が成功するはずはない。

　万人に有効な「万能薬的教授法」はいまだに存在しない（並木, 1980）。むしろ，教育心理学の役割は，学習論や発達論を基盤としつつ，教育環境のあり方に関する心理学的な知見を整理し，教育実践に関わる人たちの教育的な思考や発想，あるいは判断や行為をサポートする点にこそ見出すことができる。教育環境をデザインしていくための教育心理学的な指針は，図3-i-1のようにまとめることができるだろう（鹿毛, 2010）。まず，学習者一人ひとりの学習や成長それ自体をもっとも重視する必要があろう（学習の重視）。そのうえで，一人ひとりの違い（個人差）に配慮したり（個性の重視），メタ認知や自己評価といった問題解決プロセスに着目したり（思考の重視），学習者自身の表現を尊重し，促すこと（表現の重視）を大切にしたい。また，五感をフル活用できるような多様な体験を組織する（体験の重視）とともに，興味や自信といった動機づけ要因にも配慮し（意欲の重視），学習を他者との関わりによって生じる相互的な営為として位置づけること（協働の重視）も有効であろう。

　以下の各章では，教育環境をデザインし，教育実践を構想するための教育心理学的な切り口として，教育方法，学習評価，カウンセリングをそれぞれ取り上げる。また，最終章では統合的な研究テーマとして「学習環境と個性」を設定し，具体的な研究知見を紹介しつつ教育のあり方について考察する。

第3部を通して，一人ひとりの学習者の学習や成長を支えるための教育環境，そして教育実践について，われわれの想像力を働かせつつ思索を深めていきたい。

（鹿毛雅治）

引用文献

鹿毛雅治（2010）．学習環境と授業　髙垣マユミ（編著）　授業デザインの最前線Ⅱ・理論と実践を創造する知のプロセス　北大路書房．

鹿毛雅治（2011）．教育心理学と授業実践—授業の「基本形」としての生活科，総合的な学習の時間—　せいかつか＆そうごう（日本生活科・総合的学習教育学会誌），**18**, 24-31.

McCombs, B. L., & Whisler, J. S.(1997). *The learner-centered classroom and school*. San Francisco, CA: Jossey-Bass.

並木博（1980）．学習指導の個別化　辰野千寿・東洋（編）　学習指導の考え方　図書文化．

教育心理学コラム 12

異文化への適応

小林亮

　グローバル化が急速に進展する現代において，海外渡航など**異文化環境**（cross-cultural environment）への移行（文化間移動）や文化的背景を異にする人びととの相互作用は，あたりまえの日常茶飯事になりつつある。たとえば今日の日本で，外国人と一度も接触することなく一週間を過ごすことはむしろ珍しいのではないだろうか。そもそも文化とは，私たちがさまざまな物事を理解・解釈し，価値づける意味空間の枠組みを提供するものである（Trommsdorff, 2003）。人間の発達や学習は，この「文化」という意味空間に依拠して行なわれており，私たちはいわば特定の文化によってフォーマットされた存在なのである。したがって，文化間移動や異文化間の対人相互作用は，私たちがなじんだ意味世界とは異質の意味空間との対面をもたらし，葛藤や違和感，不適応状態を生じさせる原因ともなる。異文化という異質な意味空間に移行することで自分が身につけてきた言語，行動様式，価値観，対人関係の作り方などがうまく機能しなくなり，異文化環境での疎外感や孤独感ともあいまって一種の不適応状態に陥ることを**カルチャーショック**（culture shock）という（Ward et al., 2001）。「テニスの名手がクリケットの試合に出場させられたときのとまどい」（Oberg, 1960）というたとえは，意味空間や規則体系のズレに由来するカルチャーショックの特徴をよく表している。カルチャーショックに効果的に対処すること，文化の違いから生じる違和感や軋轢を前提とした適応のあり方を追求することは，現代人にとって普遍的な発達課題となった。また意味空間の異なる異文化環境に適応できるようなスキルや態度を児童生徒のうちに育成したり，異文化適応に向けた留学支援を行なうことは，今日の学校教育に課せられた重要な任務であるとい

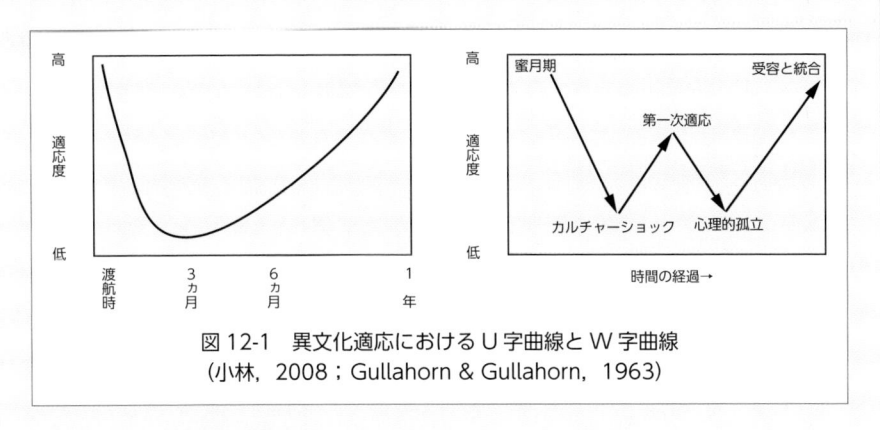

図 12-1　異文化適応における U 字曲線と W 字曲線
(小林，2008；Gullahorn & Gullahorn，1963)

えるだろう（小林，2010）。

　異文化への適応に関して，多くの人が共通して経験する過程を，アドラーは「**異文化の移行体験**」(transitional experience) と呼び，5段階の過程モデルとして提示した（Adler, 1975）。それは，①接触期（蜜月期），②自己崩壊期，③自己再統合期，④自律期，⑤独立期，からなる。渡航当初の新鮮な感動や憧れで始まる異文化接触が，現地文化の欠点が目につき衝突が多くなる危機とホームシックの時期を経て，次第に落ち着いた現実認識に基づく適応へと回復していく道筋を「U字曲線」(Uカーブ仮説) と表現する。しかし異文化における危機と再統合の過程は一度限りで完結するのではなく，何度も繰り返されるという「W字曲線」という考え方も提唱されている（Gullahorn & Gullahorn, 1963; 図 12-1）。また長期の外国滞在を終え，自国に戻ったときに体験する「**逆カルチャーショック**」(reverse culture shock/counter culture shock) の問題も，特に学校現場における帰国児童生徒の適応問題と彼らへの心理教育的支援との関連で近年注目されている。

　ベリーは私たちが異文化に接触した際に適応のためにとり得る方略として「**文化変容**」(acculturation) のプロセスに注目し，カルチャーショックに対する反応の個人差として，文化変容には4つのタイプがあると述べている（Berry & Sam, 1997; Sam & Berry, 2016）。文化変容とは，異文化環境にうまく適応できるように自らの文化的，心理的特質を変化させてゆく過程のこ

とであるが，その適応方略として，①同化（assimilation），②分離（separation），③境界化（marginalization），④統合（integration）の4パターンがあげられている。

①同化は，異文化接触の際に，ホスト国の文化を全面的に肯定し，異文化に自らを同化させる仕方で適応しようとする反応である。相手に合わせて自分を変えてしまうのでカメレオン反応とも呼ばれる。他文化への迎合であり，自らの**文化的アイデンティティ**（cultural identity）の否定を伴いやすい点で，問題のある適応方略である。

②分離は，異文化への拒否・攻撃反応である。自文化を称賛し，ホスト国の文化や社会を批判したり貶めたりすることで自らの文化的アイデンティティを守ろうとする防衛的反応である。一見，自文化への優越感と誇りをもっているように見えるが，実際には無意識的な劣等感の働いていることが多い。

③境界化は，ホスト国の文化に溶け込めず，自らの出身文化とのつながりも失ってしまっている「根無し草」状態である。孤立，疎外感，時間的展望の喪失などを生じ，適応上もっとも問題の大きい文化変容のパターンといわれている。

④統合は，自らの文化的アイデンティティが堅持され，同時にホスト国の文化との良好な関係性も保たれている状態であり，もっとも望ましい文化変容のパターンである。異文化における異質性を積極的に認め，それを理想化したり否定したりすることなく，対等な立場で積極的に関わって理解しようとする態度であり，多元的アイデンティティの形成に可能性を拓くものといえる。

　異文化との接触によるカルチャーショックは，一面で本人のアイデンティティや自尊感情をおびやかす危機体験であると同時に，より多角的な視点をもった自我を育成させ，パーソナリティの成長につながるチャンスともなり得る。したがって教育心理学的視点からは，異文化体験の危機的側面を緩和し，人格的成長に導く発達促進的側面を最大化することが重要な課題となる。

近年注目されている**異文化間カウンセリング**（cross-cultural counseling）は，帰国児童生徒，留学生，海外駐在員など文化的越境者の適応支援を目的としたカウンセリングであり，現在その理論化と技法の精緻化が図られている（井上，2007）。また海外渡航者のためにカルチャーショックの予防と異文化適応の促進を目的とした**異文化トレーニング・プログラム**（intercultural training programme）が開発されており（矢代ら，2009），大学や企業などで活用されている。

引用文献

Adler, P. S.(1975). The transitional experience: An alternative view of culture shock. *Journal of Humanistic Psychology,* **15**(4), 13-23.

Berry, J. W., & Sam, D. L.(1997). Acculturation and adaptation. In J. W. Berry, M. H. Segall, & C. Kagitcibasi(Eds.), *Handbook of cross-cultural psychology. Vol. 3: Social behavior and applications.* Allyn & Bacon.

Gullahorn, J. E., & Gullahorn, J. T.(1963). An extension of the U-curve hypothesis. *Journal of Social Issues,* **19**, 33-47.

井上孝代（2007）．つなぎ育てるカウンセリング―多文化教育臨床の基礎― 川島書店．

小林亮（2008）．国際化と学校教育 並木博（編著） 教育心理学へのいざない〔第三版〕（第10章） 八千代出版．

小林亮（2010）．留学生の社会的アイデンティティと対日イメージとの関連について．ドイツ人留学生と中国人留学生の比較 異文化間教育，**32**，64-79．

Oberg, K.(1960). Cultural shock: Adjustment to new cultural environments. *Practical Anthropology,* **7**, 177-182.

Sam, D. L. & Berry, J. W. (2016). *The Cambridge Handbook of Acculturation Psychology (Second Edition).* Cambridge University Press.

Trommsdorff, G.(2003). Entwicklung im Kulturvergleich. In A. Thomas(Ed.), *Kulturvergleichende Psychologie: Eine Einführung.* Hogrefe.

Ward, C., Bochner, S., & Furnham, A.(2001). *The psychology of culture shock.* Routledge.

矢代京子・町恵理子・小池浩子・吉田友子（2009）．異文化トレーニング―ボーダレス社会を生きる― 三修社．

1. Educational Methods
教育方法

1-1 学習の理論と教育方法

▶▶ 1-1-1 教育目標と教育方法

　教師になるには教職に関する多くの知識と実践力が求められるが，そのなかでも授業を考案し，組み立て，展開していく力量を形成することは重要である。そのためには，教育方法についての知識だけではなく，図3-1-1に示したように，多くの領域の知識を統合し，実際の教育方法を組み立てていくことが求められる。また，近年ではテクノロジーの発展が社会全体を変化させている。教育方法を考案していくためには，学習環境の変化や，複数の情報ネットワークの中で学び生活しているという学習者の変化にも対応していかなければならない (Pass et al., 2012)。

　特に，育成すべき学力を含む教育目標に関する理解はその基礎となる。わが国の学習指導要領では，「**生きる力**」を育むという理念のもと，知識や技能の習得とともに思考力・判断力・表現力などの学力，主体的な学習態度の育成を重視している。また，OECDのDeSeCoプロジェクトによって定義されたキーコンピテンシーは，人間関係形成能力，相互作用的道具活用能力，自律的行動能力である (Rychen, & Salganik, 2003)。このような学力についての考え方をふまえ，これからの時代の教育方法を作り出していかなければ

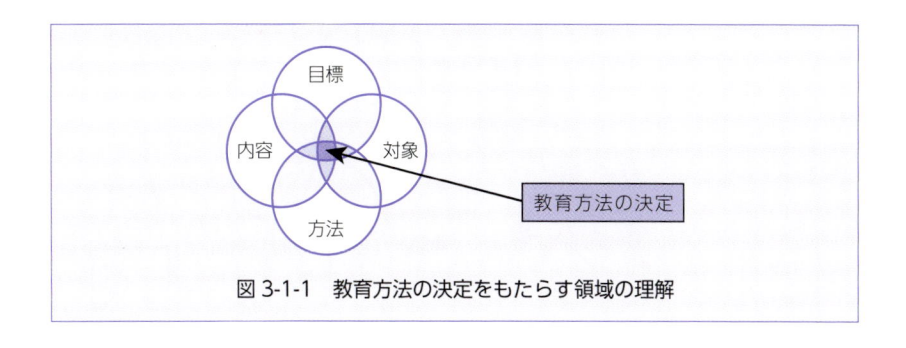

図 3-1-1　教育方法の決定をもたらす領域の理解

ならない。

▶▶ 1-1-2　教育方法の分類

　教育方法を理論的に分類することは難しい。同一の名称の教育方法であっても，その方法のなかで何を重視するかで意味合いが異なってくるからであり，また理論的には異なる背景をもっていても，実際の方法にはそれほどの相違点を見出すことができない場合もある。

　山下（2012）は教育方法の歴史を振り返り，教科主義カリキュラムと経験主義カリキュラム，実質陶冶と形式陶冶，到達目標と方向目標，系統学習と問題解決学習，教科指導と総合学習，学習指導と生活指導，教師の指導性と子どもの自主性，相対評価と絶対評価など，多くの本来両立できる教育要素の選択と排除の歴史として整理している。ここでは，その議論もふまえながら，基礎に教育心理学的理論をもつ教育方法を取り上げ，2つの軸で整理していきたい。まず1つ目の軸は，個々人を対象とする個別学習重視か，集団を対象として集団内の相互作用の効果をねらう集団学習重視かという軸であり，もう1つは知識・理解や技能といった基礎学力を重視するか，応用力や問題解決能力などの一般的な能力を重視するかという軸である。第1の軸においては，集団に対して学習指導を行なう場合でも，個々人の学力の育成に重きを置く方法もあれば，集団内の学習者間の相互的な関わりの力そのものを育成する目標をもつ方法まである。基礎学力と一般的能力の軸においても，

図 3-1-2　教育方法の分類

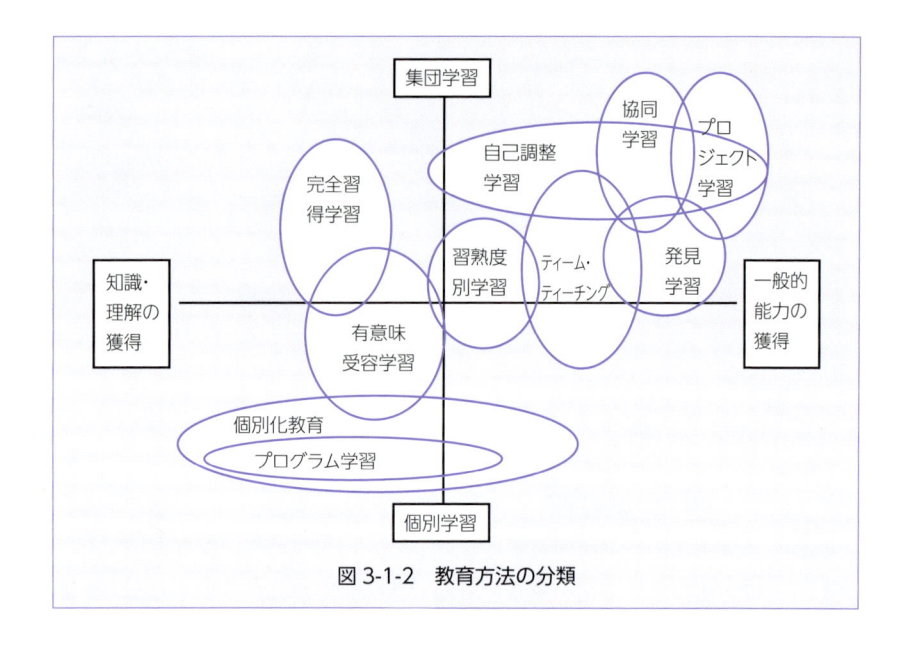

同一の名称であっても学習指導における重点の置き方は多様である。この2つの軸は、あくまでも教育方法を整理するための枠組みであり、実際の授業における教育方法は、それらのバランスの上に組み合わされ、構築されるものである（図3-1-2参照）。

▶▶ 1-1-3　プログラム学習と個別化教育

　体系的な教育方法として、まず取り上げるのは、行動主義心理学のスキナー（Skinner）による**プログラム学習**である。開発当時の1960年代には、個別化指導のための原理であり、どちらかといえば基礎学力重視の教育方法であった。この学習指導法は、「積極的反応」（学習者の積極的な反応を引き出すこと）、「スモール・ステップ」（問題の順序を少しずつ難しくなるように組み立てていること）、「即時フィードバック」（正誤の情報を学習者の解答後すぐに返すこと）という3つの原理に基づいている。教育内容をやさしいものから難しいものへと、少しずつ難易度を上げる系列を構成することに

よって，学習者は確実に学習内容を理解することができ，学習者間の学力差は，プログラム学習による学習時間の差に吸収されると考えられた。しかし，実際には，事後に応用力をみるようなテストを実施すると，学力の個人差が解消できるわけではないことが示されている。

スキナーのプログラム学習を出発点として，今日でもその基本的な原理をふまえた多様な教育プログラムが開発され発展を遂げてきている。単一の学習系列ではなく，学習者の誤答に応じて学習系列を変えるプログラムなどである。特にコンピュータを用いた教育への応用と，特別支援教育における教育方法の分野で多く活用されている。

コンピュータを用いた教育は，CAI（コンピュータ支援教育 computer-assisted instruction あるいは computer-based instruction）として発展し，1990年代にはe-ラーニング（electronic learning）という語が現れた。e-ラーニングにおいては，学習者の自学自習が無理なく進むよう適切な進度を保つだけでなく，教師と学習者や学習者相互間のコミュニケーションも可能な学習形態も考案されている。情報のネットワークの構築によって，もはや個別化指導法の枠に収まらない普遍的な教育方法の1つになっているといえる。

また，スモール・ステップという課題系列の構成については，プログラム学習においては，学習内容の分析によって，論理的に簡単なものから難しいものへという系列を作成することが重要であったが，近年では学習者にとって記憶や認知への負荷がかからないものから順に配列することが重視されるようになっている。

▶▶ 1-1-4　目標の分類学と完全習得学習

プログラム学習の学習内容の系列化の考えと似た考え方で，学習指導内容を分析して綿密に順序立て，それをクラス規模の集団的学習指導の理論として提唱したのが，ブルーム（Bloom）の**「完全習得学習（マスタリーラーニング，mastery learning）」**という学習指導方法である。完全習得学習とは，「どの子どもも十分な時間と援助があれば教育内容を完全に習得できる」と

表 3-1-1　ガニェの 5 分類と学力の 3 要素の関係（寺嶋，2011）

ガニェの学習成果の 5 分類	学習指導要領の学力の 3 要素
言語情報：物事・名称を記憶する	基礎的・基本的な知識・技能
運動技能：体を動かして身につける	
知的技能：ルールを理解し活用する	思考力・判断力・表現力等
認知的方略：学び方を工夫する	
態度：気持ちを方向づける	主体的に学習に取り組む態度

いう考え方に基づいており，学習目標を明確化し，学習前の診断的評価，途中の習得状況を評価する形成的評価，学習目標の到達度を評価する総括的評価を行なっていく指導法である。

　ブルームの学習目標の分類を拡張したともいえるのが，ガニェ（Gagné）の学習成果の 5 分類である。寺嶋（2011）は，ガニェの学習成果の 5 分類と日本の学習指導要領に示された学力の要素とを表 3-1-1 のように対応させている。

　完全習得学習では，特に診断的評価と形成的評価の結果をもとに，個人の習得状況に応じた個別指導を重視している。再学習と深化学習，補充学習，学習調整（教授・学習活動の展開の仕方を調整する），学習分岐（評価結果からグループ分けし，グループごとに学習課題を与える）といった個別指導を中心とした方法（金，1976）が考えられている。

　日本では，1970 年代後半から 80 年代前半にかけて多くの授業に取り入れられた。学習単元において達成されるべき目標をあらかじめ明確にしておくこと，すべての子どもたちが到達すべき最低到達基準（マスタリー基準）を設けておくこと，適切な形成的テストを作成することなど，緻密な準備と授業の進行が求められる。また，完全習得学習において目標とされるのは，どの児童生徒にも共通する目標であることから，基礎的な内容の習得のための指導には，その考え方を適用することができる。しかし，この方法だけでは，子どもたちの学習意欲を維持し，一般的な能力を全員に獲得させることは難しいと考えられる。

▶▶ 1-1-5　有意味受容学習と発見学習

　この２つの教育方法は，対比的に論じられることの多い方法であり，理論的にも論争があったものである。

　オーズベルとロビンソン（Ausubel & Robinson, 1969）の**「有意味受容学習」**とは，講義形式の授業であっても，学習内容が学習者にとって有意味な形で受容できることが重要であるという考え方である。そこで，学習内容が学習者にとって有意味となるために，あらかじめ学習内容に関する抽象度の高い知識を与えておくという方法をとる。この学習に先立って与えられ，新たに学ぶ内容の理解を促進する枠組みとなるものを「先行オーガナイザー（advance organizer）」と呼ぶ。文章だけでなく，図やモデルも先行オーガナイザーとして使うことができる。受容学習は演繹的な思考過程をとり，学習内容が抽象的な場合適しているので，特に中学校段階以上では適した単元が多いと指摘する研究者もいる（たとえば，川上・渡邉，2010）。

　一方，発見学習とは，ブルーナー（Bruner）が提唱した学習指導法であり，「どの教科でも，知的性格をそのままに保って，発達のどの段階のどの子どもにも効果的に教えることができる」という仮説に立ち，教科内容の構造を子どもが自ら発見するという方法を主張するものであった。発見学習によって，内発的動機づけも高まり，学習の効果が上がるというのである。

　しかし，限られた授業時間の中で，子ども自身の発見を促すためには，適切なレディネスの形成や発見に導く手立てが必要となってくる。つまり，教師が明確な目標をもって授業計画を立て，コントロールしていくことで，児童生徒が発見に導かれるという「導かれた発見（guided discovery）」の状況を作り出すことが必要なのである。たとえば，板倉ら（1963, 1989）の「仮説実験授業」は，仮説の選択肢のなかから１つを選択し，子ども同士で議論をしていく方法であり，発見学習の１つのタイプと位置づけられる。発見学習は，集団での学習を条件とするものではないが，仮説実験授業ではクラス集団での討論を通して学力を獲得していくところに協同学習との連続性がある。

　有意味受容学習が基礎的な内容についての指導法であり，発見学習が学習

への意欲や学習態度を導くといった安易な二分法は避けなければならない。有意味受容学習も，学習者自身が知識間の関連性を積極的に考えながら学習するという意味で，また自ら学び方を制御するという意味で，後述する自己制御学習に関連する学習指導方法の理論であると考えられる。また，発見学習も，発見に導くためのレディネスの形成においては,利用できる知識をしっかりと獲得していることが学習の条件となってくるのであり，両者を授業の構成に相補的に取り込んでいくことができる。

▶▶ 1-1-6 協同学習

さまざまな形態の「**協同学習**」に共通する認識は，学習者は一人で学ぶよりも他者と共に学ぶ方が良い学習ができるということである。学習という事態そのものが，他者との相互作用のなかで，知識の協働的構築を通して生起するという考えもあり,こうした考え方は社会構成主義といわれる。しかし，ピアジェの脱中心化の機能やメタ認知の発達に関する研究など社会構成主義の理論に基づかない立場からも，協同学習が推奨されてきた。

協同学習（cooperative learning）と協働学習（collaborative learning）とを厳密に区別する考え方もある。Blumenfeldら（Blumenfeld et al., 2006）は，単なる個々の学習の集積をグループの成果とする協同に対し,協働の特徴は，親密性への欲求を満たし，高い社会的目標への効力感が高まること，異なる才能をもつ他者と共に努力することで不全感を軽減できること，そして認知的関与を高める効果があると指摘している。しかし，協同という言葉を使いながら，学習者の相互交渉に重きを置く場合の方が多く，ここでは「協同学習」という言葉を使うこととする。

協同学習の問題点としては，グループを構成する学習者の諸特性がグループの生産性に影響することや，一人で学ぶことを好む学習者がいること，さらには，集団への貢献度が明白にならないために「社会的手抜き」が起こりやすいことなどがあげられる。

学校の授業においては，そうした問題点を克服し，グループワークにおい

て，子ども一人ひとりが認知的関与をし，協同に関して責任をもつような工夫が考えられている。児童・生徒を小グループに分けて討議させ，その結論・意見をさらに全員で討論するという方法をバズ学習（buzz learning）というが，そのグループ内での役割分担や，議論のための方略を教師が示すやり方もある。また，集団の参加構造そのものを構成する方法もある。各グループから一人ずつを集めた別のグループを形成し，そこで学習した結果をグループに持ち帰り他のメンバーに教授するという，どの学習者もそれぞれの情報のエキスパートに育成する「ジグソー学習（jigsaw learning）」という方法である。また，「相互教授あるいは互恵的教授（reciprocal teaching）」（Palincsar & Brown, 1984）という，学習者が互いに教え合うという方法もある。これに学習者の参加や協同に必要な方略の使用を促すための助言サイクルを盛り込むことも考えられている。

　認知発達の面からは，協同学習は自己の学習を調整するというメタ認知育成のための重要な手段であり，また他者と協同できること自体がメタ認知に支えられると考えられているため，次の自己調整学習とも重複する部分がある。

▶▶ 1-1-7　習熟度別学習と自己調整学習

　ある教科内容を学ぶための前提となる知識や学力を適性と考え，それに応じてコースを設けるのが**「習熟度別学習」**である。また，1回の授業の中で，習熟度別学習と習熟度によらない学習形態と組み合わせる方法もある。

　習熟度という言葉で何を指すかということをめぐっては，習熟度が固定化された能力とみなされがちであり，それが子どもの意欲を失わせてしまうという問題がある。佐藤（2010）は，能力や習熟度によるグループ別学習が，生徒の学力の向上に寄与しないばかりか，学力格差を拡大し，低学力問題をいっそう深刻化させる結果をまねくことを指摘し，生徒の個人差に対応する方法としては「協同学習」がもっとも有効であるとしている。しかし，習熟度を固定的にとらえずに，適宜学習グループを構成し，一人ひとりにあった学習の仕方を求めていくという学習指導の方向性は否定できるものではな

図 3-1-3　自己調整学習における 3 段階の過程（Zimmerman, 1998; 伊藤, 2009）

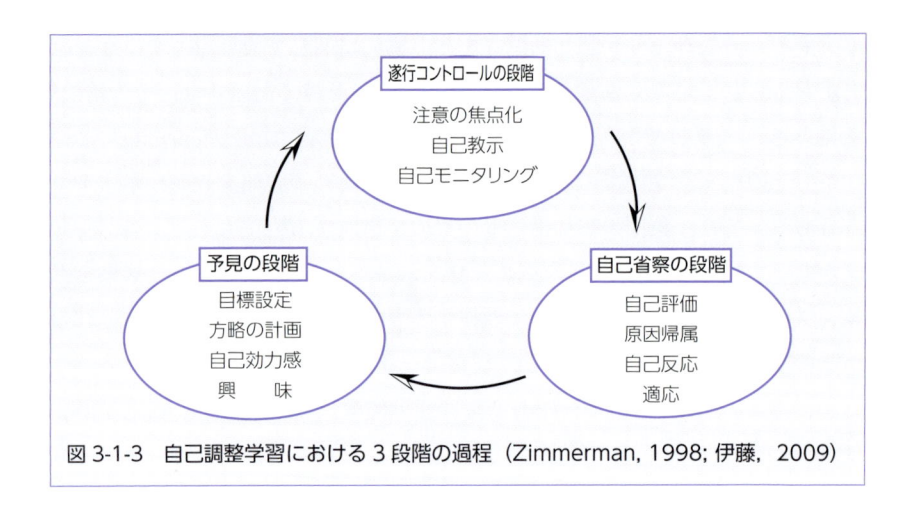

い。習熟度別等の個人差に応じた学習は，学習者が自らの学習をよりよいものにしたいと，自ら積極的に関わることによって成果が得られるのである。

　個に応じた指導を充実させるための指導法には，習熟度別学習だけでなく，複数の教師が役割を分担し，協力し合いながら指導計画を立て，指導するティームティーチング（team teaching: TT）と呼ぶ方法もある。TT の指導方法には，1 つのクラスの教科指導を複数の教師で指導する方法と，クラスを再編成してグループ分けし，それぞれの集団を担当した教師が指導する方法がある。前者にも，主たる指導者と学習に困難を抱えている学習者への個別指導を主とする教師という分担の仕方もあれば，1 つのクラスをグループ分けして分担する仕方もある。後者には，習熟度別学習も含まれれば，児童生徒の興味関心に応じた課題別のグループ分けもある。習熟度別学習という呼び方は，学習者に焦点を当てた名称であるが，TT は教師の配置からみた名称であり，TT の特徴は，個に応じた指導を教師の協力のもとに進めていくところにある。

　「**自己調整学習**（self-regulated learning）」という概念は広く，その基礎にある理論もさまざまであり（詳しくは Zimmerman & Schunk, 2001），それゆえ実際の教育方法にもさまざまなものがある。しかし，自己調整学習が習

熟度別学習と大きく異なるのは，学習を調整し方向づけるのは学習者自身であるというところであろう。

「自己調整学習」とは，「学習者が，メタ認知，動機づけ，行動において自分自身の学習に能動的に関与していること」（Zimmerman, 1986）という定義に拠っている。自分で自分の学習の仕方を考え，自分でやる気を起こし，自ら学習に取り組み，学習の過程を自分で律していくことを指す。自己調整学習のプロセスとしては，図3-1-3のような予見，遂行コントロール，自己省察の3段階で構成される循環的なプロセスが考えられている（伊藤，2009）。そこで，自己調整学習のどのプロセスを主として支援するのかによって，学習方略とその調整，自己モニタリングや自己省察といったメタ認知の育成を重視する指導もあれば，むしろ自己動機づけを重視する指導法もあり，形態も自己調整に効果をもたらす集団での協同を重視する立場など，さまざまである。今後の授業研究の展開が待たれるところである。

▶▶ 1-1-8　プロジェクト学習

プロジェクト学習（problem/project-based learning）あるいはプロジェクト活動といわれる学習のあり方は，1-1-6 の協同学習に含めることもできるが，子どもたち自身がこういうことをやろうと共通のテーマを考え出し，学習活動を進めていくという点に特徴があり，価値の共有とより自律的な集団の形成が必要となる。

これまでにみてきた教育方法のなかでは，もっとも学習者集団の相互作用に依拠した，またもっとも一般的な学力を目指した教育方法といえよう。このプロジェクト学習の基礎に既存の学習観の転換を内包していることを強調する立場がある。つまり，学習を個人の中に形成・獲得されるもの（獲得メタファ）としてではなく，協同体との社会的な関わりとした「参加メタファ」（Sfard, 1998）としてとらえるのである。それゆえ，学習の評価の際も獲得された知識や能力ではなく，共同体の一員としての意識と参加が鍵となる。実際のプロジェクト学習においては，そのことをどこまで意識して授業を構

成するかは教師によって異なる。

歴史的にみると、プロジェクト学習は、20世紀初頭に世界的に「子ども中心主義の教育運動」が起きたところから始まっているが、近年のわが国の学校においては、「総合的学習の時間」の学習における教育方法として多用されている。プロジェクトのテーマは、子どもたち自身で考える場合もあれば、教師がある程度限定して与える場合もある。

1-2 発達過程と教育方法

図3-1-1に示したように、教育の対象者についての理解と教育方法とは深く結びついている。学習者の個人差については、別の章で詳述しているので、ここでは発達過程に特有の教育方法の問題に絞って、取り上げていきたい。

▶▶ 1-2-1 幼児期の学びを支援する教育方法

幼稚園や保育所での学習の特徴は、小学校以上の学校段階とは異なり、勉強の時間と遊びの時間とが区切られておらず、まさに遊びを通して学習の芽を育てる段階であり、「学び」という言葉を使うことが多い。

幼児期の遊びから小学校での教科学習へという変化に関して、2005年の中教審幼児教育部会答申をふまえた国立教育政策研究所教育課程研究センター（2005）の「幼児期から児童期への教育」には、5歳児後半の協同的な遊びの指導の重要性が述べられており、「協同的な学びが小学校に引き継がれ、学級を中心とする授業活動へと発展していく。その意味で、協同的な学びは、小学校における学びの基礎に該当するものである」とある。

無藤（2009）は、幼児期にふさわしい協同的な学びのあり方として「フィールドベースのプロジェクト活動」を提唱している。これは、プロジェクト学習の一つといえるが、テーマを保育者が与えたり始めたりするのではなく、

環境を用意することで，子どもからの発想や活動を軸に展開していくプロジェクト活動である。ここでの保育者の役割のポイントは，①目的に沿って，いかに豊かな環境を用意するか，②助言と介入，③いかに長期的な目的に向けていくかということである。

　幼児期の教育方法の鍵は，協同性の育成とともに，児童期以降の学習に欠かせないメタ認知（自分の認知活動をモニターし制御する働き）の萌芽を育てることである（藤谷，2011）。幼児期には言語が思考の道具として機能し始めることから，身体表現に加え言葉による表現活動を十分に取り入れることが重要となる。自分の考えを言葉で表現し，他児の考えとの相違を知り調整するという，遊びにおける学びの過程がメタ認知を育てることにつながる。

▶▶ 1-2-2　児童期の学びを支援するには

　小学校に入ると，時間割に沿った教科指導が始まる。低学年においては，幼児期の遊びによる学びからの連続的なカリキュラムとなるようなスタートカリキュラムを考案し，体験的学習を重視することが求められる。その意味でも，1992年から低学年の理科と社会を廃止して設けられた「生活科」の果たす役割は重要である。

　岡本（2007）によると，学習スキルについて，低学年の児童は，自分の認知の仕方にはまだ気づいておらず，「毎日勉強する」や「宿題をきちんとする」など生活の中での学習行動を重視しているのに対し，高学年では「自分の知識と関連づける」や「重要な箇所に線を引く」など学習内容の処理の仕方に気づいて，それに基づいた学習スキルを重視している。児童の学習スキルの発達に応じた指導と，児童に自分の学習スキルに気づかせることが重要である。そのためには，授業だけでなく宿題や家庭学習に工夫を凝らし，それを授業と関連づけることも必要となってくる（藤谷，2008）。

　児童期の中でも特に9，10歳頃に飛躍的な認知発達を遂げるが，それと同時に「10歳の壁」といわれる困難に直面する児童も出てくる。認知発達に応じた教育方法を考えるとき，児童が大きく躓くことなく，より高次の認知

活動へと導かれるような教育方法の工夫が必要だということがわかる。多鹿・中津（2009）は，高次の認知活動であるメタ認知を促す学習支援法として，問題についての理解と，問題解決のステップを自分で説明する「自己説明」の効果を実証している。また，三宮（2008）は，他者への教授，メタ認知的手がかりを与えること，文脈化と脱文脈化，意見の異なる他者との討論，そして教師自身のメタ認知について論じている。これらは，教育方法の分類で述べた自己制御学習や協同学習と重なるものである。

▶▶ 1-2-3　思春期・青年期の学びを支援するには

　小学校高学年からは一部の教科で教科担任制がとられ，中学生になると，クラス担任制から教科担任制に変わる。教科担任制が子どもの発達にとって意味あるものとなるためには，各教科の指導の専門家による質の高い学習支援となっていることと，子どもが多様な観点で評価され，それが自己のアイデンティティの形成に寄与していくことが求められる。

　中学校・高校における教育方法については，各教科の指導法あるいは学習支援法として，多くのアイデアが提案されており，教員養成課程においてそれらを身につけることで，授業をつくり実施することが可能になる。どの教科にも共通することは，小学校段階よりもさらに深い内容の理解と論理的思考力を高める授業が求められ，また同時に教科の指導が自己形成につながる授業となることが求められるということである。

　教師は，学習内容や教材についての深い理解をもとに，一斉の講義形式の授業だけでなく，学習者が自らの学習を制御しながら，他者と協同的な学びをしていくことを支援していかなければならない。特に，「総合的学習の時間」においては，大学における卒業論文に準じた論文作成までの過程をふむ実践もなされているほど，生徒自身が自分の学びを形成することが重視されている。

▶▶ 1-2-4　足場かけと足場はずし

　最後に，学校教育全体に共通する教育方法の一般的方針として，「**足場かけ**

（あるいは足場作り）（scaffolding）」と「足場はずし（fading）」について述べたい。子どもが自ら取り組もうとするような課題や環境を用意し，必要に応じて情報やヒントを与える「足場かけ」をすることは，学習者が低年齢であったり，学習の初期の段階だったりする場合には重要である。しかし，いつまでも足場かけをし続けるのではなく，児童生徒の学習状況や今後の学習の可能性を総合的に考慮しながら，学習者の学習における自律に伴い，段階的に足場を外していくことが必要である。それを通して，子どもたちは，社会の一員となったときに重要となる他者と協働する力を身につけていくのである。

1-3 授業をつくる

▶▶ 1-3-1 授業をつくるプロセス

　教師は，教育目標や各教科の単元内容の理解に基づき，子どもたちの実態に即して，教材と教育方法の適切な組み合わせを考え，授業を設計する。そして，具体的な「学習指導案」の形にし，それに基づいた授業を行なっていくのである。

　授業を設計する基本となる考え方の一つに，工学的研究から生み出されたインストラクショナルデザインの一般的モデルである **ADDIE（アディー）モデル** がある（Dick, Carely, & Carely, 1996; Gagné et al., 2005）。ADDIEモデルとは，「Analysis（分析）」「Design（設計）」「Development（開発）」「Implement（実施）」「Evaluation（評価）」の頭文字をつないだものである（図3-1-4 参照）。教育現場では，PDCAモデル（「Plan（計画）」「Do（実施）」「Check（点検・評価）」「Action（改善）」）の重要性が指摘されているが，それよりもさらに計画を入念に行なう意味合いが込められているといえよう。まず，「分析」は授業をつくるための最初の段階であり，学習目標を定めるまでの過程である。ここでの目標が評価の段階での基準ともなる。目標を定めるに

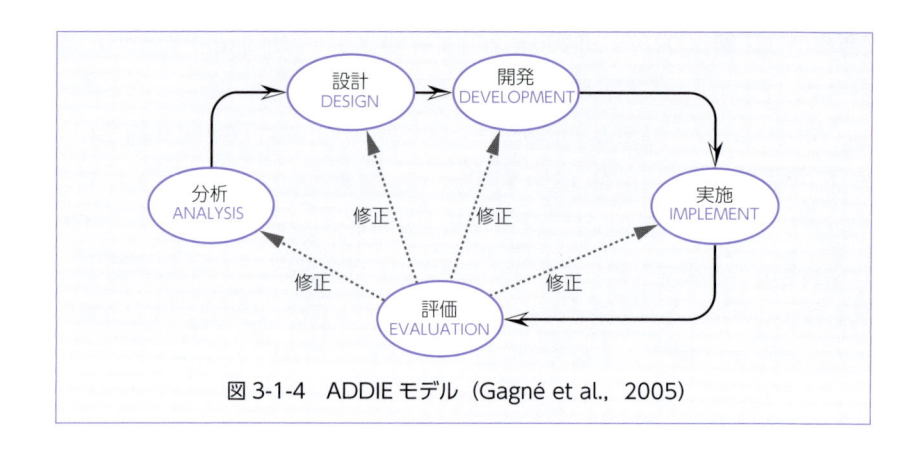

図 3-1-4　ADDIE モデル（Gagné et al., 2005）

は，学習者の特性や前提となる知識，教える内容を分析して導く必要がある。「設計」とは，教える内容の見取り図，言い換えると学習シナリオを描くことである。「開発」では，設計をもとに，適切な教材や学習環境を準備し，実際に授業を組み立てることである。そして，作成した指導案に基づき，用意した教材を使って実際に授業を行なう「実施」の段階となる。実施後の「評価」の段階では，授業の振り返りをし，授業改善に役立てていく。そして，このサイクルを循環させながらよりよい授業をつくっていくのである。

▶▶ 1-3-2　教師の授業スキルと授業研究

　同じ学習指導案を作成したとしても，教師の授業スキルによって，学習者の学習への意欲や成果は異なってくる。ここではまず，**ARCS モデル**（Keller, 2009; Gagné et al., 2005）から，授業を進める際のポイントを探っていきたい。
　ARCS モデルは学習意欲をデザインする目的で考案された。「Attention（注意）」「Relevance（関連性）」「Confidence（自信）」「Satisfaction（満足感）」である。「注意」とは，学習者の関心や好奇心を喚起し，学習に注意を向けさせることであり，「関連性」とは学習者にとって意味深い学習になるよう，個人的ニーズや目標を満たすことである。「自信」とは，学習者が成功は自分たちの努力と工夫次第であることを実感できるようにすることである。「満

足」は，学習者がやってよかったと満足し，さらに学びたいと思うような工夫をすることである。これらに配慮しながら授業を進める必要がある。

また，ガニェら（Gagné et al., 2005）は，学習のプロセスに対応させて，①学習者の注意を喚起する，②学習者に目標を知らせる，③前提学習を思い出させる，④新しい情報を提示する，⑤学習の指針を与える，⑥練習の機会をつくる，⑦フィードバックを与える，⑧学習の成果を評価する，⑨保持と転移を高めることについて，集団の規模ごとの注意点をまとめている。

その他にも，学習者が他者の話を聞くときの態度や，発表するときの声の大きさ，ノートの書き方などを繰り返すなかで獲得していけるようにするという授業スキルが求められる。教師の一般的知識と思考力，情報の収集と教材化の力や，児童生徒のモデルとなるような適切な声の出し方や発音，スピーチの仕方なども授業の質や学習者の成果に影響する。

教師にとっては，教科指導の力だけでなく，学級集団づくりと学級経営も児童生徒の心理社会的発達を促すための重要な仕事である。教師の学級経営のもとに形成される学級集団の状態が，教科の学習支援に影響を及ぼし，また，教科の学習支援の成果が学級の集団を育てることにつながるのである。

また，個々の教師が授業をつくり改善していくだけでなく，教師の協働によって，教師の授業づくりを支援することも重要であり，これは「**授業研究（Lesson Study）**」と呼ばれる。授業研究を構成する要素として，学習指導案，授業観察，研究協議会の3つ（橋本，2003）があげられている。教師が授業研究会に参加していくなかで，多様な視点を獲得し，別のよりよい指導を考え，次の指導に生かしていくことが求められる。

1-4 特別なニーズをもつ子どもへの学習支援

2007年4月から「**特別支援教育**」が学校教育法に位置づけられ，すべて

の学校において，障害のある幼児児童生徒の支援をさらに充実していくこととなった。「特別支援教育」とは，「障害のある幼児児童生徒の自立や社会参加に向けた主体的な取組を支援するという視点に立ち，幼児児童生徒一人一人の教育的ニーズを把握し，その持てる力を高め，生活や学習上の困難を改善又は克服するため，適切な指導及び必要な支援を行う」（文部科学省, 2007）ものである。発達障害と認定されていない子どもや，ボーダーラインにいる子ども，虐待などの不適切な養育を受けている子どもなど，実際に特別な支援を必要としている子どもは5人に1人ともいわれている（安部, 2012）。

発達障害の子どもたちに共通する学習上の問題として，ワーキングメモリ（working memory）の不足があることが指摘されている（Gathercole & Alloway, 2008）。情報の保持と処理を同時に行なう活動に問題を抱えており，作業の進行状況がわからなくなってしまうのである。そこで，ワーキングメモリの負荷を減じたり，記憶補助ツールを使用したり，ワーキングメモリを支える子ども自身の方略を発達させることなどが実践されている。

また，学習障害のうちの読字障害の子どもには，読みやすいようなテキストの工夫や，デジタル教材の利用なども有効である。その子どもへの個別的な支援とともに，教室の環境や教材の工夫など，発達障害の子どもに利する手立てが，他の子どもにも学びやすい環境を作り出すことにつながる。発達障害の子どもも含めた協同学習も今後実証的に研究がなされなければならない領域であろう。

1-5　教育方法における今後の課題

これからの時代の教育方法における課題とは何だろうか。まず，学習者個々人の能力を高めることと，集団としての育ちとを同時的に配慮した教育方法

を考案していくことは，これまでと同様に重要な課題である。また，学級経営や学校経営と教科指導とが同時的に，子どもの学習に対する価値観や動機づけ，自尊感情や自己効力感をも高めるものになることも重要である。さらに，それらを，新任教師を含めた教師集団で共有できる知へと高めていくことが求められる。ICT（Information and Communication Technology）の活用など，変化し続ける時代に即した教育方法を駆使して教育を進めていかなければならないことも当然のことである。

1-3-2で述べたように，教師の授業スキルの影響も大きく，その基盤には教師の教育に対する姿勢そのものがある。それゆえ，教員養成教育を通じて，教師を目指す者が人間的な魅力を高め，教育に対する真摯な思いを指導に反映させていけるようにすることも，これからの課題である。

特に，近年では，従来の授業と宿題の役割を反転させた「反転授業」と呼ばれる授業形態が注目され，ICTと組み合わせることによる教育効果が期待されている。こうした新しい教育方法の開発と共有も欠かせないものである。

（藤谷智子）

引用文献

安部博志（2012）．学校で取り組む特別支援教育　日本教育評価研究会　指導と評価, **58**(1), 40-43.

Ausubel, D. P., & Robinson, F. G.(1969). *School learning: An introduction to educational psychology.*（吉田彰宏・松田彌生（訳）（1984）．教室学習の心理学　黎明書房）

Blumenfeld, P. C., Kempler, T. M., & Krajcik, J. S. (2006). Motivation and cognitive engagement in learning environments. In R. K. Sawyer(Ed.), *The Cambridge handbook of the learning sciences.*（学習への動機づけと認知的関与を高めるための学習環境のデザイン　森　利明・秋田喜代美（監訳）（2009）．学習科学ハンドブック　第28章　培風館）

Dick, W., Carely, L., & Carely, J. O.(1996). *The systematic design of instruction* (5th ed.).（角　行之（監訳）（2004）．はじめてのインストラクショナルデザイン

ピアソン・エデュケーション）
藤谷智子（2008）．児童期における自己制御学習に向けた授業と家庭学習のシステムその1—復習の効果に着目して—　武庫川女子大学紀要（人文・社会科学），**56**，19-30．
藤谷智子（2011）．幼児期におけるメタ認知の発達と支援　武庫川女子大学紀要（人文・社会科学），**59**，31-42．
Gagné, R. M., Wager, W. W., Golas, K. C., & Keller, J. M.(2005). *Principles of instructional design*(5th ed.)．（鈴木克明・岩崎信（監訳）（2007）．インストラクショナルデザインの原理　北大路書房）
Gathercole, S. E., & Alloway, T. P.(2008). *Working memory and learning*．（湯沢正通・湯沢美紀（訳）（2009）．ワーキングメモリと学習指導—教師のための実践ガイド—　北大路書房）
橋本吉彦（2003）．今，なぜ授業研究か　橋本吉彦・坪田耕三・池田敏和（共著）　今，なぜ授業研究か（第1章第1節，pp. 3-12）　東洋館出版社．
板倉聖宣・上廻昭・庄司和晃（1989）．仮説実験授業の誕生：1963-1964論文集　仮説社．
伊藤崇達（2009）．自己調整学習の成立過程：学習方略と動機づけの役割　北大路書房．
川上昭吾・渡邉康一郎（2010）．日本における有意味受容学習の展開　理科教育学研究，**50**，1-14．
Keller, J. M.(2009). *Motivational design for learning and performance*．（鈴木克明（監訳）（2010）．学習意欲をデザインする—ARCSモデルによるインストラクショナルデザイン—　北大路書房）
金　豪権（1970）．完全學習의原理　韓国能力開発社．（梶田叡一（監訳）（1976）．完全習得学習の原理：マスタリーラーニング　文化開発社）
国立教育政策研究所教育課程研究センター（2005）．幼児期から児童期への教育　ひかりのくに．
文部科学省（2007）．特別支援教育の推進について（通知）．
無藤　隆（2009）．幼児教育の原則—保育内容を徹底的に考える—　ミネルヴァ書房．
岡本真彦（2007）．Ⅱ-14　認知発達に応じた教授法　井上智義・岡本真彦・北神慎司　教育の方法—心理学をいかした指導のポイント—　樹村房．
Palincsar, A. S., & Brown, A. L.(1984). Reciprocal teaching of comprehension-fostering and comprehension-monitoring activity. *Cognition and Instruction*, **1**(2), 117-175.

Pass, F., van Merriënboer, J. J. G., & van Gog, T. J. M.(2012). Designing instruction for the contemporary learning landscape. In K. R. Harris, S. Graham & T. Urdan(Eds.), *APA educational psychology handbook. Vol. 3. Application to learning and teaching*. Washington, D.C.: American Psychological Association.

Rychen, D. S., & Salganik, L. H.(2003). *Key competencies for a successful life and a well-functioning society*.(立花慶裕（訳）（2006). キー・コンピテンシー──国際標準の学力をめざして　明石書店)

三宮真知子（2008）. 学習におけるメタ認知と知能　三宮真知子（編）　メタ認知──学習力を支える高次認知機能　北大路書房.

佐藤　学（2010）. 教育の方法　左右社.

Sfard, A., (1998). On two metaphors for learning and the danger of choosing just one. *Educational Researcher*, **27**(2), 4-13

多鹿秀継・中津楢男（2009）. 算数問題解決と転移を促す知識構成の研究　風間書房.

寺嶋浩介（2011）. 学力とは何だろうか──多様な学力の見かた・考え方──　稲垣忠・鈴木克明（編）　授業設計マニュアル──教師のためのインストラクショナルデザイン──（第4章）　北大路書房.

山下政俊（2012）. これからの時代の教育方法　山下政俊・湯浅恭正（編）　新しい時代の教育の方法（第1章）　ミネルヴァ書房.

Zimmerman, B. J. (1986). Becoming a self-regulated learner: Which are the key subprocesses? *Contemporary Educational Psychology*, **11**. 307-313.

Zimmerman, B. J., & Schunk, D. H.(2001). *Self-regulated learning and academic achievement*(2ed.).（塚野州一（編訳）（2006). 自己調整学習の理論　北大路書房)

Zimmerman, B. J.(1998). Developing self-fulfiling cycle of academic regulation: An analysis of exemplary instructional models. In D. H. Schunk & J. Zimmerman (Eds.), *Self-regulated learning: From teaching to self-reflective practice*. New York: The Guilford Press. pp. 1-19.（塚野州一（訳）(2007). 学習調整の自己成就サイクルを形成すること：典型的指導モデルの分析　塚野州一（編訳）　自己調整学習の実践　北大路書房）

教育心理学コラム 13

教育環境としての家庭

敷島千鶴

　「朝食をきちんと食べる子どもは勉強がよくできる」「朝食を毎日きちんと食べない子どもは成績が悪い」。文部科学省が平成20年に，小学6年生，中学3年生，各100万人以上を対象として実施した全国学力・学習状況調査より，朝食摂取と**学力**テストの平均正答率との関係が報道された（図13-1）。

　確かに朝食から摂取された栄養素が脳の働きを活性化させ，その結果，子どもの学力パフォーマンスが上昇するという関係の可能性は指摘できるだろう。しかし，朝食を摂れば，子どもの成績は上がるのだろうか。

　図13-2は，著者たちが現在遂行中の子どもの学力と親の収入との関係を調べた調査結果である。全国から無作為抽出した小中学生をもつ世帯を対象とした調査より，親が報告する世帯所得の高低によって，サンプルを4分の1ずつのグループに範疇化し，グループごとに，子どもの国語と算数／数学のテスト得点から求めた偏差値の平均値を示している（赤林ら，2012）。親の収入が高くなるにつれ，子どもの学力が高くなる傾向にあることがわかる。

　子どもの学力だけではない。小中学生の子ども自身が質問紙で回答した身体的健康，情動的ウェルビーイング，自尊感情，友だち関係，学校という各領域における**適応感**，そして全6領域の合計得点としてのQOL（Quality of Life; 生活の質）も，親が報告する年収と，有意に正に相関していた（敷島ら，2012）（表13-1）。

　それでは家庭の収入が増えれば，子どもの学力は伸び，子どもの生活の質は改善されるのだろうか。もし宝くじに当たり，親が大金を手にすれば，子どもの教育達成と適応感は上昇するのだろうか。

　図13-1，図13-2，表13-1で示されている，朝食と子どもの学力，あるい

平均正答率(%)／平均正答率(%)

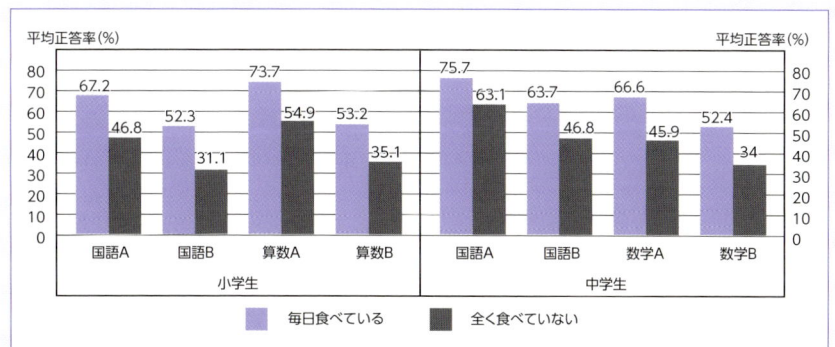

（小学生）
- 国語A: 67.2 / 46.8
- 国語B: 52.3 / 31.1
- 算数A: 73.7 / 54.9
- 算数B: 53.2 / 35.1

（中学生）
- 国語A: 75.7 / 63.1
- 国語B: 63.7 / 46.8
- 数学A: 66.6 / 45.9
- 数学B: 52.4 / 34

凡例：毎日食べている／全く食べていない

「どちらかといえば食べていない」「あまり食べていない」と答えた群については非表示。国語A・算数A・数学Aは，主として知識に関する問題。国語B・算数B・数学Bは，主として活用に関する問題。

図 13-1　小中学生の学力と朝食摂取（文部科学省，2008）

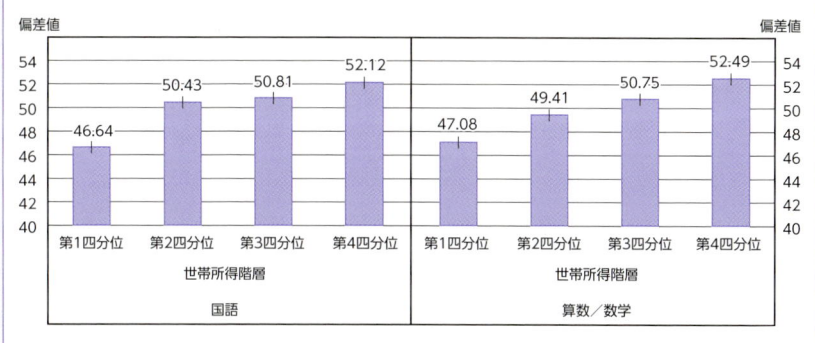

偏差値

（国語）
- 第1四分位: 46.64
- 第2四分位: 50.43
- 第3四分位: 50.81
- 第4四分位: 52.12

（算数／数学）
- 第1四分位: 47.08
- 第2四分位: 49.41
- 第3四分位: 50.75
- 第4四分位: 52.49

世帯所得階層

小学1年生から中学3年生659名について学年別のテストを郵送で行ない，学年別に求めた偏差値を全学年分プールしたデータによる。エラーバーは，グループごとの標準誤差を示す。

図 13-2　小中学生の学力と世帯所得
（慶應義塾大学パネルデータ設計・解析センター「日本子どもパネル調査2011」）

は親の収入と子どもの学力や適応感との関係は，因果関係ではないことに注意をする必要がある。確かに朝食を摂取している群としていない群，あるいは世帯所得の水準を4つの群に分けたとき，グループの間で，子どもの学力レベルには差が観察できる。しかし，朝食や収入が原因となり，その結果と

表 13-1 子どもの適応感と世帯年収
（慶應義塾大学パネルデータ設計・解析センター「日本子どもパネル調査 2011」）

	身体的健康	情動的ウェルビーイング	自尊感情	家族	友だち関係	学校	QOL
世帯年収	.20**	.19**	.18*	.00	.23**	.27***	.28***

$*p < .05$, $**p < .01$, $***p < .001$

子どもの性別・年齢・きょうだい順，親の年齢・学歴・就業形態・メンタルヘルスをコントロールした偏相関係数。小学3年生から中学3年生とその親，512組から得られたデータによる。

して子どもの学力が形成されているとは限らない。家庭内の生活習慣が整っているからこそ，あるいは健康であるからこそ，朝食を用意したり口にしたりすることができるのであり，そうした規則正しい生活習慣や，心身共に健康であることが，学力の高さに関連しているのかもしれない。家計との関連も，高収入を稼ぐ職業に就く親の知的能力がもともと高く，その知的能力の高さが親から子へ伝達され，子どもの学力の高さに現れている可能性もある。さらに，子どもが感じている適応感が，その子どもの学力を反映したものであれば，親の収入と子どもの適応感の間にも，相関関係が現れ得る。

このように，子どもの家庭環境や親の行動と，その子どもの学力や社会性などを測定し，前者と後者に相関関係がみられる際，その関係性の解釈には慎重になる必要がある。変数Xと変数Yとの間に相関があるとき，実はその背後に隠れた変数Zがあり，ZがXにもYにも関連しているため，表面上XとYとの間に相関が観察される場合がある。このとき，XとYの間の相関は，**疑似相関（偽相関）**と呼ばれ，XとZ，YとZとの相関をコントロールすれば，XとYとの相関関係は消失する。

家庭環境や親の行動と，子どもの行動との間に検出される関係には，この疑似相関によって説明されるものや，影響力の向きが特定の単方向には限定できないものが少なくないのではないだろうか。たとえば，親から体罰を受けた子は攻撃的になりやすいという報告がある（Strassberg et al., 1994）。親の体罰の有無と，その子の攻撃性のレベルとの間に見出された相関関係か

ら導かれた知見である。しかし，親の体罰は子どもの攻撃的行動から引き出されたものであるかもしれない。あるいは親の体罰の施行傾向と子どもの攻撃性の高さとの関連は，同じ攻撃性に関わる遺伝子の親から子への継承によるものかもしれない。

　何が原因となって何が生じているのか，教育環境としての家庭のメカニズムを客観的に記述していくことは容易ではない。こうした複雑さを解きほぐしていくことができる1つの方法に，家族の類似性の要因を，遺伝の影響と家族で共有する環境の影響に分離することが可能な行動遺伝学研究のデザインがある（1-3節参照）。そしてもう1つ強力な方法として期待できるのが，親と子を対象とした長期に及ぶ縦断研究のデザインである（三宅・高橋，2009）。同一世帯の親子を追跡し，調査を繰り返していくことができれば，子どもの成長の動的変化に及ぼす影響を時系列的に検討することが可能となる。現在日本の心理学研究では，両デザインとも調査に関わるコストの高さから，収集データは稀少であり，研究数も限定的である。しかし，こうした研究から得られた知見の有用性は徐々に浸透しつつあり，今後の家庭教育に関する研究に大きな進展をもたらしていくものと思われる。

引用文献

赤林英夫・中村亮介・直井道生・山下絢・敷島千鶴・篠ヶ谷圭太（2012）．子どもの学力と家計─「日本子どもパネル調査2011」を用いて─　樋口美雄・宮内環・C. R. McKenzie・慶應義塾大学パネル調査設計・解析センター（編）親子関係と家計行動のダイナミズム─財政危機下の教育・健康・就業（pp. 25-48）慶應義塾大学出版会.

三宅和夫・高橋惠子（編）(2009)．縦断研究の挑戦─発達を理解するために─　金子書房.

文部科学省（2008）．平成20年度　全国学力・学習状況調査　国立教育政策研究所ホームページ．

敷島千鶴・山下絢・赤林英夫（2012）．子どもの社会性・適応感と家庭背景─「日本子どもパネル調査2011」から─　樋口美雄・宮内環・C. R. McKenzie・慶應義塾大学パネル調査設計・解析センター（編）親子関係と家計行動のダイナミズム─

財政危機下の教育・健康・就業―(pp. 49-79) 慶應義塾大学出版会.
Strassberg, Z., Dodge, K. A., Petit, G. S., & Bates, J. E.(1994). Spanking in the home and children's subsequent aggression toward kindergarten peers. *Development and Psychopathology*, **6**, 445–461.

教育心理学コラム 14

理想の保育者像

中野隆司

　理想の**保育者**とはどんな人なのだろうか。誰でも子どもができて親になれば，子育てをすることになるのだが，ここではいわゆる「プロとしての」保育者のことを主に考えてみたい。プロであるからには，それなりの資質と，専門家としての専門性をそなえているはずである。保育者養成課程に在籍する学生，あるいは現場の先生方に，保育者として第一に必要なことは何かをたずねると，ほぼ必ずといっていいほど「何よりも子どもが好きであること」という答えが返ってくる。確かにその通りだと思われるが，それだけでは「プロ」としては不十分であろう。「子どもの発達についてよく知っていること」といわれることもある。これもその通りであろうが，知識があるからといって実践家として優れているとは限らない。では，どのような資質・専門性が必要なのだろう。

　全国保育士養成協議会専門委員会（2003）は，保育に関わる学術誌や，保育者養成課程で使用することを前提に作られたテキストなどに示された「保育者の専門性」を分析し，整理した。それを見ると，実にさまざまな角度から専門性が議論されてきたことがわかるが，結局今日でもまだ模索は続いているということである。その理由について，同書でも紹介されている関口（2001）は，次のように指摘している。保育における専門性や保育者の資質について，議論が深まりにくいのは，「それは一方で本質的問題を含むため，（保育行為自体は人間の共通の営みであるから）保育者の資質がともすると人柄や常識という社会人共通の人間としての善さに還元されてしまうことによる。…（中略）…他方で，幼稚園，保育所という保育実践の場が社会の動き（経済事情，保護者の価値観等）に絶えず揺さぶられ，保護者に人気のあ

る保育内容や保育方法があると，それに合うような即戦力となる保育技術をもつ保育者を求めるため，何が専門的特性，能力かの決め手のなさの中で，養成の側もまた現場の必要に迫られながら，手さぐりでの教育が続けられてきた」（関口，2001, p. 8）。

　というわけで，従来の専門家像で考えていると，理想の保育者像とはこれだ，と明確に述べることが困難なように見える。一方，近年新たな専門家像として，「**『反省的実践家（reflective practitioner）』**（Schön, 1983）としての保育者」という考え方が注目されている。以下では，全国保育士養成協議会専門委員会（2006）および増田（2012）に沿って，反省的実践家としての保育者について説明してみたい。

　従来，専門家といえばSchönがいうところの「**技術的熟達者（technical expert）**」であった。専門家は，専門的理論や科学的技術を身につけていて，現実的問題に対してそれらを適応する実践者なのである。「しかし，技術的熟達者モデルだけでは，保育実践のように，不確実で，曖昧で，一回性の現実に向き合うような営みに対しては，十分にその専門的特質を説明できない。…（中略）…専門的知識や技術が不断に問い直されるものであるという視点の欠落をまねくおそれがある」（全国保育士養成協議会専門委員会，2006, p.138）。そこで新たに提示されたのが，「反省的実践家」というモデルである。それは，理論と実践が別にあって，前者を後者に適応（応用）するということではなく，専門性は，活動しながら考えること（省察＝反省すること）のなかにある，という考え方である。専門家には行為しながら考え（ふりかえり），自らの行為を常に修正していくという姿勢が求められるのである。「保育という営みは『子ども理解→計画→実践→省察・評価→改善』という保育の過程であり，保育者はこの過程のなかで，反省的実践家として，成長し続け，保育者としての専門性を高めていくことが求められる」（増田，2012, p. 107）。理想の保育者像は何か固定した特性のようなもので示されるのではなく，省察しつつ成長を続ける姿そのものの中にあるといえるのではないだろうか。

引用文献

増田まゆみ（2012）．保育者としての専門性の向上―反省的実践家であり続けること―　新・保育士養成講座編纂委員会（編）　新・保育士養成講座第12巻　保育者論（第2章第6節）　全国社会福祉協議会．

Schön, D. A.,(1983). *The reflective practitioner.* (佐藤学・秋田喜代美（訳）(2001)．専門家の知恵　―反省的実践家は行為しながら考える―　ゆみる出版)

関口はつ江（2001）．保育者の専門性と保育者養成（総説）　保育学研究, **39**(1), 8-11.

全国保育士養成協議会専門委員会（編著）(2003)．保育士資格の研究―政令資格から法律資格へ　その本質を探る―　保育士養成資料集第38号　全国保育士養成協議会．

全国保育士養成協議会専門委員会（編著）(2006)．保育士養成システムのパラダイム変換―新たな専門職像の視点から―　保育士養成資料集第44号　全国保育士養成協議会．

2. Classroom Assessment 学習評価

2-1 学校での学習における評価

▶▶ 2-1-1 教育評価と学習評価

　教育評価とは，教育的営為の過程や成果に対して価値判断を行なうことである。小・中・高等学校において実施されるものに限定しても，表3-2-1に示したようにさまざまなものが教育評価に含まれる。本章ではこれらのなかでも，児童生徒の学習活動の過程や成果に対して教師が価値判断を行なうことである，「**学習評価**」について論じる。

　読者の多くが学習評価という言葉を耳にして，真っ先に想起するのは学力テストだろう。しかし学習評価の文脈においては，テストと評価はそれぞれ別物として扱われている。テスト（試験，検査）を行なうことは評価対象である能力等の程度を数値化する手続き（測定）であって，価値判断を行なうことではない。たとえば，ある生徒のテスト得点が82点であったとしても，その数値自体に意味があるわけではない。

　評価とは，測定によって得られた数値や，数値化されない情報を解釈し価値判断を行なうことを意味する。たとえば，ある生徒の82点というテスト得点に対して，その生徒はどのようなことができるといえるのか，あるいは達成目標に対してどの程度の実現状況に位置するかといった価値判断を行な

表 3-2-1 教育評価の種類（小学校，中学校，高校の場合を中心に）

評価の種類	児童生徒	教員	管理職	教育課程	学校	児童生徒・教員以外の学校関係者
自己評価	○←■					
相互評価	○←■					
学習評価	○←	■				
授業評価	■	→○				
教員評価		○←	■			
カリキュラム評価			■	→○		
			■	→○		
				○←		■
学校評価	■				→○	
		■			→○	
			■		→○	
					○←	■

■は評価者，○は被評価者を示す

うことが評価であるといえる。このような価値判断を行なう際には何らかの拠り所が必要であり，その拠り所のことを参照枠という。

▶▶ 2-1-2 学習評価の種類

　学習評価の種類を，価値判断を行なう際に準拠する参照枠の違いで分類すると，目標基準準拠評価と集団基準準拠評価の2つに大別される。目標規準準拠評価とは，評価情報に対する価値判断を達成目標に対する実現状況を参照枠として行う評価のことである。その方法のひとつとして，あるテストにおいてどの程度の範囲の得点であれば，どのような能力をもっていると判断できるかを明記した基準表を用いて評価するといったことがあげられる。集団基準準拠評価とは，集団全体における位置を参照枠として行なう評価のこ

表 3-2-2　形成的評価と総括的評価

	形成的評価	総括的評価
学習の文脈の…	中で実施され結果が用いられる。	外で結果が用いられる。
被評価者(学習者)にとって…	参照枠に対する自身の段階を把握し、より高い段階に到達するように学習方法を改善、計画するために結果を用いる。	長期的な学習活動の結果としての、参照枠に対する段階を把握するために結果を用いる。
評価者(教師)にとって…	参照枠に対して学習者がどの段階に相当するのかを把握し、指導の改善や学習者に対する後続の処遇を決定するために結果を用いる。	長期的な学習活動の結果、参照枠に対して学習者がどの段階に至ったのかを把握し、報告するために結果を用いる。
評価者や被評価者以外の第三者にとって…		学習の文脈(単元、教育課程)そのものを評価したり、被評価者に対する別文脈における処遇(進学など)を決定するために結果を用いる。

とである。その方法のひとつとして、あるテストを実施して得られた得点を用いて受験者集団全体の得点分布を求め、上位7%を5、以降24%を4、38%を3、24%を2、7%を1と評語をつけるといった、相対的な評価を行なうことがあげられる。

また、評価結果の利用のされ方で学習評価の種類を分類すると、**形成的評価**と**総括的評価**の2つに大別される。形成的評価とは、被評価者である学習者自身が学習の進め方を、あるいは評価者である教師が指導を改善するために結果を用いたりする評価のことを指す。総括的評価とは、長期的な学習活動の結果を把握したり、あるいは指導を実施した結果を報告したりするために結果を用いる評価のことを指す。

形成的評価と総括的評価の違いを端的に示すと表3-2-2の通りとなり、学習の文脈における両者の位置づけを検討すると以下のような違いを見出し得る。すなわち形成的評価は学習の文脈の中で実施され、その結果が利用されるという特質をもつ。一方、総括的評価の結果は学習の文脈の外で利用され、学習活動から切り離された機会を設けて実施される定期考査に代表されるように、その実施もまた学習の文脈の外でなされることが多い。

学習評価には，計画的に実施されるものと偶発的に実施されるものがある。計画的に実施される評価とは，あらかじめ実施時期を定め，事前に試験問題や評価課題を準備したうえで実施するものを指す。偶発的な評価とは，学習活動の最中の学習者の状況に応じながら言葉がけをするといったことがあてはまり，多くの場合一部の学習者に限って実施されることが多い。また計画的な評価であっても，一部の学習者を取り出して被評価者とし，作品などの出来映えや試験の正答状況を評価するといった場合もある。

　総括的評価の結果は，評価者や被評価者以外の第三者によって利用されることがある。その代表的な例として，通知表や指導要録，進学の際の調査書などがあげられる。このような形で評価結果を利用する際には，指導の対象となった学習者全員を被評価者とし，計画的に実施された評価の結果である必要がある。一方，形成的評価の場合には，学習者自身が学習の進め方を，あるいは教師が指導を改善するために結果が用いられればよい。そのため，計画的かつ全員を被評価者として実施する評価はもちろんのこと，計画的ながらも一部の学習者を被評価者として実施する評価や，偶発的に実施する評価であっても，形成的評価として結果を利用することが可能である。しかし，一部の学習者を被評価者として実施する評価や，偶発的に実施する評価の結果を総括的評価として利用することは難しい。

　これら2つの評価結果の利用のされ方を教科学習における単元の進行に対応づけると，単元開始前に学習者の既習事項の定着状況を把握し単元全体の進め方を検討するために結果を用いる評価（レディネステストなど）や，単元途中における学習者の学習状況を把握しその結果を指導の改善に用いる評価（チェックテストなど）が，形成的評価であるといえる。一方，単元末や学期の中間，期末に実施する評価が総括的評価であるといえる。しかし，複数の単元の集合からなる教育課程全体という観点からみると，当該単元における総括的評価は後続単元に対する，あるいは教育課程全体における形成的評価として位置づけることもできる。

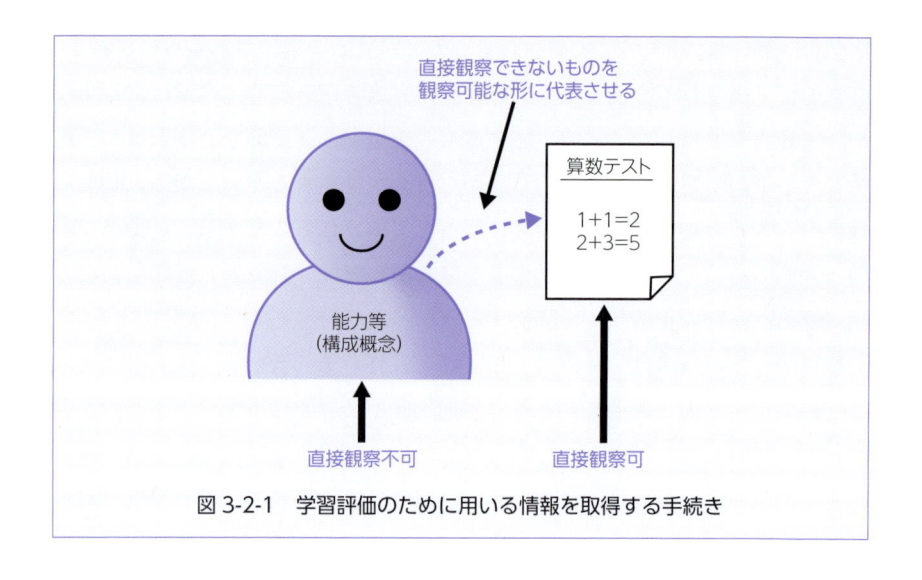

図 3-2-1　学習評価のために用いる情報を取得する手続き

2-2　学習評価の方法

▶▶ 2-2-1　測定的方法と非測定的方法

　学習評価における最大の難しさは，評価対象である能力等が直接観察できるものではないという点にある。そのため，能力等を観察可能な行動から類推して概念化することで**構成概念**（直接観察できないが，ある行動や現象の背後に存在することを仮定された概念）として扱えるようにする。そのうえで，図 3-2-1 のように被評価者に対して能力等を発揮する行動を起こさせ，その過程や結果の表現を評価情報として用い，間接的に能力等を評価するという手続きを取る必要がある。この手続きには測定的な方法と非測定的な方法とがある。

　測定とは，定規や秤などの尺度を用いて物体や対象の様相を数値化する手続きのことである。身長や体重，距離などは対象に尺度を直接あてがって測定でき，また金額などは直に計数することが可能である。しかし，学習評価

ものさしとしての目盛りの細かさ　**測定できる能力の幅**

ある一定以上の能力をもつ被評価者は正答しそうでないものは誤答するというように、一定の能力を弁別可能な項目を…

…複数用意してテスト冊子とすることで、テスト全体として測定可能な能力に高低幅をもたせるとともに、項目間の困難度の間隔を狭め、能力等を間接的に測定できる「ものさし」として機能するようにする。

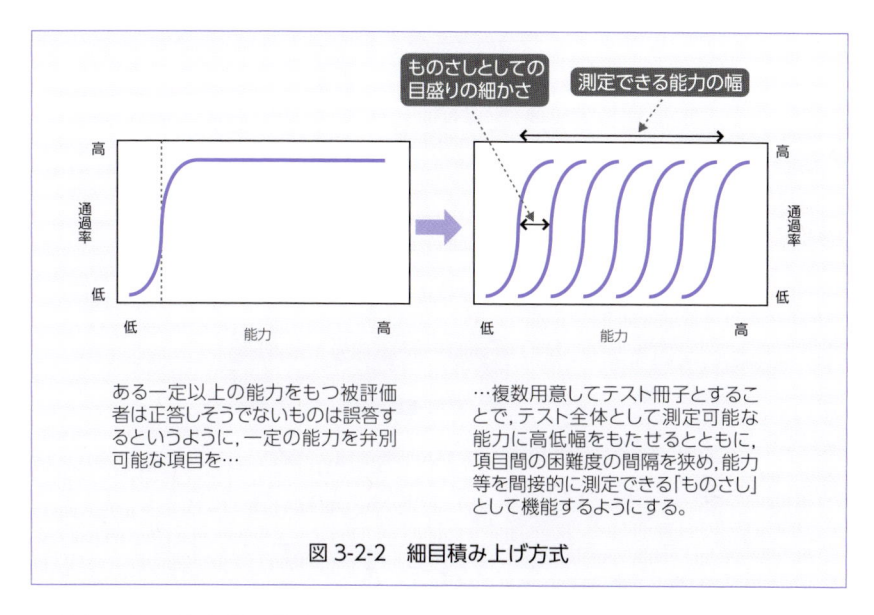

図 3-2-2　細目積み上げ方式

の対象である能力等は構成概念であるため、直接観察し尺度をあてがうことはできない。学習評価における測定的方法とは、能力等の構成概念を間接的に観察しその結果を数値化する方法であり、そのための代表的なものがテストである。非測定的方法とは、被評価者に課題を与え実際に解決させ、その過程や結果の表現を求めることで評価のために用いる情報を取得する方法であり、その代表的なものに後述するパフォーマンス評価がある。

▶▶ 2-2-2　測定的方法を用いた評価対象の数値化

　テストは受験者に対して応答を求める項目群で構成されており、それらの項目に対する応答状況を得点化することで、能力等を間接的に数値化するために用いられる。学習評価のためにテストを用いることの利点は、評価対象の能力等を、高低幅を広くとりながら細かく数値化できることにある。テストを構成する際には、「かっこの中に適切な語句を書きなさい」「もっとも適切なものをひとつ選び記号で答えなさい」といったように、テスト項目に対する回答として端的な記述をさせたり、選択させたりといった応答を求める

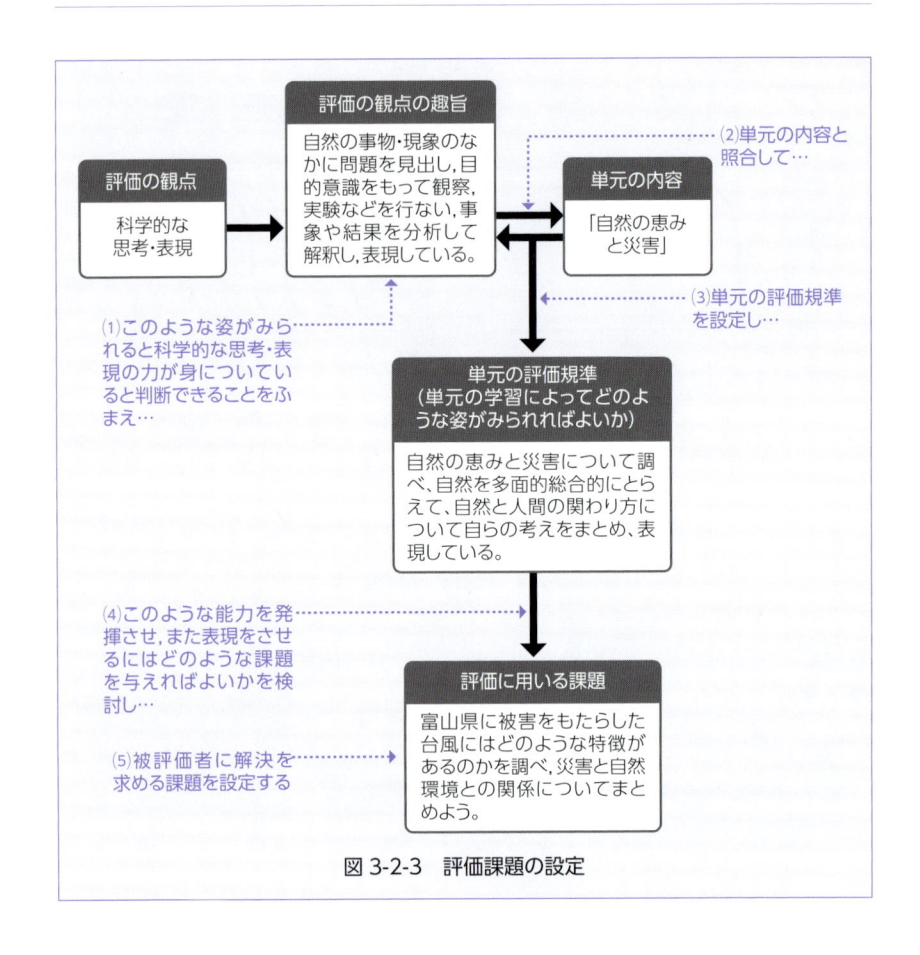

```
┌─────────────────────────────────────────────────────────────────┐
│                                                                 │
│                    ┌──評価の観点の趣旨──┐                        │
│                    │ 自然の事物・現象のな │      (2)単元の内容と  │
│                    │ かに問題を見出し、目 │····· 照合して…        │
│    ┌─評価の観点─┐→│ 的意識をもって観察、 │  ┌──単元の内容──┐   │
│    │ 科学的な   │  │ 実験などを行ない、事 │↔│ 「自然の恵み │   │
│    │ 思考・表現 │  │ 象や結果を分析して   │  │  と災害」    │   │
│    └────────────┘  │ 解釈し、表現している。│  └──────────────┘   │
│                    └──────────────────────┘                     │
│       (1)このような姿がみら···                    (3)単元の評価規準│
│       れると科学的な思考・表                ····· を設定し…       │
│       現の力が身についてい         ↓                            │
│       ると判断できることを     ┌単元の評価規準┐                  │
│       ふまえ…                  │(単元の学習によってどのような    │
│                                │ ような姿がみられればよいか)│    │
│                                ├──────────────────────┤         │
│                                │自然の恵みと災害について調│       │
│                                │べ、自然を多面的総合的にとら│      │
│                                │えて、自然と人間の関わり方に│      │
│                                │ついて自らの考えをまとめ、表│      │
│                                │現している。              │      │
│                                └──────────────────────┘         │
│                                         ↓                       │
│       (4)このような能力を発···                                  │
│       揮させ、また表現をさせ                                    │
│       るにはどのような課題                                      │
│       を与えればよいかを検         ┌──評価に用いる課題──┐      │
│       討し…                       │富山県に被害をもたらした│      │
│                                    │台風にはどのような特徴が│     │
│       (5)被評価者に解決を··········│あるのかを調べ、災害と自然│    │
│       求める課題を設定する         │環境との関係についてまと│     │
│                                    │めよう。              │      │
│                                    └──────────────────────┘      │
│                                                                 │
│                       図 3-2-3 評価課題の設定                   │
└─────────────────────────────────────────────────────────────────┘
```

項目を多めに積み上げて、ひとつのテスト冊子とする。

　この積み上げ方を模式的に表現すると図 3-2-2 の通りとなる。すなわち、困難度の異なる項目を複数用意し、測定可能な高低幅を広げるとともに、項目どうしの困難度の差を狭めることで、全体の幅が広く、かつ目盛りに細かさのあるものさしとなるようにする。このように構成されたテストを用いることで、正答した項目数が多い受験者ほど能力が高いとみなしたり、達成目標と実現状況の差や受験者間の能力差を数値的に把握することが可能となる。

▶▶ 2-2-3　非測定的方法としてのパフォーマンス評価

　テストは，端的な記述をさせたり選択させたりといった，応答を求める項目で構成されているため，被評価者がどのような過程を経て，またどのような理由から回答を導いたのかを評価者が知ることができないという難点がある。現実的な問題解決場面において具体的にどのようなことができるのかといったことや，考え方を広げるような思考力等を評価する際には，被評価者に対して課題を与え，それを実際に解決させることで評価に用いる情報を取得する必要がある。

　このような，高次の認知能力や実際の問題解決に必要な能力を複合的に査定するために用いられる，課題解決型の評価方法を**パフォーマンス評価**という（Ercikan, 2006）。パフォーマンス評価には正答が一義的に定まらないことが多いという特徴があるため，ルーブリック（パフォーマンス評価のために課せられた課題に対する出来具合から，教育目標に対する達成状況を段階的に評価するための指針）と呼ばれる判定基準をあらかじめ用意し，課題解決の過程の様相や結果の出来具合を評価する必要がある。

　小・中・高等学校での観点別評価の場合の評価課題の設定手順を概略的に示すと図 3-2-3 の通りとなる。すなわち，評価対象の能力が発揮されたと判断できるのはどのような姿がみられた場合かを想定し，評価対象の能力を発揮させ，過程や結果を表現させるのに適切と考えられる課題を設定する。そのうえで，達成目標に対する実現状況の段階ごとに課題解決の過程や結果の様相の特徴を記述した判定基準（表 3-2-3）を用意する。その際，各段階の記述に対応する典型的な実例（ベンチマーク）も併せて用意しておくと評価を行ないやすくなる。

▶▶ 2-2-4　妥当性と信頼性

　評価の結果を適切に利用するためには，**妥当性**と**信頼性**の高さが求められる。妥当性とは評価結果の解釈と利用の適切さの程度のことである（Miller et al., 2009）。従来，妥当性の議論は評価情報のひとつとして位置づけられ

表 3-2-3 判定基準（ルーブリック）の例

段階	A	B	C
事例（ベンチマーク）	（台風経路図）	（台風経路図）	（台風経路図）
判定基準	フェーン現象や洪水などの災害と地域の特性について指摘しており，自然を多面的，総合的にとらえている。 また，日本列島の地形と台風の進路との関係を推測したりしているため，人間と自然の関わり方について自らの考えをもてている。	台風の経路記録から，台風の進路と被害の大きさや地域における災害の特徴について指摘しており，自然を多面的，総合的にとらえている。 より多面的にとらえ，自らの考えをまとめられるようにするため，日本列島の地形や洪水以外の災害にも着目させる。	台風について調べ，それらの情報や経路記録を示している。 自然を多面的，総合的にとらえられるようにするため，代表的な台風についての情報をいくつかのシートにまとめた補助資料を活用しながら説明する。

る測定値についてのみ対象としてきた。しかし近年では，測定値の利用のされ方も視野に入れて議論されるようになってきたことに加えて，学習評価そのものに対する妥当性概念も検討されつつある。このような議論をふまえ，形成的評価および総括的評価といった評価結果の使われ方の違いと，評価に用いる情報と評価結果の使われ方のそれぞれに対する妥当性の種類を示すと表 3-2-4 の通りとなる。

　評価結果の使われ方が総括的，形成的のいずれであっても，評価に用いる情報は，評価対象である能力等の構成概念を正しく反映していることが必要である。総括的評価として評価の結果を学習の文脈の外で用いる場合には，文脈に依存せずに評価結果が解釈できるようでなければならない。また，形成的評価として評価の結果を学習の文脈の中で用いる場合であっても，その結果が育成しようとしている能力等の構成概念を正しく反映していなければ，その結果を参照しながら学習や指導の改善を行なっても教育目標の達成

表 3-2-4　学習評価の結果の利用のされ方と妥当性の種類
（Messick, 1995; Brookhart, 2003 を参考に作表）

評価結果の利用のされ方	学習の文脈における位置づけ	評価情報としての妥当性	評価結果としての妥当性
総括的評価	評価結果は学習の文脈の外で主に用いられる。	評価対象である能力等の構成概念を正しく反映している程度（概念的妥当性）	評価対象である能力等の構成概念を正しく反映している程度（概念的妥当性）
			被評価者に対する処遇を決定するなど別の文脈において利用できる程度
形成的評価	評価結果は学習の文脈の中で主に用いられる。		評価対象である能力等の構成概念を正しく反映している程度（概念的妥当性）
			達成目標と実現状況の差を知ることができる程度
			後続の学習に役立つ情報が得られる程度

にはつながらない。このように，評価対象である構成概念が正確にとらえられている程度のことを**概念的妥当性**といい（Cronbach & Meehl, 1955; Messick, 1995; 並木, 2006），学習評価における妥当性の中核をなしている。

　そのうえで，総括的評価の場合には，進学時の申し送りや，入学試験における合否判定など，その結果が学習の文脈の外で用いられることが多い。そのため，被評価者に対して別の文脈における処遇を適切に決定するといったように，別文脈において適切に利用できる程度が高いほど，妥当性の高い評価であるといえる。形成的評価の場合には，その結果が学習の文脈の中で用いられることが多く，被評価者である学習者自身が学習の進め方を，または評価者である教師が指導を改善することを目的としてその結果が用いられることをふまえると，達成目標と実現状況の差の把握や，後続の学習に役立つ情報が得やすいほど，妥当性の高い評価であるといえる。

　信頼性とは評価結果の一貫性の程度のことを指し，その高低は統計的な指標を用いて検討可能である（Miller et al., 2009）。学習評価の対象である能力等の構成概念は直接観察できるものではないため，評価に用いる情報には常に誤差が含まれる。誤差をもたらす要因は評価のために用いる情報を取得

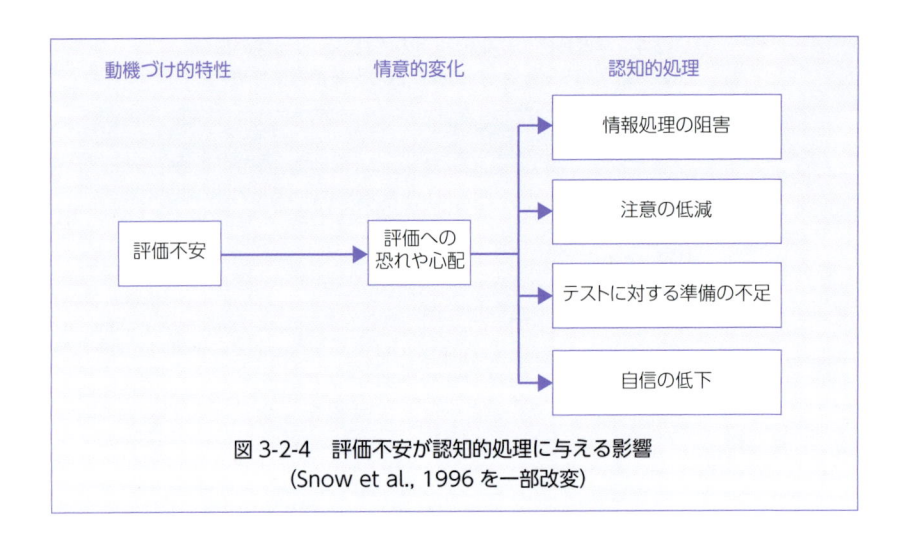

図 3-2-4　評価不安が認知的処理に与える影響
（Snow et al., 1996 を一部改変）

動機づけ的特性：評価不安 → 情意的変化：評価への恐れや心配 → 認知的処理：
- 情報処理の阻害
- 注意の低減
- テストに対する準備の不足
- 自信の低下

表 3-2-5　2 人の評定者が独立に評定した結果の例

生徒番号	評定者 1 による評定結果	評定者 2 による評定結果
1	3	3
2	3	2
3	1	1
4	2	1
5	2	2
⋮	⋮	⋮
16	3	3
17	2	2
18	3	2
19	3	3
20	2	2

表 3-2-6　分散成分の推定例

	変動要因	分散成分
(a)	被評定者	0.28
(b)	評定者	0.01
(c)	被評定者×評定者	0.19

する手続きの違いによって異なる。

　客観テストのように項目に対する正答がひとつに限定される場合には，採点者の違いによる誤差，すなわち採点結果の違いは生じない。しかし，テストを構成する項目の一部が，評価対象の能力が低い被評価者ほど正答するといったような，他の項目とは異なる性質をもつと，測定結果の誤差が大きくなる。このような誤差が小さく，項目群の集合が単一のものさしとして機能する程度のことを内的整合性といい，クロンバックのα係数をはじめとした統計的指標によって検討できる。

　一方，パフォーマンス評価のような課題解決型の手続きの場合，成果物等を判定基準と照らし合わせながら評定者が解釈的に評定を行なう必要があるため，評定者の違いによる誤差も生じ得る。課題解決型の手続きにおいて，評価対象の能力が高い被評価者ほど高い段階の評定となり，かつ同程度の被評価者であれば別の評定者によっても同様の評定となっているかを検討するための方法として，**一般化可能性理論**（Cronbach et al., 1963）があり，パフォーマンス評価の信頼性の検討にも有効であることが示されている（Brennan & Johnson, 1995）。

　一般化可能性理論には，評定結果の誤差の要因とその大きさを検討する一般化可能性研究と，評定の信頼性を検討する決定研究とが含まれる。図3-2-4のような判定基準を用いるパフォーマンス評価に対して一般化可能性研究と決定研究を行なうには，表3-2-5のように，ある成果物に対して同じ判定基準を使い複数の教師が独立に評定を行なった結果のデータを用意する。

　一般化可能性研究では表3-2-5のようなデータを用いて，被評価者の違い，

評価者の違い，被評価者と評価者の違いの組み合わせの3つの要因のそれぞれが評定結果の違いに与える影響の大きさの指標である分散成分を推定する。表3-2-6のような結果が得られた場合，これらの分散成分の大きさを相対的に検討するために，(a)(b)(c) それぞれの値を (a) ～ (c) の和で割って百分率で示すと，(a) が59%，(b) が2%，(c) が39% となる。もっとも分散成分が大きいのは (a) であるが，これは評定が低い被評価者もいれば高い被評価者もいることを示しているため，この値の大きさ自体は評価の信頼性とは関係がない。次に分散成分の値が大きいのは (c) であり，ある被評価者に対して，一方の評定者は高い評定をつけているのに他方は低い評定をつけていたり，またその逆が起こっていたりというような，被評価者の違いと評価者の違いの組み合わせが評価結果の違いに与える影響が比較的大きいことを示唆している。また，評定者の違いが評価結果の違いに与える影響の大きさを示す (b) は相対的にみると小さいものの，一方の評価者と比べて他方が高めの評価をつけているといったことが少なからず起こっていることを示唆している。

決定研究では，一般化可能性研究のために求めた分散成分の推定値を用いて一般化可能性係数を求め，評定の信頼性を検討する。この例題のような形式のデータに対する一般化可能性係数は(式1)によって求めることができる。

$$一般化可能性係数 = \frac{「生徒」の分散成分}{「生徒」の分散成分 + \dfrac{「生徒と評定者の組み合わせ」の分散成分}{評定者数}} \quad (式1)$$

判定基準を用いた評定は1名の評定者によって実施されることがほとんどであるため，ここでは評定者数1名の場合の一般化可能性係数を求めてみる。一般化可能性係数は信頼性係数と同様に解釈し，0.80以上で信頼性が高いとみなされる。表3-2-6の値を式1に代入して一般化可能性係数を求めると0.60

という値が得られ，この例の場合の信頼性は低いといえる。先に示した一般化可能性研究の結果を参照すると，一方の評定者は高い評定をつけているのに他方は低い評定をつけていたり，またその逆が起こったりしていることが信頼性を低めていると考えられる。したがって，評定者の違いによる評定結果の違いが起こらないような判定基準の改善の必要があることがわかる。

2-3 学習を促進する評価

▶▶ 2-3-1 学習評価の形式が学習者に与える影響

　学習評価は学習者に対して直接的に働きかけるという特質をもつ。たとえば学校での定期考査では，出題範囲を示すことが準備のための学習を促し，実際のテストでは提示された項目に対して直接応答し，その結果は学習者にフィードバックされるといったように，学習評価は学習者との直接的な相互作用によってなされる。さらに，評価の結果は学習者の将来を左右することもある。そのため，学習評価はさまざまな形で学習者に影響を与える。

　評価という営為そのものが学習者に与える影響としてよく知られているものに，評価不安がある。これは学習者自身が何らかの形で評価されることに対してもつ不安のことであり，評価されることを繰り返し経験することで形成される。図3-2-4に示したように，評価不安の高低は学習者の情意面に変化をもたらし，ひいては認知的処理のありように影響を与えると考えられている（Snow et al., 1996）。

　評価の形式や，評価のために用いる情報を得るための手続きの形式も学習者に影響を与える。たとえば，評価形式が学習意欲や学習行動に与える影響を検討した研究（鹿毛，1993）では，到達度評価の実施が児童の学習意欲や学習行動を高めるかが実験的に検討された。対象児を4群（到達度評価実施のあり-なし，評価主体が教師-児童の2×2要因）に分けて実験を行なった

結果，到達度評価実施群において学習意欲と有能感が高かった。さらに，評価主体が児童である到達度評価を実施する条件においては，学力や学習意欲の低い児童の内発的動機づけを高める効果がみられた。また，テスト形式が学習者の学習方略使用に与える影響について検討した研究（村山，2004）では，中学生を対象に実際の学校における学習に近い場面における実験が行なわれた。その結果，授業後の確認テストが毎回記述式で行なわれる群は，空所補充型テストが行なわれる群と比べてミクロ理解方略やマクロ理解方略といった「深い処理」の学習方略を多く用いるようになるとともに，暗記方略などの「浅い処理」の方略の使用頻度が少なくなることが示された。ただし，これらの知見は特定の評価形式が他と比べて優位であるといったことを示唆しているのではない。実際に評価を行なうにあたっては，その行為が学習者に対していかなる影響を与え得るかを考慮したうえで，教育目標や指導内容に見合った形式を選択する必要があるといえよう。

▶▶ 2-3-2　学習評価の結果の戻し方が学習者に与える影響

学習者自身がより高い段階に到達できるよう学習方法を改善，計画し，持続的に学習に取り組めるようにするためには，達成目標とそれに対する学習者自身の実現状況，そして次に目指すべき実現状況の段階を学習者に示すことが効果的であると考えられている（Hattie & Gan, 2011）。このような評価結果の戻し方が，後続する学習活動において何をすればよいかを明確化し，学習者の認知的負荷を軽減し，学習行動の円滑化に寄与するとともに，学習者が教育目標と達成度との差を知りそれを埋めようとすることで，より意欲的に学習に取り組めるようになると考えられているためである（Shute, 2008）。

学習者に対して自身の学習行動や思考の仕方などの改善を促すことを目的として評価結果を戻すことを，**形成的フィードバック**という。形成的フィードバックの実施が学習成果に与える影響を検討した研究をメタ分析した結果によると，全体的に効果量が高いことが示されている（Hattie, 2008）。しか

し，フィードバックの内容や与えるタイミングによって，学習成果に与える影響は異なる。

　フィードバックとして与える情報にはさまざまな種類があるが，正誤や出来具合，今後どのような方法を用いながら取り組むべきか，今後どのような知識を使って課題を解決すべきか，個人の努力の程度，の4つを比較したメタ分析的研究の結果によれば，今後どのような方法を用いながら取り組むべきか，あるいはどのような知識を使って課題を解決すべきかを提示することが学習成果の向上に寄与することが示されている（Hattie & Timperlry, 2007）。一方で，「がんばったね」といった言葉がけのような，個人の努力の程度を学習者にフィードバックすることはあまり効果がないことが示されている（Kluger & DeNisi, 1998）。

　学習活動の最中でのフィードバックに関しては，学習活動において取り組んでいる課題の難易度や，課題解決を通じて育成が目指されている能力の違いによって，効果的なタイミングが異なると考えられている。学習課題の難易度とフィードバックのタイミングとの関連を検討した研究によれば，難しい課題に取り組んでいる際には評価結果を即時に戻すよりも，遅らせた方が学習成果が高くなることが示されている（Clariana et al., 2000）。また学習内容との関連においては，知識習得を目標とした学習活動では即時にフィードバックを与えた方が学習成果が高く，概念形成を目標とした場合には遅らせた方が学習成果が高いことが示されている（Schroth, 1992）。

　難しい課題や概念形成を目標とした学習活動に取り組んでいる際にフィードバックを遅らせた方がよい理由は，課題解決後にしばらく振り返りの時間をもたせた方が，学習者が課題に関連した認知的，メタ認知的な処理を行なうことができ，概念形成にも寄与するためと考えられている。また，学習者自身が自由に考える時間をもたせることが自律性の欲求を満たすことにつながり，ひいては動機づけを高めることにも寄与し得るとも考えられている。しかし，動機づけの低い学習者にとっては，課題解決が終わった時点からフィードバックが与えられる間に自身で振り返ったりすることができる時間

を与えられても，あまり振り返りを十分には行なわないため，フィードバックを遅らせることは動機づけの低い学習者にとっては逆効果になり得るといった指摘もある (Shute, 2008)。このような指摘をふまえると，ある特定のフィードバックがすべての学習者に等しく効果的であるとはいえず，フィードバックについても**適性処遇交互作用**（Aptitude Treatment Interaction: ATI）が起こると考えられる。

　学習評価とは児童生徒の学習活動の過程や成果に対して教師が価値判断を行なうことであり，言い換えると学習活動の過程や結果で生じた学習者の個人差を見取ることともいえる。そして評価は学習者の学習活動を促進し得るが，そのありようは学習者の個人差によって異なるともいえる。このような考え方を推し進めると，学習評価の結果の使われ方のひとつである形成的評価とは，学習者の個人差を見取りつつ，学習者が自身の学習を進めやすくなるように個人差にあわせて結果をフィードバックし，またその結果を指導の改善に活かすといった，一連の過程としてとらえることができよう。

（山森光陽）

引用文献

Brennan, R. L., & Johnson, E. G.(1995). Generalizability of performance assessments. *Educational Measurement: Issues and Practice*, **14**, 9-12.

Brookhart, S. M. (2003). Developing measurement theory for classroom assessment purposes and uses. *Educational Measurement: Issues and Practice*, **22**(4), 5-12.

Clariana, R. B., Wanger, D., & Roher-Murphy, L. C.(2000). Applying a connectionist description of feedback timing. *Educational Technology Research and Development*, **48**, 5-21.

Cronbach, L. J., & Meehl, P. E.(1955). Construct validity in psychological tests. *Psychological Bulletin*, **52**, 281-302.

Cronbach, L. J., Rajaratnam, N., & Gleser, G. C.(1963). Theory of generalizability: A liberalization of reliability theory. *British Journal of Statistical Psychology*, **16**, 137-163.

Ercikan, K.(2006). Developments in assessment of student learning. In P. A. Alexander & P. H. Winne(Eds.), *Handbook of educational psychology* (2nd ed. pp. 929-952). Mahwah, NJ: Lawrence Erlbaum Associates.

Hattie, J.(2008). *Visible learning: A synthesis of over 800 meta-analyses relating to achievement.* London: Routledge.

Hattie, J., & Gan, M.(2011). Instruction based on feedback. In R. Mayer & P. Alexander(Eds.), *Handbook of research on learning and instruction.*(pp. 249-271). New York: Routledge.

Hattie, J., & Timperley, H.(2007). The power of feedback. *Review of Educational Research, 77*, 81-112.

鹿毛雅治（1993）．到達度評価が児童の内発的動機づけに及ぼす効果　教育心理学研究, **41**, 367-377.

Kluger, A. N., & DeNisi, A.(1998). Feedback interventions: Toward the understanding of a double-edged sword. *Current Directions in Psychological Science, 7*, 67-72.

Messick, S.(1995). Validity of psychological assessment: Validation of inferences from persons' responses and performances as scientific inquiry into score meaning. *American Psychologist, 50*, 741-749.

Miller, M. D., Linn, R. L., & Gronlund, N. E.(2009). *Measurement and assessment in teaching* (10th ed.). Upper Saddle River, NJ: Merrill/Pearson.

村山航（2004）．テスト形式の違いによる学習方略と有効性の認知の変容　心理学研究, **75**, 262-268.

並木博（2006）概念的妥当性の検証：心理測定学的構成概念と認知心理学的構成概念の場合　教育心理学年報, **45**, 134-144.

Schroth, M. L.(1992). The effects of delay of feedback on a delayed concept formation transfer task. *Contemporary Educational Psychology, 17*, 78-82.

Shute, V. J.(2008). Focus on formative feedback. *Review of Educational Research, 78*, 153-189.

Snow, R. E., Corno, L., & Jackson, D. III.(1996). Individual differences in affective and conative functions. In D. C. Berliner & R. C. Calfee(Eds.), *Handbook of educational psychology.* (pp. 243-310). New York: Macmillan Library Reference USA.

教育心理学コラム 15

青年期のキャリア形成

大家まゆみ

　青年期は，子ども時代から大人への入り口にあたる。進学や就職，親からの自立など，この時期に子どもたちが向き合うべき課題は数多い。時には人生を左右するような大きな発達課題となる。心理社会的発達論を提唱してアイデンティティ研究の先駆的存在となったエリクソンは，人生を乳幼児期から老年期までの8つの発達段階に分け，青年期の発達課題をアイデンティティの確立と定義した（Erikson, 1968）。青年期のアイデンティティの発達には，小学生の頃から育まれてきた自己信念と，将来を見据えたキャリア形成のための動機づけが大きな役割を果たす（Wigfield & Wagner, 2005）。

　つまり青年期のキャリア形成には，単に就職先や進学先の選択および決定を行なうのではなく，幼い頃から抱いていた将来の夢や希望を育て，進路に対する関心を高め，自分自身に気づいていく過程を育むこと，そして学校での学びで得た知識やスキルのなかから，どのような分野に関心があるのか，児童生徒が自分自身を見極めることが必要になる。教育的視点からは，将来の自分の姿や就きたい職業を具体的にイメージするには，日々の学びを積み重ねて見識を広げていく力を育成することが重要になる。つまり，発達的変化が著しく日々成長する子どもたちが，日頃の学びをふだんの生活に生かしていくことが，青年期のキャリア形成には大事な役割を果たすことになろう。

　筆者らは首都圏の小中学校の児童生徒1687名（小5・440名，小6・455名，中1・439名，中2・353名）を対象に，学校での学びを「ふだんの生活につなげる力」がどのように変化するかを横断的に検討するために，質問紙調査（表15-1）を実施した（Oie et al., 2013）。

　その結果，学校で習得した知識や技術を「ふだんの生活につなげる力」は，

表 15-1 「ふだんの生活につなげる力」（6 項目）
(Oie, et al., 2013)

1	学校で習うことは，ふだんの生活で不思議に思っていることを解決するために役立つと思う。
2	ふだんの生活で考えていることや思っていることが教科書に出ているとおもしろい。
3	新しく習ったことを，前に習ったことと結びつけて考えるとわかりやすい。
4	学校で習うことは，ふだんの生活では役に立たないと思う。（逆転項目）
5	授業で習ったことをふだんの生活と結びつけて考えている。
6	新しく習うことがむずかしいとき，前に習ったことを思い出すようにしている。

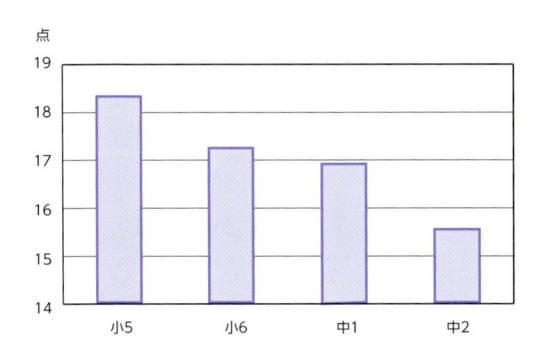

図15-1　小学校から中学校への移行期の「ふだんの生活につなげる力」の横断的変化
(Oie et al., 2013 をもとに作成)

　学年が上がるにつれて低下していた（図15-1）。実は，小学校から中学校への移行期に学びに対する動機づけや興味が削がれていくこの現象は，文化を問わずみられる。児童・生徒らは，教室で仲間と社会的比較をするようになり，さまざまな失敗や恥をかくような体験をして，動機づけが低減してネガティヴな自己評価を抱くようになる（Ryan & Deci, 2006）。

　青年期にはこのような迷いや悩みを経てキャリア形成がなされていく。その一助となるのがキャリア・カウンセリングである。キャリア・カウンセリングは各人の自律性に基づいて，自ら自己の人生目標を選択して決定し，追求していくことにより自己実現を果たしていく過程を援助する活動である。

引用文献

Erikson, E. H. (1968). *Identity: Youth and crisis.* New York: Norton.

Oie, M., Fujie, Y., Okugawa, Y., Kakihana, S., Iitaka, S., & Uebuchi, H. (2013). Self-regulated learning and creativity as related to age and gender in the transition from elementary to junior high school. In A. G. Tan (Ed.), *Creativity, talent and excellence* (pp. 89-106). SG: Springer Verlag.

Ryan, R. M., & Deci, E. L. (2006). Self-regulation and the problem of human autonomy: Does psychology need choice, self-determination, and will? *Journal of Personality,* **74**, 1557-1585.

Wigfield, A., & Wagner, A. L. (2005). Competence, motivation, and identity development during adolescence. In A. J. Elliot & C. S. Dweck (Eds.), *Handbook of competence and motivation* (pp. 222-239). New York: Guildford Press.

教育心理学コラム 16

東アジアと欧州の教科書に描かれた「いい子」像

塘　利枝子

子どもの社会化の源としての教科書

　教科書は学校の中で，子どもの社会化に影響を与える重要な役割を担っている。このように認識されているからこそ，各国の大人たちは，次世代の教育のために多大な労力をかけて教科書を編纂しているのだろう。このことから，教科書は各国・時代の大人たちの次世代に対する期待が込められた重要な資料だと考えられる。

　ここでは小学校教科書に注目して，東アジア4ヵ国（日本，韓国，中国，台湾）と欧州3ヵ国（イギリス，ドイツ，フランス）の国語教科書に描かれた「いい子」像を，対処行動や**葛藤処理方略**の点から見てみよう。他者や周囲の状況との間で葛藤状態になった際の対処の仕方に注目することで，どんな子どもが「いい子」とされているか，どんな葛藤処理が子どもたちに期待されているかがわかるだろう。

自己一貫型と自己変容型

　自分とは異なる意見を他者がいったり，自分の思うようにいかない状況になったとき，教科書に描かれた主人公はどう対処しているのか。自分のやり方を最後まで通す「自己一貫型」と，相手の意見や周囲の状況に合わせる「自己変容型」とに分けて，7ヵ国の教科書，合計1,278編の作品に描かれた主人公の対処行動の国際比較を行なった。その結果，7ヵ国間で有意な差があり，欧州3ヵ国と中国，台湾では「自己一貫型」の高い傾向がみられ，日本と韓国では「自己変容型」の高い傾向がみられた（図16-1）。

　さらに「自己一貫型」のなかでも，主人公と対立する対象の違いにより国

図 16-1 主人公の対処行動

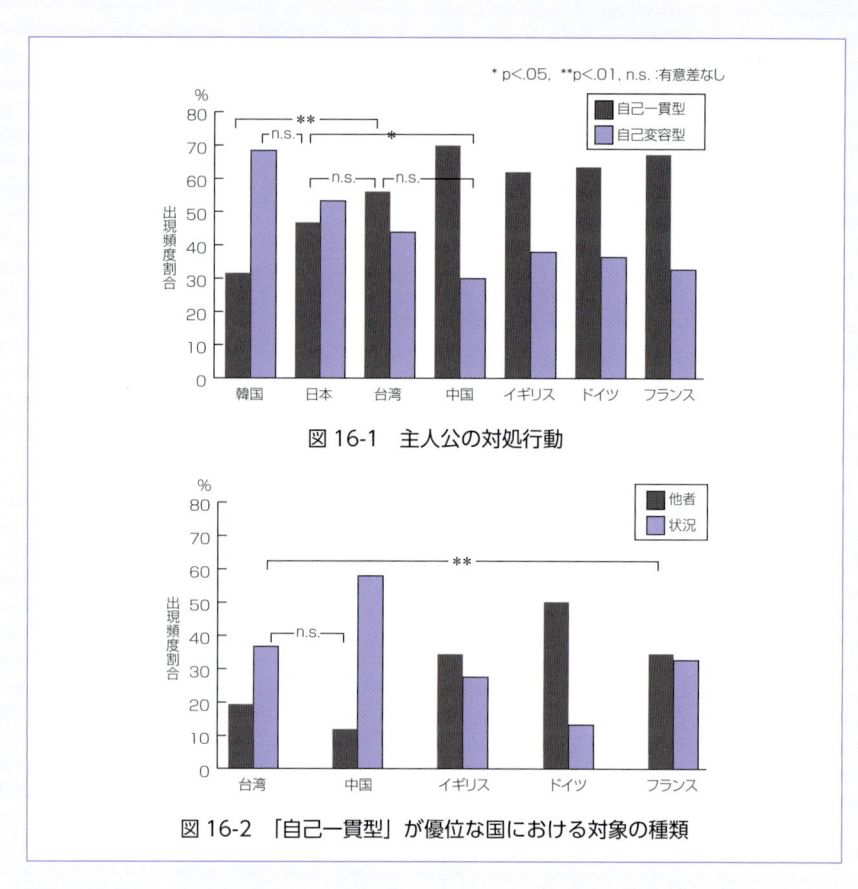

図 16-2 「自己一貫型」が優位な国における対象の種類

家間に有意差がみられた。友人，親，先生といった人間を意味する「他者」か，災害，戦争状態，偶発的な事象等を意味する「状況」かについて分析してみると，欧州 3 ヵ国では「他者」が多いのに対して，中国や台湾では「状況」が多かった（図 16-2）。すなわち「自己一貫型」のなかでも，中国や台湾では困難な状況に対して負けずに最後まで自分のやり方を貫くことが期待されているが，欧州 3 ヵ国では対立する他者に対して自分のやり方を貫くことが期待されているといえよう（塘，2008）。

一般的にアジアと欧米では，自己のあり方や行動の仕方が異なるといわれてきた。たとえば「**独立的自己**」と「**相互依存的自己**」（Markus &

Kitayama, 1991）や，「**個人主義**」と「**集団主義**」（Triandis, 1995）などである。しかし教科書に描かれた主人公の対処行動には，必ずしも以上のような文化の二分法論はあてはまらなかった。同じ東アジアの中でも，中国と日本とでは異なる対処行動がみられたのである。

東アジアにおける日本の葛藤処理方略の特徴

　東アジアに焦点をあててさらに見てみよう。「自己一貫型」と「自己変容型」というように最終的な対処行動だけではなく，葛藤が起きてから解決までの主人公の葛藤処理方略過程を質的に分析した。その結果，たとえば日本では「無邪気な信頼性による回避方略」が，中国では「徹底的な正面対決方略」が特徴的にみられた（塘，2011）。

　日本でみられた以上のような葛藤処理方略は，主人公が相手の善意性を無邪気に信じたことにより，本来対立していたはずの相手が自ら気持ちを変えて，主人公の味方になってくれるという行動経過をたどっている。さらに中国や欧州の3ヵ国とは異なり，日本では自分の不満を言葉で表すのではなく，互いに気持ちを推測し合って葛藤を回避することが期待されていた。日本の教科書の作品の最後には「主人公のこの時の気持ちを考えましょう」という，「気持ち」に関する設問が数多く用意されている。つまり他者の「気持ち」を察することが，日本の「いい子」の条件の一つであると考えられる。

今後期待される「いい子」像

　近年さまざまな国家間紛争や衝突が起きている。同時に人や情報の国家間移動も多くなり，日本国内でも多文化化が進んでいる。日本の学校にも海外から**文化間移動**をしてきた子どもたちが増加している。このような子どもたちと共に国際社会の中で活躍する人材を育てるためには，単に他者の「気持ち」を察するだけではなく，異なる価値観をもつ人びとと言葉でコミュニケーションし合う葛藤処理方略も重要となる。他者に歩み寄ることは大事であるが，単に葛藤を回避するだけではなく，時には上手な正面対決も必要となる。

これらの点を考慮しながら，各国・時代の価値観が反映された教科書において「望ましい」対処行動や葛藤処理方略の今後の変化をみていくことは，社会が期待する次世代の「いい子」像を知る有効な方法の一つとなるであろう。

引用文献

Markus, H. R., & Kitayama, S.(1991). Culture and the self: Implication for cognition, emotion, and motivation. *Psychological Review*, **98**(2), 224-253.

塘　利枝子（2008）．教科書に描かれた発達期待と自己　岡田　努・榎本博明（編）　自己心理学5　パーソナリティ心理学へのアプローチ（8章, pp. 148-166）　金子書房.

塘　利枝子（2011）．東アジアの教科書に描かれた自己表出　榎本博明（編著）　自己心理学の最先端：自己の構造と機能を科学する（pp. 241-254）　あいり出版.

Triandis, H. C.(1995). *Individualism and collectivism*. Boulder: Westview Press.

3. Education and Counceling
教育とカウンセリング

3-1 はじめに

　現代社会は「生きるのが難しい」時代である。政治も経済もすさまじい勢いで変化し，それまでの物差しでは測れないような事態が次々と起こっている。時代の移り変わりが速すぎ，ひと昔前に良しとされていたことが，今やもう「時代遅れ」「通用しない」ということも多くある。この現代社会の特徴の一つとされる「価値観の多様化」は，生き方や考え方の自由を広げた一方で，「みずから選ばねばならないという苦しみ」や「選んだものに対する自己責任」が問われることとなり，現代特有の生きづらさにもつながっている。そんな時代背景の副産物なのか，心を病む人も増えている。**カウンセリング**（counseling）や心理療法は，そんな時代のニーズに合わせて生まれ発展してきた「支援のための学問」であるといえる。

　こうした生きづらい風潮は，子どもたちの世界にも同様に広がっている。大人社会がもつ閉塞感を感じ取り，夢や希望をもてずにいる若者も少なくない。暴力，虐待などにより心を傷つけられる子どもたちも数多い。とりわけ学校現場では，子どもが抱える「問題」，家族が背負う「問題」，そして社会が病む「問題」が複雑に絡み合い，教育という専門性だけでは解決できないような難しい状況が起こっている。

そこで本章では，子どもの健全な育成が目指される学校が取り込まれてきた，もう一つの専門性であるカウンセリングについて，教育という関わりと対置させつつ論じてみたい。

3-2 教師とカウンセラー

学校の現場で，不登校やいじめなどへの対応が求められるなか，"**カウンセリング・マインド**"（counseling mind）や"教育臨床的視点"など，"相談活動"が教師の仕事の一つとして自然な形で取り込まれることになった。教師もカウンセラーも，子どもたちの健全な成長を目指し，それをサポートするという究極の目標においては共通しているのが，必ずしも相似的な関係にあるわけではない。たとえば，教師が現実的な問題に対し積極的に関わり直接支援していこうとするのに対し，カウンセラー（注：ここでは，スクールカウンセラーとカウンセラーとを区別して扱う。スクールカウンセラーの専門性については後述する）はクライエントがもつ自己治癒力を伸ばせるよう後方支援的に関わることが多い。そうした違いを背景にして，これまで，教師とカウンセラーの関わりは対立的にとらえられることが多かった。この，旧来の学校文化と旧来の臨床心理文化とを対比的に図式化したのが，図3-3-1（定森，2005）である。もちろん，学校文化と臨床心理文化を二項対立的にとらえきれるものではないであろうが，教師が学校という場でカウンセラー的に対応しようとするときに，これらの違いが役割葛藤の背景要因になることもある。たとえば，空間的な問題がある。カウンセリングは誰からも邪魔されない安全な空間の中で行なうことが原則である。しかし，学校現場では"守られた空間"を確保することは難しい。学校そのものが「生活の場」であるので，他の教師や児童生徒の侵入や，校内放送などによる音の侵入もしばしばである。また，カウンセリングが主として"個中心であり，個対個

旧来の学校文化	旧来の臨床心理文化
集団	個人
行動	心理
外界の現実の重視（客観的現実）	内界の現実の重視（心的現実）
さまざまな生活の場	面接室・遊戯室
指導	援助
臨機応変	定期的
課題解決型	内的プロセス重視型
日常的	非日常的
学年・学期の区切り	時間的流れが，本人の成長待ち
学習目標の実現	自己実現的
過去・未来志向的	今・ここの実在的体験の重視
平均的能力の獲得	個性的実在感覚の獲得
男性的	女性的
修復・除去モデル	症状の意味・目的の探究
競争原理的	共感と関係性の原理
一元的	多元的
規範的	非規範的
意識的	無意識的
適用的	自己探求的
教えることの重視	自己発見の重視
何を学ぶか	いかに学ぶか
最低基準としての知的学習	意味ある人生の獲得

↓

適切な異文化交流の促進　……漸近線を描くがごとくせめぎあいつつ，差異と共通理解の相互理解を図るなかで，新しい教育文化の創造に向かって共同作業を行なう

↓

新しい教育文化の創造へ

図 3-3-1　学校文化と臨床心理文化の対比表（定森, 2005）

の関係で成り立つ"ことによるジレンマがある。教師が子どもに対応するのは，多くの場合，集団としての子どもである。学級集団を前にした場合，ひとりの子どもを"待つ"ことによって全体の歩みを止める怖れもあるだろう。ある子どもに対する個人的な関わりが他の子どもたちの目には「特別扱い（ひいき）」として映ることも考えられる。この"個としての子ども"と"集団としての学級"のジレンマは，"個の集まりからなる集団"という二重性を有する学級を担任する教師の宿命ともいえるだろう。

　そして，この"教師 vs カウンセラー"という構図は，教師集団の中では"生徒指導派（生徒を厳しく指導する先生）vs カウンセリング派教師（生徒の言い分に耳を傾ける先生）"という対立図式としてとらえられ，さらにその矛盾が教師個人内での葛藤（教師でありつつカウンセラー的に振る舞おうとする際の役割葛藤）を引き起こす一因となることもある。

　しかし，このように大きなジレンマがあるにもかかわらず，カウンセラー役割を重視しようとする教師が多いことは，両役割の兼務に大きな意義と必要性があるとみなされているからだろう。そこで，教師がカウンセラー役割を兼ねる場合のメリットを考えてみたい。

　教師は日常生活を子どもと共有しているために，問題の早期発見や予防が可能である。またその対応は，教師集団で連携して関われるため共有できる情報量も多く，他の教師との連携協力も行ないやすい。また教師という立場上，積極的・指示的な関わりもしやすく（教師にビシッと叱ってほしいという思いを抱えている子どもや，積極的に引っ張っていってほしいと望む子どももいる），家庭との連携や友だちの協力を得ることも比較的容易である。これらのメリットは，"教師集団として関われること""子ども集団を対象とできること"という点を反映している。また，花井（2010b）も述べているように"教師の個への働きかけは，その子ども個人にとどまらず，クラスあるいは学校全体へと波及する"だけではなく"集団への働きかけが個人に影響する面"もあり"個と集団は相互に影響を及ぼしながら，ともに成長，発展を遂げていくもの"であるといえる。それは，図3-3-1にあるように，教

師とカウンセラーがそれぞれの役割を相互に理解しながら協力して職務を果たしていくと同時に，その間の矛盾・対立を乗り越え新しい教育や教師のあり方を確立していく"（花井，2010a）ことに通じるといえよう。

3-3 教師に求められる臨床的視点とは

　昨今，学校現場で出会う子どもたちの「心の問題」が複雑化・多様化している現状に対し，教師にもカウンセラー的（教育臨床的）な視点が求められるようになってきた。そこで，まず，教育臨床的な視点で子どもたちを理解するときに求められる姿勢について論じてみたい。

▶▶ 3-3-1　「問題」という言葉

　学校現場に関わっていると「**問題行動**」（problematic behavior）という言葉をよく耳にする。確かに，中学校などでは，連日いくつもの出来事が起こっており，それへの対応に教師は奔走させられている。この「問題行動」と呼ばれるものには，教師への暴力や反抗などの「反社会的」行動があるが，他方，引きこもりや神経症のような「非社会的」行動も含み込んでいる。その多くは，「教師からみて望ましくない問題」であり「学校としては，なくしたい（対応に困っている）行動」であることが多い。

　ところが，それらの行動をみていると，「問題である（気になる）」のは確かであるが，それを指導し，なくしてしまえばそれで解決できるものばかりではない。行動そのものは決して望ましいことではなくても，その行動を通して子どもたちからのメッセージ（SOS）が読み取れる場合もあるのである。

　このメッセージも，厄介な行動として表出する前に，言葉にして伝えてくれればいいのだが，子どものなかには言葉で伝えることを苦手とするものもいる。人の噂や先生への不満などはすらすら話してくれるのに，いざ自分の

ことになると途端に口を閉ざしてしまう子どもも少なくない。

　小学校も高学年にさしかかると思春期に入る。「自分の思いを素直に言葉にしてくれなくなる」時期であるが，その背景にある理由はさまざまである。一つは，「大人になんか，わかってたまるか！」という反抗心が**言語化**（verbalization）を妨げている場合がある。また「大人になんか，わかってもらえない」という諦めの境地から口を閉ざすケースもあるだろう。他方，「親に心配かけたくない」という健気な思いから，言わずに我慢している子どももいるようだ。その一方で，「親なんだから，子どもの気持ちくらい，いちいち言わなくてもわかるでしょ！」という甘えが隠されていることもある。こうした事情から，子どもたちは自分の思いを丁寧に言語化しなくなる。本心では〈わかってほしい〉〈聞いてほしい〉と切望しているのに，大人が近づくと「べつに〜」「うるさいなあ」と，木で鼻をくくったような突っ張った返事が返ってくることもしばしばである。近づいてほしい人を，自ら遠ざけてしまうような対応をしてしまうのも，この年頃の特徴であろう。

　では，このように言語化されない悩みやストレスはどのように処理されるのであろうか。そんなとき，多く採られるのが〈**行動化**〉（acting out）と〈**身体化**〉（somatization）という表出方法である。まず〈行動化〉は，先述のような「問題行動」に翻案して伝える方法である。突然，暴言や攻撃という形で噴出する「キレる」という行動がその代表である。心に溜まったモヤモヤしたうっぷんや攻撃性を，ナマの形でそのまま行動に出してしまう子どもたち。暴力や非行のように派手な形で行なわれることもあれば，いじめや援助交際という形で地下に潜行して広がり続ける行動もある。自傷という形で自分に刃を向けることもある。他方，〈身体化〉という形で訴える子どもも増えている。これは，頭痛や腹痛，吐き気などの身体症状（病気）として訴えるケースである。この〈身体言語〉は，言葉をもたない赤ちゃんの専売特許であるといえるが，大人でも人に言えない悩みが高じると胃潰瘍になったり突発性難聴を患ったりという形で，病気になるのは珍しいことではない。

▶▶ 3-3-2　意味を読み取る

　こうした〈行動化〉〈身体化〉されたメッセージに耳を傾けないで，表面的な対応（暴力を力で押さえようとしたり，身体の病気だけに気を取られたり）にとどまる場合，子どもたちの表現方法はますますエスカレートしていくことになる。

　たとえば，最近，中学校現場でも安易にリストカットに走る生徒が増えている。学校の中でリストカットが行なわれると，教師は動揺するだろう。他の生徒への影響もあるし，なによりも，生命への危険があるので，何とかして止めさせたいと考えるだろう。しかし実際には，リストカットという行動には，「もっと自分のことを心配してよ」「淋しくてたまらない」「自分は死ぬほど苦しいのよ」というさまざまな気持ちが込められている。それを理解する余裕もなく，とにかく本人の身の安全と周りの子どもたちへの影響を考え，即刻"なくす"ことを重視するあまり，そこに隠された真の気持ちが受け止められない場合，その行動は繰り返されることになる。このように，子どもたちの「問題行動」のなかには，われわれ大人の目には「問題」に映っても，彼らにとっては命がけのメッセージ（SOS）であることがある。その「問題」を〈どうなくすか〉だけでなく，〈その行動に意味（サインやメッセージ）を読み取る〉という目を備えることが重要ではないかと考える。

　以上のように，教師がカウンセリング的な技法を身につけ，それを教育のさまざまな場面で活かすことは重要である。しかしその際，教師に求められるのは，完璧なカウンセラーになることではなく，"カウンセリング的な関わりが必要な子どもはどの子かを見分ける目（アセスメントする力）"，その必要な子どもに対し必要なときに"過不足なくカウンセリング的な関わりができること"，さらに，教師の力量や専門性を超える事態にあたっては，"より適切な専門機関や専門家にすみやかにつなぐ力"なのではないか。

3-4　アセスメント

　以上，学校現場で出会う「問題」が多様化・複雑化し，学校が連携すべき専門機関も多様になりつつある現在，その「問題」を正確に仕分け，どんな関わりが必要かを判断する力が，ますます学校に（そして教員に）求められるようになった。ここで，学校現場に必要な**アセスメント**（assessment）について考えてみたい。

▶▶ 3-4-1　アセスメントと児童生徒理解

　アセスメントとは「心理査定」「心理診断」と訳されるが，学校臨床においては"対象となる児童生徒が直面している「問題状況」についての情報収集と分析により，指導や援助に必要な材料を提供する"というプロセスそのものがアセスメントであると考えられる。一方，「児童生徒理解」とは，教育を行なうための資料とすべく児童生徒（児童生徒一般のこともあれば，特定の児童生徒のこともある）の個性や行動の特性について理解することを意味する。つまり，学校臨床におけるアセスメントとは，この「児童生徒理解」を基盤とし，その子どもに必要な指導や援助の方法を判断することまでを含み込む心理・教育的な作業過程であるといえる。

▶▶ 3-4-2　学校現場で求められる生きたアセスメント

　近年，学校では**発達障害**（developmental disorder）（LDやADHD，高機能自閉症など広汎性発達障害）の子どもたちに対する理解と関わりが求められることが多くなった。正確な診断をするためには，医療や療育等の専門機関で発達検査などを行なうことが必要であるが，学校では行動観察がまず出発点になる。学校内で収集された情報を持ち寄り，校内の委員会で検討したり事例検討会を開いたりという形で，共通理解を図ることが肝要である。

　こうした発達障害に限らず，児童生徒の「問題」を学校現場で理解し判断

表 3-3-1　賢いアセスメントのための 5 つの条件（石隈，1999，p.231 より）

1	アセスメントは，子どもの援助のために行なわれる。
2	アセスメントは，子どもとの信頼関係を基盤に行なわれる。
3	アセスメントでは，臨床的な情報（援助者の経験からくる勘など）と数理統計的な情報（検査結果等）が統合される。
4	アセスメントは，子どもと子どもの環境の相互作用に焦点を当てる。
5	アセスメントの結果は，子どもに関する心理学や学校教育の最新の研究成果（学問的基盤）によって解釈される。

する際に必要になるのが，「生きたアセスメント」という視点である。学校現場は，病院やクリニックとは異なり「診断名をつける」ことはできない。しかし，教育の立場から，「その子がどんな生き辛さを抱えているのか」「発達的にどんな偏りを抱えているのか」等々を判断し，その子に必要な対応（指導や援助）を考えることは重要な役割である。学校現場に求められるのは，その後の児童生徒理解やより適切な対応（指導や援助の方法）を考えるための有効な資料となる「生きたアセスメント」である。その際のポイントとして，石隈（1999）の紹介する「賢いアセスメント」（表3-3-1）が参考になるだろう。また，アセスメントについては，結果のフィードバックについても十分な配慮が必要である。特に，子どもと直接の関わりがある保護者や学校関係者には，検査の結果だけでなく今後の指導・対応についての助言も含め，丁寧にかつ具体的に説明することが重要になる。

▶▶ 3-4-3　複眼的なアセスメントの大切さ

　学校臨床においては，上記のような方法で児童生徒個人を理解することに加えて，子どもが生きる生活場面や環境についてのアセスメントも必要になる。なぜなら，子どもが抱える「問題」は子ども一人の中に原因があるのではなく，家庭や学校，地域や社会との相互作用の中で起こっていると考えられるからである。たとえば「学校の要因」としては教師の態度や教育方針，教室内での座席位置などがある。また「家庭要因」としては，家族構成や家

族間の関係，養育態度や養育方針などが関わってくる。それ以外にも，児童生徒が生活している「地域の要因」(地域の環境や近所つきあいのあり方など)をアセスメントする必要も出てくる。これら複眼的な側面からの情報を資料として正確なアセスメントを行なうことが求められよう。

3-5 スクールカウンセラーの専門性

　スクールカウンセラー（school counselor）が学校現場に配置されるようになって以来，児童生徒理解やアセスメント，そして支援や心理教育等の指導まで，教師とカウンセラーとの連携の必要性が叫ばれ続けている。とりわけ，学校現場に配置されるスクールカウンセラーは，教師との連携のあり方が活動の質を決めるといっても過言ではない。山下（2009）によると，スクールカウンセラーの専門性として，次の3点があげられる。
　①カウンセリングができる
　②子どもの状態や心理的背景などを，保護者や教師に説明できる
　③さまざまな人間関係における調整役を担うことができる
　これによると，スクールカウンセラーも心理臨床的知識や技法を獲得し，その研鑽に努めることは，そのほかのカウンセラーとかわらない。筆者自身，学校現場に入って感じるのは，スクールカウンセラーには"個人臨床だけでなく，集団へのカウンセリングや組織に関わる力"が求められるという点である。したがって，個人のアセスメントだけでなく，学校そのものをアセスメントしたり，地域をアセスメントしたりという力量も必要になってくる。さらに，人をつなぐ（たとえば，子どもと子ども，子どもと保護者，子どもと教師，教師と教師，教師と保護者，子どもや保護者と専門機関のスタッフなど），さらには組織と組織をつなぐ（学校と専門機関，学校と地域社会など）役割も非常に重要とされる。

この連携を，情報の共有から心の共有へと深めるためには，日頃からの人間関係を紡ぐ力が必要とされる。たとえば，相談内容について教師とともに考えるコンサルテーションの機会などでは，「**守秘義務**」(duty to maintain confidentiality) と「報告義務」の矛盾に苦しむこともあるかと思う。小林 (2012) が指摘するように，"スクールカウンセラーが知り得た情報は，カウンセリングの守秘義務と学校内で職務上知り得た情報守秘という二重の守秘義務の枠に守られている" という状況を確固たるものとするためにも，学校全体での守秘に対する考え方をしっかり共有する必要があるだろう。"秘密を守るかどうか" という二項対立ではなく，"この子どもを（子どもの命や将来を）どう守るか" という視点から考えることが求められる場面も多いのではないかと思う（伊藤，2009）。

3-6 スクールカウンセラーの立ち位置

　以上のように，スクールカウンセラーは，カウンセラーのなかでも特異な役割を期待される職種であるといえる。
　外部性と内部性の共存：その多くが非常勤という勤務体系をとるスクールカウンセラーは，常勤の教師とは異なり「外の人間」という立場にある。そして，日々の活動においては，教育者とは異なる心理臨床という専門性が求められることになる。常時一緒に巻き込まれながら対応せざるを得ない教師とは違って，「外部」の立場を維持することにより，学校内の動きに巻き込まれることなく，何がどう変化したのかが理解でき，事態の変化を客観視しやすくなる。一方「外部」という立場ゆえに，教師との距離を拡大し，仲間意識をもちにくいという弊害につながることもある。しかし，専門性が違うからこそ，また立場が違うからこそ，同じ立場からは見えなかったことが，視点を変えることによって相互に見えてくるというケースもある。異なる役

割であるからこそ，違った立場から分担・協力しつつ関わることも可能になるといえよう。

　個だけでない，集団も組織も：従来の個人療法が個を対象とすることが多いのに対し，学校臨床では，スクールカウンセラーが対応するのは「個」だけ（「点」への関わりだけ）ではない。人と人との関係や複数のグループが相談の対象となることがある（「線」への関わり）。また，問題状況によっては，学級全体，さらには学校組織そのものに切り込んでいかねばならないこともある（「面」への関わりだけ）。これら，"関わりの三位相"（伊藤，2000）を使い分けつつ活動することが求められる。そういう意味でスクールカウンセラーには，個人臨床の技法だけでなく，グループカウンセリングの手法やコミュニティ心理学的アプローチ，そして集団療法的スキルを磨くことが不可欠となる。

　待ちだけではない，予防的も開発的も（すべての児童・生徒が対象）：スクールカウンセラーが対象とするのは，悩んでいる児童生徒や傷ついている児童生徒に限らない。今は何も問題がない子どもたちも支援の対象となる。そういう意味では，「相談に来るのを，相談室内で待っているだけ」では不十分である。発達的につらい状況を抱えた子どもの様子を教室まで観察に出向いたり，虐待が疑われる子どもの家まで担任教師とともに家庭訪問に行くなど，「こちらから打って出る」動きが求められることもある。

　ソーシャルワーカーやコーディネーター的な役割も：スクールソーシャルワーカーという立場が学校に参入している地域も出てきたが，実際には，スクールカウンセラーがソーシャルワーカー的な機能も兼ねているケースが多いと思われる。子どもや家庭が抱える問題が多様化した結果，学校で出会う問題に，教育という力だけで解決を図ることは難しい。近接する専門機関や専門家と連携しながら，役割分担しつつ対応にあたるためにも，スクールカウンセラー自身に**ソーシャルワーカー**（social workor）や**コーディネーター**（coordinator）的な動き方が不可欠になっているといえよう。スクールカウンセラーは，教育・心理・福祉・医療・司法矯正という専門性をうまく活か

しつつ活用できるよう，連携のかなめとなることが求められている。

　たとえば，ここで「いじめ」を例にとってスクールカウンセラーの動きを考えてみたい。まず「いじめ」が認知された場合は，いじめられた児童生徒へのケアは最優先課題としてあげられる。事情を把握することが「追い詰め」にならないように留意しながら，傷ついた心の修復に努めることが必要となる。しかし，いじめに遭ったことで学校という場に足が向かない子どももいる。その場合は，教育センターの相談室など学校外の相談機関を紹介することも必要である。他方，いじめをした方の子どもたちへの対応が求められることもある。教師からの指導で（叱られて）頑なになっている場合など，できるなら教師とは違う方向から「いじめに走ってしまった事情」を聴いていくことが重要になる。もちろん，いじめという行動を容認することはないが，いじめの背景に虐待や過度なストレスなど，その子ども自身が「ケアされるべき状況」にあることが見えてくれば，指導と並行しての支援が必要となる。いずれの場合も，教師と分担しながら進めることが肝要である。さらに，保護者との面談も多様である。「わが子がいじめを受けている」ことへの心配や不安，さらには学校や担任への不信まで，その矛先は多岐にわたる。「いじめをしている子どもの保護者」の場合はさらに複雑になる。親として，子どもにどう関わったらいいのかをともに考えるだけでなく，子どもや学校側との信頼関係を築き直す必要が見えてくる場合もある。こうした「当事者」への支援に加えて，教師との協働やコンサルテーションが求められることもある。いじめが起こってしまった直後の対応だけでなく，予防的な教育内容の検討も含めて，スクールカウンセラーに求められる活動は多岐にわたる。

　以上，教師とカウンセラーとを対置しつつ，二項対立ではとらえきれない両者の関係と，教師vsカウンセラーという相克を超えた協働の方向性が確認できたといえる。今後ますます複雑化するであろう現代社会の「問題」に対応するためにも，学校現場で求められる新しい教育臨床的あり方について模索し続けることが重要であると考える。

〈伊藤美奈子〉

引用文献

花井正樹（2010a）．教師とカウンセラー　春日井敏之・伊藤美奈子（編）　よくわかる教育相談（pp. 4-5）　ミネルヴァ書房．

花井正樹（2010b）．個へのかかわり，集団への対応　春日井敏之・伊藤美奈子（編）　よくわかる教育相談（pp. 8-9）　ミネルヴァ書房．

石隈利紀（1999）．学校心理学　誠信書房．

伊藤美奈子（2000）．スクールカウンセラーの仕事　岩波書店．

伊藤美奈子（2009）．不登校―その心もようと支援の実際―　金子書房．

小林哲郎（2012）．スクールカウンセラーの出会う諸困難　村山正治・滝口俊子（編）　現場で役立つスクールカウンセリングの実際（pp. 258-270）　創元社．

定森恭司（2005）．学校心理臨床講座　昭和堂．

山下一夫（2009）．学校臨床における基本姿勢　日本臨床心理士会（編）　臨床心理士の基礎研修―ファーストステップ・ガイダンス―（pp. 123-142）　創元社．

教育心理学コラム 17

大学生のメンタルヘルス
―長引く「思春期心性」―

讃岐真佐子

　一般にその個人差や性差はあるものの，小学校高学年頃から高校時代を中心とする思春期では，激しい身体の変化に心の変容がとても追いつかず，この時期の子どもたちのさまざまな言動や症状にはこの「心身のギャップ」が強く影響していると思われる。自分のコントロールを超えた身体の変化は，「自分の中で何が起こっているのだろう。一体自分はどうなってしまうのか」という「私」への強いこだわりをもたらし，そういう意味ではこの時期は一種の**自意識過剰**（self-consciousness）**な状態**」に在ると考えられよう。しかしながら大学生の時期とも重なる次の「青年期」に入ってくる頃には，このような身体変化が一段落するとともに次第に心も落ち着き始め，「自分のことがよくわからない。どうなってしまうのだろう」というような思春期の危うい状態から，やがて迷いつつも「自分は一体どんな人間なんだろう。これからどう生きていこうか」という"将来につながる自分らしさ"を求めて歩き始めると従来は考えられてきた。

　しかしながら，今回この「大学生のメンタルヘルス」というテーマについて改めて考える時，大学の学生相談室で出会う多くの学生との面接（カウンセリング）を通してつくづく思うことは，将来に向けて"自分らしさ"を求めて歩き出すというよりも，これまで生きてきた過程で被り背負った"さまざまな深い心の傷や歪み"を，大学時代にまずいかに修復，回復できるかということがその中核に在るということである。もちろん大学在学中に学生相談室を訪れる学生は全学生のごく一部であり，そういう意味では以下の内容がそのまますべての学生に該当するとはいえないだろう。しかしながら，だからといって相談室に来る学生が何か"特別な人間か"というと，決してそ

うは思えないのである。むしろ相談室で出会った多くの学生は，（その内的状態は別としても）とにかくそれまで特に外からは問題を感じさせない「普通の」生活を送ってきたように見える者が大半なのである。

　次に，このように彼らが大学入学前に被ったさまざまな傷が，入学後にどのような形で表出されるのかを考えてみると，それには2タイプあり，またこれらは一見極端に異なるように見える。まず一つのタイプは**「孤立化」**(isolation)を特徴とし，いつ大学生活からはずれて引きこもっていってもおかしくない者たちである。そしてもう一つは，逆に一人ではいられず，常に誰かと**「群れて」**(chum together)いないと不安になっていく者たちである。この2タイプについて紙面の関係でごく簡単に素描してみると（プライバシィに配慮し，多くの学生たちの話をモデル的に合成している），たとえば「サークルで上手くいかない」「クラス最初の自己紹介で失敗した」等々で一気に自信を失い，すぐに大学を休みがちになる者がいる。相談室でよくよく話を聴いていくと，このような者の多くが，実はすでに小学校時代から"周囲からの強い孤立感"をもち（教育熱心な親の下，中学受験の為，他の小学生とは異なる次元の生活を生きていることも多い），根底でずっとそれを引きずったまま中高時代を送ってきたような場合がある。また後者では「大学の学食で一人で食事ができない」と訴えてきた男子学生が，「高校までは地元の"幼なじみ"といつも一緒に過ごしていたのだが，違う大学に一人入学したため毎日が不安で仕方がない。それで，本当はその人のことが嫌いなのだが，とにかくその場を盛り上げてくれる人といつも群れていたい」などと語ることも，もう特別なことではなくなったように思う。

　さて，重要なことはこれらは一見極端な2タイプだが，どちらもその根底には「人からどう見られているか，どう思われているか」という"他者のまなざしへの過度のとらわれ"が在る。そしてこれは上述の"過剰な自意識"を特徴とする**「思春期心性」**(pubertal mentality)にきわめて近いと思われる。換言すれば，（もちろん個人差は大きくあり，すべてのこの年代の者に当てはまるということはないのだが）「年齢的には大学生や大学院生であっ

ても精神的にはまさしく思春期状態に留まり続けている」学生たちが，特にこの数年増えてきているように感じられてならないのだ。彼らが幼い頃から「いつも周囲からどう見られるか」という"強い眼差し"の下で育ってきたこと，さらにそこには"世間的に見栄えよい外側"を作ることに全エネルギーを注ぐその家族の歴史があるように思われる。「大学時代」という比較的守られた緩やかなこの時期にさまざまな人と出逢い，その"生きた関係"の中でいかにそれまでの"身に沁み込んだ縛り"を相対化し，自分の内側に目を向けて自らを育てていけるかがまさしく次の段階につながる鍵となるのだろう。

教育心理学コラム 18

対人関係から見る摂食障害

前川浩子

　摂食障害（eating disorders）は食行動における重篤な障害を特徴とする精神疾患であり，**神経性無食欲症**（anorexia nervosa：AN）と**神経性大食症**（bulimia nervosa：BN）の2つのタイプに分けられる。ANの特徴は，正常体重の最低限の維持の拒否や，体重の増加への強い恐怖が見られることで，初潮後の女性では無月経となる。診断基準では，体重は年齢と身長に対して正常と考えられる体重の85％以下であることとされている。BNの特徴はむちゃ食いと，体重増加を防ぐための嘔吐や絶食，下剤使用などの不適切な代償行為である。このような代償行為があることにより，BNの人は必ずしも太っているわけではなく，正常体重範囲内である人も多く見られる。なお，ANの人にも，むちゃ食い／排出が見られるタイプがある。また，有病率はANで0.5％，BNで1〜3％と報告され，どちらの場合も男性に比べて女性の発生率が約10倍である。そして，思春期から青年期後期に発症することが多い（American Psychiatric Association, 2000）という。

　このような摂食障害の中心的な特徴である女性の体重や体型へのこだわりに関してはこれまで多くの研究がなされ，雑誌やテレビなどのメディアによる影響，女性はやせているほうが美しいという価値観，他者から太っていると指摘された経験，不安が高く，自尊感情が低いという特徴をもっていることといった要因が影響していることが明らかにされてきた（eg., Bulik et al., 2000; 前川, 2005）。さらに，これらの研究からわかってきたことは，多くの女性に体重や体型へのこだわりが見られるということである。それにもかかわらず，摂食障害の有病率が0.5〜3％と少ないことを考えると，健康を害してまでやせようとする女性の背景には，体重や体型へのこだわりの強さだ

けでは説明できない他の要因が存在することが示唆されよう。

摂食障害（とりわけ BN）に効果があると実証されている精神療法は，現在のところ**認知行動療法**（CBT：cognitive behavioral therapy）と**対人関係療法**（IPT：interpersonal psychotherapy）である。CBT では食行動をある程度コントロールしながら，自分のものの見方の歪みを修正するもので，現在の標準的な治療法となっている。それに対して IPT は，配偶者，親，恋人など「重要な他者」と患者本人との"現在の関係"に焦点をあてていく治療法で，もともとはうつ病の精神療法として開発されたものであるが，摂食障害の治療においても近年注目を集めている。CBT と大きく異なるのは，食行動ややせたい気持ちは直接扱わず，あくまでも対人関係を扱っていくという点である（水島，2007）。IPT の中で見えてくる摂食障害の人の対人関係の特徴の一つに，自分の気持ちを相手に適切な言葉で表現することが困難であるといったコミュニケーションの問題がある。対人場面で言いたいことを言えずに我慢してしまうといったストレスが，過食／嘔吐などの不健康な症状と深く関連しているのである。患者は治療の中でこのような対人関係上のストレスと症状が関連していることを理解し，そして適切な対人関係のスキルを習得していく。その結果，治療が終わる頃には過食／嘔吐などの症状は次第に減っていくのである。それだけでなく，IPT は治療終了後も効果が伸び続けることも研究によって明らかになっている（Fairburn et al., 1995）。この研究では，BN の人を対象に認知行動療法，対人関係療法，行動療法（BT：behavior therapy）が行なわれ，その効果が治療終了 6 年後まで検討されている。治療直後の寛解率は CBT では約 60％，BT では約 40％，IPT では約 30％ 程度となっており，IPT の効果は CBT と比べると高くない。しかしながら，治療終了後，CBT を行なったグループの寛解率は治療直後の約 60％ から変化は見られず，また，BT の寛解率は治療 1 年後には約 30％，6 年後には約 20％ と下がっていったのに対し，IPT では 1 年後に約 50％，6 年後には約 70％ にまで上昇し，他の治療法よりも効果が高くなっていることが示された。つまり IPT は治療が終わった後も患者たちが治療

を通して学んだことを日々の生活の中で実践し続けていく意欲を与える教育的な精神療法であるともいえる。

やせたい気持ち，太ることが怖い気持ちをもつことは現代では一般的であり，多くの場合それだけでは問題にはならない。しかしながら，こうした体重や体型へのこだわりに加えて，その人の対人関係に問題がある場合，そのこだわりが不健康な食行動へと発展する恐れがある。その人を支える良好な対人関係があるかどうかという視点は，摂食障害のこれからを考えるうえで必要になってくるであろう。

引用文献

American Psychiatric Association(2000). *Diagnostic and statistical manual of mental disorder. 4th ed., text revision*(DSM-Ⅳ-TR). Washington, DC: American Psychiatric Association.(アメリカ精神医学会　髙橋三郎・大野　裕・染矢俊幸（訳）(2002). DSM-Ⅳ-TR精神疾患の診断・統計マニュアル　医学書院)

Bulik, C. M., Sullivan, P. F., Fear, J, L., & Pickering, A.(2000). Outcome of anorexia nervosa: eating attitudes, personality, and parental bonding. *International Journal of Eating Disorders*, **28**, 139-147.

Fairburn, C. G., Norman, P. A., Welch, S. L., O'Connor, M. E., Doll, H. A., & Peveler, R. C.(1995). A prospective study of outcome in bulimia nervosa and the long-term effects of three psychological treatments. *Archives of General Psychiatry*, **52**, 304-312.

前川浩子（2005）. 青年期女子の体重・体型へのこだわりに影響を及ぼす要因―親の養育行動と社会的要因からの検討―　パーソナリティ研究, **13**, 129-142.

水島広子（2007）. 拒食症・過食症を対人関係療法で治す　紀伊国屋書店.

4. 学習環境と個性
Learning Environment and Individuality

4-1 教授学習過程と学習者の個人差

　学校教育における授業は，一人の教師により多数の生徒・学生の集団に対して行なわれるのが通常の形である。このような学習環境における学習効果は，学習者側の知情意の個人差，つまり個性と，一方では情報を伝達する側の教師，教授方法，教授メディア等の特性とによって決定される。さらに学習者の多様な個性と後者との間のマッチングの有無，つまり相性の良し悪しも決定要因の一つとして考えられる。本章では，次の4-2でこのような学習環境で生じる事象を分析するための代表的な研究パラダイムである**適性処遇交互作用（ATI）**を解説し，4-3では学習能力としてもっとも重要な適性である知能と，その新しい理論的展開である作動記憶（ワーキングメモリ：WM）の2つのモデルを紹介する。4-4では，ATIパラダイムに基づく研究の成果を，また4-5では学習者の個人差をATIパラダイムによらずに分析した実践研究を取り上げ，最後に4-6で本章を総括する（4-2-3も参照）。

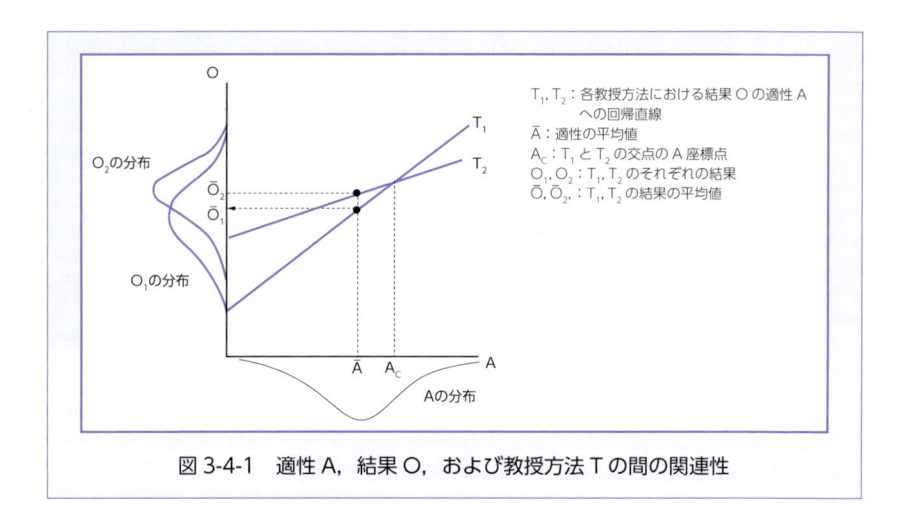

図 3-4-1　適性 A，結果 O，および教授方法 T の間の関連性

凡例:
- T_1, T_2：各教授方法における結果 O の適性 A への回帰直線
- $\bar{A}$：適性の平均値
- A_C：T_1 と T_2 の交点の A 座標点
- O_1, O_2：T_1, T_2 のそれぞれの結果
- $\bar{O}_1, \bar{O}_2$：T_1, T_2 の結果の平均値

4-2 適性処遇交互作用（ATI）

　ATI は Aptitude Treatment Interaction の頭文字である。この概念はクロンバック（Cronbach, 1957；Cronbach & Snow, 1977; Snow, 1982）によって提唱され，その教えを受けた東（1968）の訳語「適性処遇交互作用」によってわが国でも広く知られるようになった。ATI パラダイムでは，適性として認知的能力だけでなく知情意の個人差を含める。処遇とは，教授方法をはじめとする学習環境の諸相を指している。そして，交互作用は統計学の用語である。図 3-4-1 は 2 つの教授方法 T_1，T_2 のもとで得られる適性 A と結果 O の関係を示している。図中の直線は**回帰直線**であり，次式によって与えられる。

$$O = \frac{S_O}{S_A} r_{AO}(A - \bar{A}) + \bar{O}$$

　ここで S_A, S_O は適性と結果の標準偏差，r_{AO} は A と O の間の相関係数，$\bar{A}$, $\bar{O}$ はそれぞれの平均値である。

　まず，2 つの教授方法について，T_1 の回帰直線の傾きが T_2 のそれよりも

大きい。これはAとOの間の相関係数がT_1でより大きいことに対応している。そして，2本の回帰直線の間に図のように非平行のパターンが生じるとき，これを適性と教授方法の間の**交互作用**（interaction），つまりATIと呼ぶ。次に横座標の平均値$\overline{A}$上に垂線を立て，2本の回帰直線との交点の縦座標の値$\overline{O}_1$, $\overline{O}_2$が各教授方法の平均的な結果であり，この図では$\overline{O}_2$がより大きい値となるので，T_2が平均的にはより良い結果となる。この平均値の差を教授方法という実験要因の**主効果**（main effect）と呼び，交互作用と対をなす統計学用語である（並木，1997, 2008, 2010）。

2つの教授方法の平均的な結果についてはT_2がより優れているが，この図では2本の回帰直線は交差しており，交点A_cを境にして適性がそれより高い学習者についてはT_1の方が，またそれより低い学習者ではT_2の方がより良い結果となる。したがって，図のような交差のあるATIが生じる場合には，平均値のみによって教授方法の結果の優劣を問うことは誤りである。

次にATIの実例をあげる。シャープス（Sharps）は伝統的教授方法とIPI（Individually Prescribed Instruction）と呼ばれる個別指導方法の比較をATIパラダイムに基づいて行なった（Snow, 1980）。IPIは，あらかじめ教授目標を設定し，教科内容を系列化しておき，この目標に到達すべく学習者の学習能力，進度などに合わせて個別的に教示内容を処方しながら授業を行なう方法であり，個別化と構造化によって学習者の適性を補う作用によることから補償的教授方法と呼ばれる。小学5年生約300名を2つの教授条件に割り当てて1年間読書と数学の授業を行なった。

図3-4-2は適性として（a）結晶性知能, (b) 流動性知能（4-3参照）を用い，結果の測度を読解力として得られたそれぞれの回帰直線である。いずれも非平行のパターン，つまりATIが生じており，(a)では図3-4-1と同様の交差のあるATI，(b)では交差のないATIである。一般に初等教育段階では伝統的教授方法による場合，知能と結果の間に高い相関（$r = 0.6 \sim 0.8$）があるために，強い正の傾きの回帰直線が得られ，一方IPIのような補償的教授方法ではこの相関が低くなり，回帰直線の傾きは小さくなり，このような非

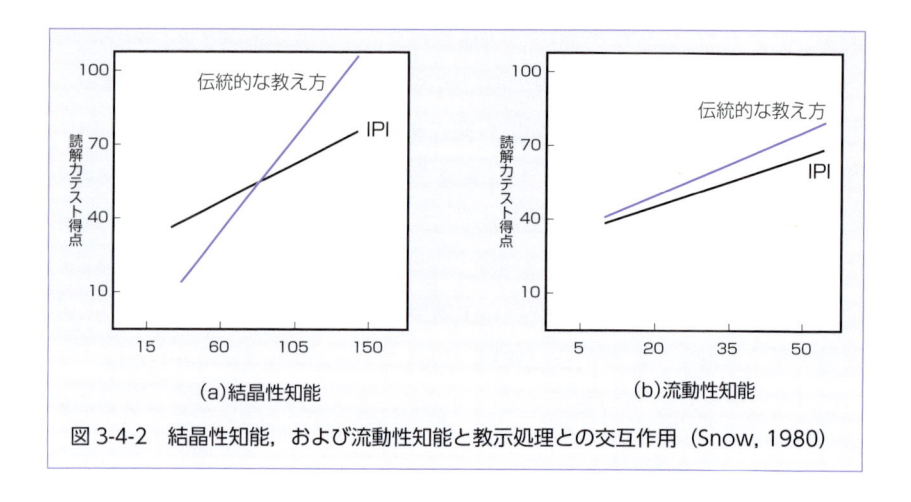

図 3-4-2 結晶性知能，および流動性知能と教示処理との交互作用 (Snow, 1980)

平行のパターンが生じる。なお，伝統的教授方法は学習者の適性を活用することによっていることから特恵的教授方法と呼ばれ，適性の不足を補う補償的教授方法とは対照的な作用によっている。図 3-4-2 (b) の流動性知能の場合，学業成績により直接的に関連する結晶性知能に比べてその影響がやや弱いために全体として傾きもゆるく，また教授方法の違いも (a) に比べて少ない。なお，(a) のような交差のある ATI の場合，交点の横座標点を境にして教授方法を切り換えれば，学習者全体の結果を高めることができる。これが ATI に基づく**最適化**であり，学習環境に柔軟性をもたせることが可能になる。これをグレーザー (Glaser, 1977) は**適合的教育** (adaptive education) と呼び，教育界に大きな影響を与えた。また，交差のない ATI パターンにおいても，主効果，つまり平均値の差だけで教授方法の優劣を問うのは同様に誤りを招く。なぜなら，適性の値次第で逆転は生じないとしても，その差は大きく異なるからである。

最後に，教授方法の主効果と ATI の検出と有意性の検定には，**重回帰分析**や**分散分析**といった統計学的方法を用いるが，これに関しては統計学の専門書を参照していただきたい (eg. Edward, 1979；並木，1997；並木・渡辺，1992)。

(並木博)

4-3 学習能力の個人差

▶▶ 4-3-1 知能研究のあらまし

知能の科学的研究の歴史はすでに一世紀に及ぶ。ビネー（Binet）によって実用に耐え得る知能検査が開発され，さらに因子分析という統計学的手法の適用によって知能研究は長足の進歩を遂げた。この手法は，知能検査を構成する多数の項目の間の相関係数から出発して，これらの間に共通する因子を探るものである（eg. 並木・渡辺，1992）。そして，この知能研究の流れは心理測定学的研究と呼ばれ，その成果の一つは**一般知能因子**（general factor: **g**）の確定であり，これは心理学の金字塔と呼ばれるべきものである。

さらに約半世紀前より，情報科学やピアジェ（Piaget）の認知発達理論に触発されて，知能の働きを情報処理の水準で解析しようとする新しい理論が提唱されるようになった。これが作動記憶理論である。本節では，これら2つの流れの知能研究の成果を紹介したい。

▶▶ 4-3-2 一般知能因子 g

知能の科学的研究は，ゴールトン（Galton）による心身機能の多角的な測定で始まり，ビネー（Binet）による知能検査の開発を経て，因子分析の手法の進歩とともに，いくつもの知能の因子論が提唱された。主なものとして，スピアマン（Spearman）は1個の一般知能因子と多数の特殊因子よりなるとする説，サーストン（Thurstone）は7個の多因子説，ギルフォード（Guilford）は120個の因子よりなる立体構造モデル，キャッテル（Cattell）は流動性知能と結晶性知能（fluid and crystallized intelligence）よりなるとするGf-Gc理論（並木，1990），それにホーン（Horn）が短期記憶・検索因子Gsm，長期記憶からのすみやかな検索因子Glr，処理速度因子Gsなど合計8個の因子を加えてCattell-Horn Gf-Gc理論と称した。以上のように多様な知能の因子説が提唱されてきたが，これは知能因子のモデル，測定のため

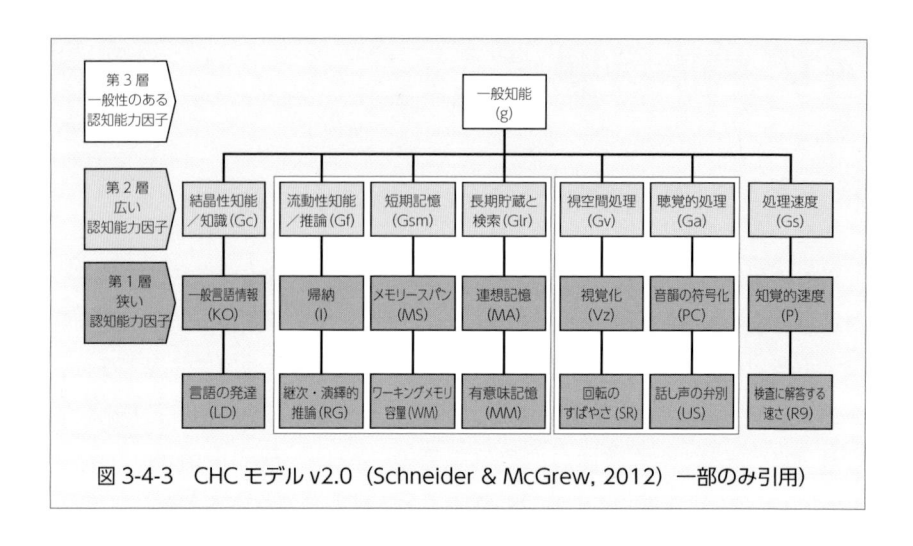

図 3-4-3　CHC モデル v2.0（Schneider & McGrew, 2012）一部のみ引用）

の項目ないしは下位検査，そして用いる因子分析の方法によって生じたものと考えられる。キャロル（Carroll, 1993）は過去一世紀にわたる因子分析による知能研究を再分析して，知能の三層構造モデルという，いわば知能の因子説の集大成を行なった（McGrew, 1998）。また，シュナイダーとマッグルー（Schneider & McGrew, 2012）は Cattell-Horn Gf-Gc 理論とキャロルの三層構造モデルを統合して **CHC 理論**（Cattell-Horn-Carroll Theory）を提唱した。この理論はまだ未完成であるが，知能研究の一世紀の成果を集約しているといえる。このモデルは非常に広大なスペースを占めるので，その一部を図 3-4-3 に紹介する。

マッグルー（McGrew, 1998）によれば第 1 層には特定の課題を遂行するために必要な狭い知能 70 コ，第 2 層には第 1 層にある狭い能力のうちいくつかに共通するやや広い能力 10 コ，そして第 3 層にはすべての課題の遂行に影響する広い一般知能 g がおかれている。この第 2 層のやや広い知能因子は，知識習得に関わる能力，領域から独立した一般知能に関わる能力，領域固有の感覚運動能力に関わる能力，処理の一般速度に関わる能力と大きく 4 つに分類される。以下にこの第 2 層の因子をマッグルー（McGrew, 1998）

から紹介し，そのうちのいくつかを説明する。

〈知識習得（acquired knowledge）に関わる能力〉

(1)**数量的因子**（quantitative knowledge: Gq）

(2)**読み書き能力因子**（broad reading/ writing ability: Grw）

(3)**結晶性知能因子**（acculturation knowledge: Gc）：獲得した知識の幅や深さと，知識の効率的な適用能力を表す。この能力を表す基本的な言語的知識の蓄積は，教育や日常生活でのいわば文化に触れる経験を通して発達していく。言語発達，語彙の知識，聞く能力，一般的言語情報など12コの狭い能力を含む。

〈領域から独立した一般知能（domain-independent general capacity）に関わる能力〉

(4)**流動性知能因子**（fluid reasoning: Gf）：比較的新奇な課題に遭遇したときに用いられる心的操作能力。情報認知，解釈，概念形成，推定，問題解決，パターン間の関係を見極める，結論を引き出す，含意をくみ取るなどの能力と考えられる。一般的演繹推理，帰納的推理，量的推理，ピアジェ的推理，推理速度の5コの狭い能力を含む。遺伝，文化とは関係なく，学歴・社会的地位との関係も低い。

(5)**短期記憶・検索因子**（short term apprehension-retrieval: Gsm）：与えられた情報を即時に大雑把に把握し，それを処理する数秒の間，情報を保持する能力。容量は，個人ごとに限界があり，意味のない綴りの場合は5から9コしか保持できない。日常では，電話の番号を入力し終わるまで番号系列を保持している能力や話し終わるまで話そうと思っていた内容を系列的に保持している能力などである。記憶スパンと作動記憶の2つの狭い能力を含む。

(6)**長期記憶からのすみやかな検索因子**（fluency of retrieval from long term storage: Glr）：長期記憶から効率的に関連情報を引き出す能力。一つの情報を他のものと統合し，アクセスの準備ができている長期記憶を符号化する処理過程である。連想記憶，意味のある記憶，自由再生記憶，アイデア

の流暢性など13コの狭い能力を含む。GlrとGsmの相関係数はr =0.40である。理解する度に知識が整理・統合されると考えれば，GlrとGsmは関係があるとも考えられるが，情報を検索する過程は，初期理解の過程や作動記憶とは区別されるべきである。大きく異なるのは，Gsmが成人で低下するのに，Glrは低下しないという点である。

〈領域固有の感覚運動能力（sensory-motor domain specific ability）に関わる能力〉

(7)視覚的処理因子（visual processing: Gv）

(8)聴覚的処理因子（auditory processing: Ga）

〈処理の一般速度（general speed）に関わる能力〉

(9)処理速度因子（processing speed: Gs）：注意を払うすばやさ。特に注意集中が必要な認知的課題を機械的にすばやく行なう能力。時間をかければ容易に解くことのできる簡単な問題を短時間で処理する能力で，知覚の速さに影響を受ける。知覚速度，テストに解答する速さ，数の扱いの巧みさの3つの狭い能力を含む。

(10)決断・反応速度（decision/ reaction time/ speed: Gt）

▶▶ 4-3-3　作動記憶（WM）

ワーキングメモリ（working memory，以下WM）は，CHC理論では第2層の短期記憶・検索因子Gsmに含まれるが，ここではバッデレイの最新のモデルを紹介する。

WMは容量と時間に限界がある。一瞬一瞬に情報処理を行ない，その処理結果を30秒以内という短い時間貯蔵する機能をもった概念である。図3-4-4に示したように，中央実行系という上位機能の下に音韻ループ，視空間スケッチパッド（視覚空間的記銘メモ），エピソード・バッファという下位システムがある。この下位システム同士は直接つながってはおらず，連携するには中央実行系の働きが必要である。

中央実行系は，WM内の情報の流れを制御・統制し，言語理解，推論，

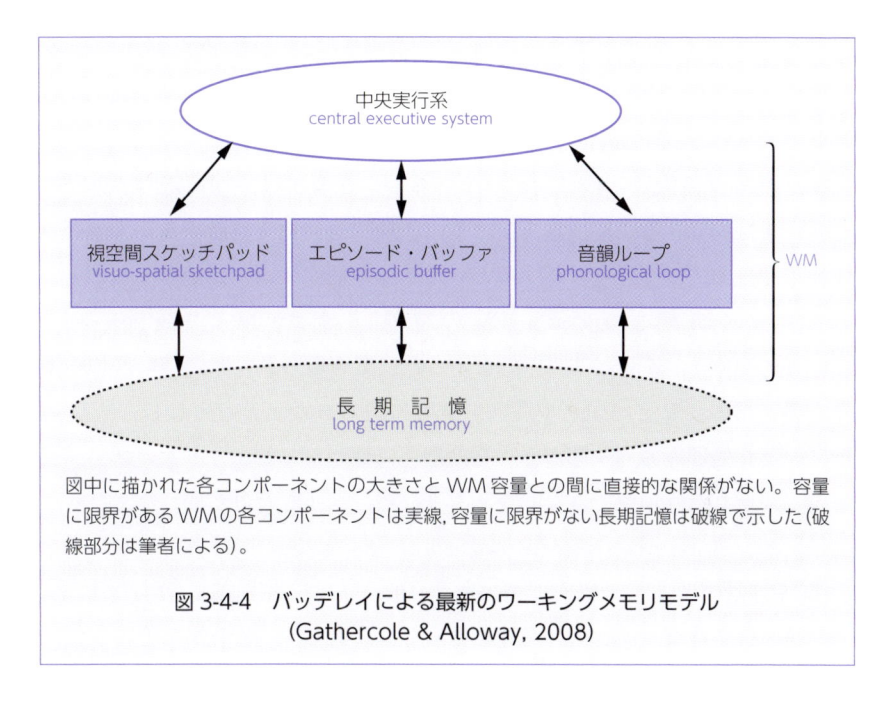

図中に描かれた各コンポーネントの大きさと WM 容量との間に直接的な関係がない。容量に限界がある WM の各コンポーネントは実線,容量に限界がない長期記憶は破線で示した(破線部分は筆者による)。

図 3-4-4　バッデレイによる最新のワーキングメモリモデル
(Gathercole & Alloway, 2008)

　精緻化リハーサルなどの高次の認知活動に必要な選択的注意,複数の課題の同時遂行,その結果の一時保存などの心的操作を協応させる監督・注意システムで,処理能力の消費によって賄われる。この監督・司令処理は,貯蔵された知識によって触発され,知識としてもっていない情報にも作動する。

　音韻ループは,音声的にコード化された言語的情報を一時的に保存し,その容量は 1.5 〜 2 秒間に発声できる言語情報の量というように時間的に決まる。音韻的リハーサル,語彙の習得,読みの技能の獲得などの言語活動に大きな役割を担う。

　視空間スケッチパッドは,視覚イメージや視空間的コードに基づく情報の保持を担う。

　エピソード・バッファは,音韻ループからの言語情報と視空間スケッチパッドからの視覚的イメージを結びつける長期記憶内のエピソード記憶の一部を検索する役割を担う。中央実行系の制御・統制の下に,意識的・意図的に利

用されるグローバルな作業スペースとして機能する。長期記憶内の情報が必要となったときには，必要な情報が長期記憶から3つの下位システムにダウンロードされる（Baddeley, 2003; Prifitera et al., 2004）。

　WM 機能は注意と密接に関わっているが，**注意**には，①特定の活動が一定の時間持続できる，②注意を向ける，③無関連情報を遮断する，④異なる作業間で自発的に注意を移行するという4つの側面があり，そのうちの1つでもうまく機能しないと，WM の機能に支障が出る（Gathercole & Alloway, 2008）。課題とは関係のないことに気を取られたり，強い恐怖や不安，高い緊張，ひどい頭痛や腹痛，睡魔に襲われたときなどには，WM 容量に必要な処理能力の一部がそれらのために使われてしまう。その結果，思わぬミスをしたり理解できなくなったりなど，適正な行動が取れなくなる。

⑴ WM 容量の大きさ：ケイス（Case）の単一リソースモデル

　ケイスによれば，子どもの発達に伴ってみられる知的変化のほとんどは，一定の時間に情報を処理する能力についての直接的な結果である。実行方略を遂行するには一定の WM 容量が必要で，その全体量は2歳以降一定であり，その容量は以下の式のような関係で表すことができる（Case, 1980；並木，1982）。

> TPS ＝ STSS ＋ OPS
> - TPS （Total processing space，中央処理容量）：処理，あるいは注意の容量全体でその生活体の構造的容量全体に等しい定数。
> - STSS （Short term storage space，短期貯蔵容量）：操作による生産物を短期貯蔵するために残されている機能的容量。
> - OPS （Operating processing space，操作処理容量）：基本的操作を実行するために必要な容量。

課題の心的操作を行なう OPS に配分されなかった WM 容量は STSS に配

分され，処理結果の維持，あるいは長期記憶から検索されたスキーマや知識構造を表象するために使われる。WM は保持時間に制限があるため，処理速度が速いほど WM の実質的容量が大きくなる。つまり，練習をたくさんすることによってその操作に慣れ，自動的にすばやく操作できるようになった時には，少ない WM 容量で課題の遂行が可能になる。ほかに，文字などの言語情報，数・図・色などの視覚空間情報をメモするという外在的な記憶道具を使うことによっても STSS が節約できる。

　われわれの行動は複数の小さな行動の組み合わせである。1つでも新しい事項が加わった認知的行動を適切に行なうには，複数の小さな行動をゴールに向けてどのような順序でどのように進めていくかという計画の下に行動を開始し，行動しながら自分の行動をモニターし，そのやり方でよいか，修正すべきか，やめるべきかを意図的・無意図的（習慣的または直感的）に判断している。この一連の働きに WM が関係しているのである。行動を遂行するために必要な WM 容量と使用できる WM 容量が同じかそれ以上のときには課題遂行に成功するが，自分の WM 容量がそれより少ない場合には課題に失敗する。

　筆者らは，アルツハイマー型認知症の患者に WM 理論に基づいて作成した神経心理学的検査を施行したところ，認知症状の重症化が WM 容量の低下と強く関連するという結果を得た（並木ら，2002；米倉，2008）。認知症が軽度の場合，習慣化した日常動作など遂行に必要な WM 容量が少ない課題には失敗しない。一方，夕食を急に4人分増やさなければならないというような新しい事項が複数含まれた認知的行動をしなければならない場合や集団活動で複数の人と関わらなければならない場合など，遂行に必要な WM 容量が多い課題には失敗する。これは，軽度の認知症の例であるが，WM 容量の小さい子どもが学習場面で失敗する場合も同様に，WM の実質的容量の低下による情報の保持量の低下と，中央実行系の司令・監督・統制などの処理能力の低下が原因と考えられる（米倉，2001；並木，2006）。

垂直線の上端は各年齢グループでの上位 10%，下端は下位 10% に対応．

図 3-4-5　ワーキングメモリ容量の個人差
(Gathercole & Alloway, 2008)

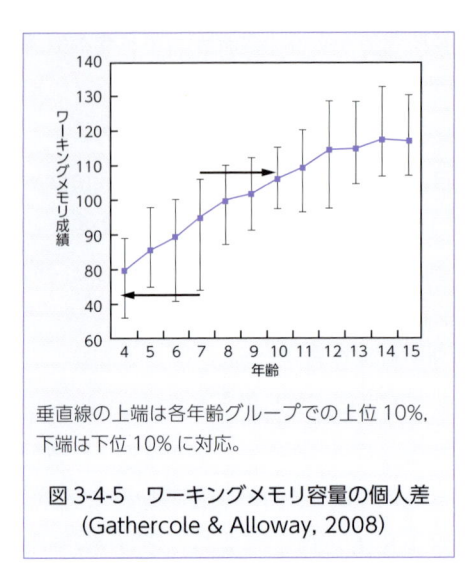

(2) WM 容量の個人差

図 3-4-5 に示したように，WM容量は同年齢間で個人差が大きく，7 歳児の通常クラスでは図 3-4-5 中の矢印で示すように 4 歳児から 10 歳児までの幅がある．(Gathercole & Alloway, 2008)．

音韻ループと視空間スケッチパッドのどちらに情報を保持しやすいかにも個人差がある．「この子はことばで言ったほうが理解しやすいけど，こちらの子には絵や図で示した方が理解しやすい」というような場合で，これはコミュニケーションチャンネルの違いともいえるし，継次処理と同時処理の違いともいえる．

視空間スケッチパッドは，対象の形，方向，その他の視覚的特徴，動作のパターンを保持する．たとえば，7 歳以前の子どもに「くし，豚，フォーク」を見せたとき，視空間的短期記憶にそのまま保持し思い出そうとするが，7〜8 歳になると言語的リハーサルをして情報を思い出そうとするようになる．具体的操作期に入った 7〜8 歳の子どもは言語と概念が結びつくようになるので，視空間的情報を見るとほぼ自動的に名称が思い浮かぶ．覚えておくためにはそれらの名称，つまり言語情報を音韻ループ内でリハーサルをすることによって保持できるようになる．視空間スケッチパッドと音韻ループは独立したコンポーネントなので，片方しか使えない 7 歳前の子どもと，両方同時に使える 7，8 歳の子どもとでは WM の実質的容量が大きく異なるのである（Gathercole & Alloway, 2008）．

WM 容量を測定する方法の一つとして WISC-Ⅳ（Prifitera et al., 2004）から数列の記憶（順唱と逆唱），算数，語音整列の課題を簡単に紹介する．

順唱：1秒間に1つというペースで口頭で提示された一連の数字を与えられた順序で再現する。桁数が多くなると，記憶痕跡保持のためにリハーサルやチャンキングが必要になり，刺激に対する知的操作もある程度関与してくる。どの時点で方略が使われるかは，受験者の年齢，能力，応答処理によってさまざまである。

逆唱：順唱課題と同様に与えられた一連の数字を短期記憶に保持しながらその数字を与えられたのとは逆の順序に置き換えて再現する。この作業は，知的操作の好例である。受験者がどの時点で実質的にWMを発動するかは年齢，能力によって異なる。

算数：口頭で提示された算数問題を30秒以内に暗算で答える。頭の中で計算しなければならない状況というのは実生活でよく体験する。

語音整列：口頭で提示された一連の数とカナを，数は昇順に，カナは50音順に並べ替えて言う。WISC-Ⅳインテグレーテッドには，「空間スパン」が含まれている。この課題における低得点は，聴覚的WM，記銘，弁別，注意，整列，綴り能力，聴覚的符号化，記号化（数値，文字）という課題そのものに対する弱さと関連することがある。

▶▶ 4-3-4 WMの個人差に応じた学習支援

　近年，WMが教育上重要なキーワードであることが明らかにされている（Gathercole & Alloway, 2008）。図3-4-6は「学習ピラミッド」と名づけられたもので，読み書き算数という学習の3技能（3R: reading, writing, arithmetic）は，行動に支えられ，その行動は知能に支えられ，それらすべてはWMによって支えられている。アロウェイ（Alloway, 2011）は，5歳時点のWM得点は，6年後の3Rの成績をもっともよく予測する，つまりIQよりもWM得点の方が学習能力を予測したと「学習ピラミッド」を裏づける報告をしている。各コンポーネントの機能の効率性には個人差がある。まずは，その個人差を知り，次に中央実行系をどう補償的に機能させるかがより適応的な学習行動を導くヒントになる。

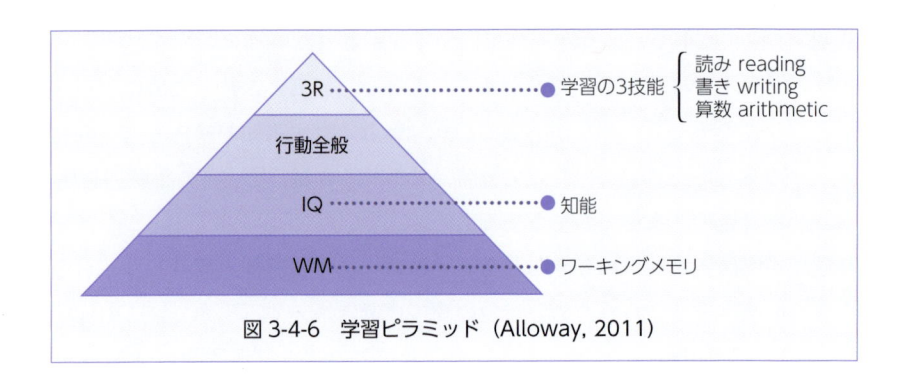

図 3-4-6　学習ピラミッド（Alloway, 2011）

ピラミッド図（下から上へ）：WM → IQ → 行動全般 → 3R
- 3R ● 学習の3技能 ｛読み reading／書き writing／算数 arithmetic｝
- IQ ● 知能
- WM ● ワーキングメモリ

　ギャザコールとアロウェイ（Gathercole1 & Alloway, 2008）は，WM の視点から以下のような学習支援のための7つの基本原則を提唱している。

(1) WM エラーに気づく：警告のサインには，不完全な記憶，指示通りにできない，進行状況を把握できない，課題を途中で投げ出すなどがある。

(2) 子どもをモニターする：警告のサインに気をつけ，子どもに質問する。

(3) WM への負荷を評価する：過大な負荷になるのは，長すぎる情報，なじみがなく意味的なつながりのない内容，負荷の高い心的な処理活動など。

(4) 必要ならば WM にかかる負荷を減らす：覚えなくてはならない情報の量を減らす，情報に意味をもたせ慣れ親しませる，心的処理を単純化する，複雑な課題の構造を変えるなど。

(5) 重要な情報を繰り返す：教師や「記憶ガイド」を担う同級生が情報を繰り返す。

(6) 記憶補助ツールの使用を促す：ポスター，単語帳，個人用辞典，ブロック，計算盤，そろばん，ユニットブロック，数直線，九九の表，計算機，メモリーカード，録音装置，コンピュータソフトウエアなど。

(7) 子ども自身の WM を支える方略を発達させる：支援を求める，リハーサルをする，ノートをとる，長期記憶を利用する，進行状況を把握し課題を構造化する方略など。

　WM 容量の小さい児童・生徒の学習を支援する際には，学習への興味・関心や意欲の高さ，心身の状態などを考慮し，学習者のニーズに合わせてこ

のような基本原則を用いることが大切である。

(米倉康江)

4-4 予習の効果における ATI

▶▶ 4-4-1 ATIパラダイムの重要性

ATIの視点は，学習指導や臨床的介入において非常に重要な意味をもっており（南風原, 2011；並木, 1997, 2010），学力格差の拡大が指摘される近年，その重要性はさらに増してきているといえる。なぜなら，効果の個人差を把握しないまま学習指導を展開しては，現存する学力格差をさらに拡大させてしまう危険があるからである。

上述したATIの視点を取り入れる必要がある学習活動として，本節では家庭学習，なかでも予習の効果におけるATIに焦点を当てる。近年では学力向上を目指して学習習慣の重要性が再認識されており（文部科学省, 2008），教育現場でも宿題を積極的に出したり，「家庭学習の手引き」を配付するなどして，家庭学習の指導を行なう学校も増えている（e.g., 耳塚, 2007）。特に，予習-授業-復習という「学習の習得サイクル（市川, 2004）」の始発点として，予習は重要な役割を担う活動である。しかし，予習をするように指導した場合にも，その効果には個人差が生じる可能性がある。本節では，予習の効果とその個人差に関する研究知見を紹介し，そのうえでATIパラダイムの意義や重要性について論じていく。

▶▶ 4-4-2 予習の効果と個人差

学習する内容について事前に大まかな知識を得ておくと，その後の学習が促進される。このような効果の理論的背景となるのが**先行オーガナイザー**（Ausubel, 1960）である。先行オーガナイザーとは，本文の内容を抽象化し

た短い文章であり，先行研究では，事前に先行オーガナイザーを読んでおくことで，本文を読んだ際，事前に得た知識同士の関連や，より詳細な情報の理解が可能になることが示されている(e.g., Bromage & Mayer, 1986; Mayer, 1983)。

こうした知見から，授業内容を理解するうえで予習が有効であることが示唆される。事前に教科書を読んでおけば，授業では，教科書で得られる知識同士の関連や，より詳細な内容の理解が促進されるものと考えられる。たとえば，歴史の授業では，教科書に記述されているさまざまな史実を暗記するだけでなく，それらの因果関係を理解することが求められるが，このような場合，教科書を読んで予習することは，まさに授業に対する先行オーガナイザーとして機能するものと考えられる。したがって，教科書を読んで「どのような出来事が起こったか」「誰がどんなことをしたか」といった知識を得ておくことで，授業では「なぜそのような出来事が起こったのか」「なぜその人物（国）がそのような行動をとったのか」といった歴史の背景因果に注意が向き，その結果，因果関係の理解が促進されることが期待される。

しかし，このような予習の効果はどの学習者にも一様にみられるとは限らない。この時，予習の効果に個人差をもたらす変数として考えられるのが，**学習観**（市川ら，1998）のなかの意味理解志向である。学習観とは学習が成立する仕組みに関する信念であり，意味理解志向とは，学習において知識の関連の理解を重視する姿勢である。要は歴史学習を，史実を暗記するものととらえているか，因果関係を理解するものととらえているかによって，予習の効果が大きく左右される可能性が考えられるのである。

上記の問いについて検討するため，篠ヶ谷（2008）は中学生を対象として歴史の実験授業を行なっている。この研究ではまず，実験授業を開始する前に，「歴史の勉強では知識同士のつながりを理解することが大切だ」などの質問項目を用いて，参加者の意味理解志向を測定した。実験では，参加者は3つの条件に無作為に割り当てられた。3つの条件とは，毎回の解説授業を受ける前に，その日扱われる内容について，教科書を5分間読む群（予習群），解説授業後に5分間教科書を読む群（復習群），解説授業前に教科書を読ん

だうえで,「なぜ」で始まる質問を作る群(質問生成予習群)である。参加者は条件ごとに4回の授業を受けた後,授業内容の理解度を問う2種類のテストを受けた。1つは教科書に記述されている出来事や人名を一問一答形式で問う「単語再生テスト」であり,もう1つは教科書には記述されていない史実の背景因果について説明させる「因果説明テスト」である。

　実験の結果,各回の授業前に予習を行なった2つの群(予習群と質問予習群)は,復習群よりも,因果説明テストにおいて高い得点を示した。また,授業中のメモ量についても測定したところ,予習を行なった2つの群の方が,復習群よりも背景因果に関する情報について多くのメモを残していた。

　ここで注目すべき結果が,意味理解志向との間にみられた交互作用である。つまり,因果説明テスト得点を従属変数とした場合,意味理解志向の高い学習者ほど予習の効果が大きくなることが示されたのである(図3-4-7)。また,授業中の背景因果情報のメモ量においても同様の結果パターンが得られていた。このような結果は,意味理解志向の高い学習者ほど,授業中に歴史の背景因果情報に注意を向けており,理解を深めることができていたことを示唆している。予習が授業理解を促進することは想像に難くないが,単に教科書を読ませて予習をさせただけでは,学習者の保持する信念によってその効果に個人差が生じてしまう。こうした研究知見から,家庭学習の指導を行なう際にも ATI の視点を取り入れることの重要性が示されたといえる。

▶▶ 4-4-3　ATI 研究のメリット

　教授学習研究に ATI の視点を導入することのメリットとしては,学習者の特性に適した教授法を選択するという「教育の最適化」を行なえるようになることがあげられる (e.g., 並木, 1993)。たとえば,学習者の信念によって予習の効果に個人差が生じるのであれば,学習者の信念に合わせて別々の家庭学習の指導を展開すればよい。

　しかし,学習者に合わせて教授法を切り替えられるようになることよりも,新たな研究展開をもたらす点にこそ ATI 研究には意義があるといえる。見

出された ATI から研究を展開する方法は2つに大別される。1つは効果の個人差の原因となっている学習者特性そのものに焦点を当てた研究である。先にあげた予習の効果における ATI を例に考えるならば，効果の個人差要因として見出された学習者の信念（意味理解志向）が形成される過程や，学習者の信念を変容させる介入方法を検討することがこのアプローチにあたる。もう1つは，学習者特性そのものではなく，効果の個人差を生じさせている処理プロセスの違いを明らかにする研究である。予習から授業理解に至るまでのプロセスに注目し，いずれの認知的処理，メタ認知的処理において，学習者の信念による個人差が生じているのかを検討するのはこの後者のアプローチにあたる。

　前者のアプローチは重要であるものの，短期的な介入によって学習者特性を変容させることは容易ではない（e.g., 植阪，2010）。そこで，ここでは，後者のアプローチに立って行なわれた篠ヶ谷（2011）について紹介する。この研究において注目されたのは，授業に対する目標設定プロセスである。篠ヶ谷（2008）において，因果質問を生成させた群でも授業理解度に個人差がみられていたことから考えると，予習の効果が生起するためには，単に予習中に問いが生成されるだけではなく，その問いについて理解を深めることを授業目標として設定する必要があることが予想される。先行研究では，質問に対して解答を作成したり，自分の理解度を評定することで，その後の学習が促進されることが示されている（e.g., Pressley et al., 1990; Thiede et al., 2003）。こうした知見から，予習の効果が得られる学習者，すなわち，意味理解志向の高い学習者は，教科書の記述にある史実について背景因果を推論し，自分の理解度をチェックしたうえで授業に臨んでいた可能性が示唆される。

　このような議論をふまえて行なわれた篠ヶ谷（2011）では，中学生を対象とした実験授業において，以下の2つの条件が設定された。1つは，教科書を読んで予習する際に因果質問が提示され，質問に答えられるようになることが目標であると伝えられる群（統制予習群）であり，もう1つは質問に対して自分なりの解答を作成したうえで，その解答に関する自信度の評定を行

ない，この自信度を高めることが授業の目標であると伝えられる群（方向づけ予習群）であった。授業理解度の測定には，篠ヶ谷（2008）と同様，単語再生テストと因果説明テストが用いられた。

実験の結果を図 3-4-8 に示す。統制予習群では回帰直線が右肩上がりになっていることから，意味理解志向の高い学習者ほど因果理解が深まっているといえるが，方向づけ予習群ではそのような個人差はみられていない。つまり，方向づけ予習群が行なった活動が，意味理解志向の低い学習者に対して補償的に機能したといえる。このような結果から，意味理解志向の高い学習者と低い学習者では，予習中の処理方略に違いがあるものと推察される。具体的には，

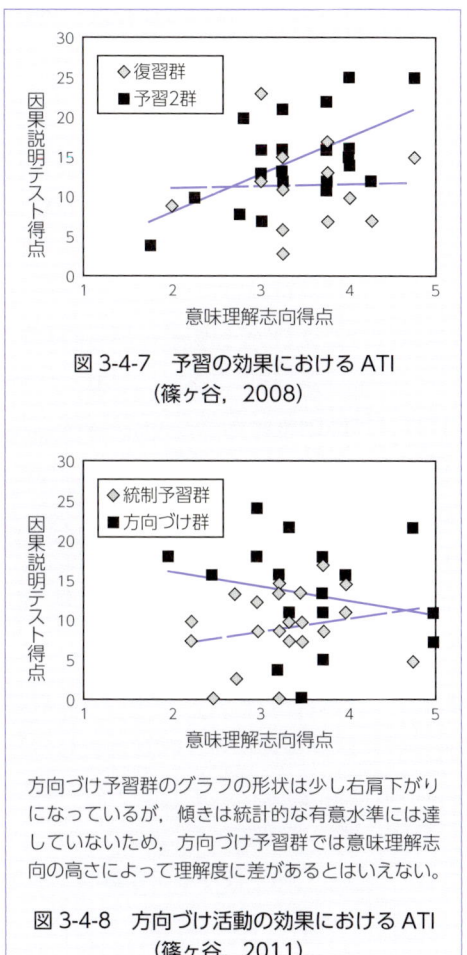

図 3-4-7　予習の効果における ATI（篠ヶ谷，2008）

方向づけ予習群のグラフの形状は少し右肩下がりになっているが，傾きは統計的な有意水準には達していないため，方向づけ予習群では意味理解志向の高さによって理解度に差があるとはいえない。

図 3-4-8　方向づけ活動の効果における ATI（篠ヶ谷，2011）

意味理解志向の高い学習者は，教科書の記述の背景について自分なりに推論を行ない，理解度を評定するといった処理を行なっているものと考えられる。

単に教科書を読ませただけでは，学習者の信念によって予習の効果に個人差が生じてしまう。このような個人差に関して，篠ヶ谷（2011）では，教科書の記述に関する推論や理解度評定といった，認知的，メタ認知的な処理方

略の違いが存在する可能性が示唆された。無論この研究では，「問いに対して解答を作成することの効果」と「自分の解答に対して自信度を評定することの効果」が交絡しているため，この結果からはどちらの処理方略が重要であるかまでは明らかにされていない。しかし，介入の個人差を生じさせているメカニズムの解明へと研究が展開される点で，ATI パラダイムは大きな意義をもつものといえるだろう。

▶▶ 4-4-4　ATI パラダイムから自立した学習者の育成へ

　近年では，学習指導要領に「自ら学び自ら考える力」や「学習習慣」といった内容が明記されていることからわかるように，学ぶ力の育成が重視されるようになっている。教授法研究の文脈から ATI をとらえれば，そのメリットとしては，学習者特性に教授法を適合させる，「教育の最適化」があげられるであろう。しかし，教授者が学習者に合わせて教授法を変えていては，学習者に学ぶ力が身についていくことは期待できない。

　その一方で，学習法の文脈から ATI をとらえた場合には，学習者特性に起因する処理方略の違いの解明へと，新たな研究展開が可能となる。教育心理学では 1990 年代以降，自ら学ぶ力に関して，「**自己調整学習**（self-regulated learning）」という大きな研究体系が構築されており，そのなかでシャンクとジマーマン（Schunk & Zimmerman, 1997）は，学ぶ力とは学習者が 1 人で身につけるものではなく，教師や親から学ぶ段階を経て獲得されていくものであると指摘している。つまり，自立した学習者となるためには，「学び方を学ぶ」段階が必要なのである。見出された 1 つの ATI から，効果の個人差を生じさせている処理方略が明らかにされれば，そのような方略を明示的に指導することが可能となる。したがって，生涯にわたって効果的に学び続けることができる学習者を育成するうえで，今後，ATI パラダイムはより重要な役割を担うといえるだろう。

（篠ヶ谷圭太）

4-5 個人差の問題を扱った英語の教育実践に関する研究

▶▶ 4-5-1 個人差と英語の学業成績の関連性を検討した研究

ここでは，**個人差**と英語の学業成績の関連性を検討した研究を1つ紹介したい。英語の教育現場では「中間テストなどの定期テストでは比較的成績が良いのに実力テストでは成績が振るわない」という話がしばしば聞かれる。靜（2002）は，英語の定期テストと実力テストについて，両者は英語のテストであるという点では共通であるが，前者の材料となる英文は授業中に扱われたものであり，一方，後者では授業で扱っていない（初見の）英文が出題されると定義している。

松沼（2009a）は，学習動機および学習行動という個人差に関する変数に着目し，教育心理学の観点から，当該の現象が起こる原因を明らかにする調査を実施した。学習動機とは「なぜ学ぶのか，何のために学ぶのか」という学習に対する理由づけのことであり（樋口，1985），学習行動は学習者が学習をする際にどのようなやり方で行なうかという**学習方略**（learning strategy）と学習者がどの程度努力しているかという学習時間から成る（久保，1999）。松沼は，定期テストと実力テストの成績にギャップのある学習者が存在するのは，学習者側の個人差である学習動機および学習行動という要因が異なったプロセスを経て定期テストと実力テストという2種類のテストに影響を及ぼす（2種類のテスト成績を規定している要因が異なる）からであるとの仮説を立て，これを検証した。

具体的には，高校2年生106名を対象として，学習動機，英語の学習方略，英語の学習時間の各指標について質問紙によって回答を得て，これらの個人差変数が定期テスト（中間テスト）および実力テストの各テスト成績に対してそれぞれどのような影響を及ぼしているかを**共分散構造分析**（covariance structure analysis）によって検討した。共分散構造分析とは多変量解析と呼ばれる統計手法の1つであり，これを用いることによって，複数の変数間に

研究仮説を反映させた（変数間の関連性を示す）モデルを構築することが可能であるとされる（尾崎，2003）。共分散構造分析については，狩野・三浦（1997）や豊田（1998）などを参照されたい。松沼（2009a）は，学習動機については，学習動機の2要因モデル（市川，2001）に基づき，内容関与的動機（学習自体が楽しいなど学習内容を重視した学習動機）と内容分離的動機（プライドや競争心から勉強するなど学習内容を軽視した学習動機）という枠組みを用いた。学習方略については，暗記方略（英単語などを機械的に覚える学習方略），整理学習方略（英単語などを整理し学習する学習方略），文法・構文方略（学習した文法事項や構文を意識して勉強するという学習方略），日常学習方略（日常生活で習った英語を意識的に使うという学習方略）という4つの学習方略を取り上げている。また，学習時間については，「定期テスト前」および「日常（日頃）」の各1週間の平均学習時間を分析に用いた。

　分析の結果，仮説が支持され，学習動機，学習行動が定期テストと実力テストに異なったプロセスを経て影響を及ぼしている（2種類のテスト成績を規定している要因が異なる）ことが明らかになった。結果を図示すると図3-4-9のようになる。このように，内容分離的動機は，暗記方略と定期テスト前の学習時間を通じて中間テストに影響を及ぼすだけだが，一方，内容関与的動機は，暗記方略，文法・構文方略および定期テスト前の学習時間を通じて中間テストを促進するのみならず，文法・構文方略と日常の学習時間を通じて実力テストを促進することが明らかになった。

　以上の結果をふまえ，松沼（2009a）は，英語の"真の"学力を養成するという観点に立てば，実力テスト成績の重要性が指摘できるとし，以下のような教育実践への示唆を述べている。学習者の英語の学力を養成するためには，①「内容関与的動機を高める」，②「すでに習った文法や構文を意識した学習を実践することを促す」，③「日頃から英語学習に取り組むことを促す」という3つの点が重要となることを示唆している。

　このように，松沼（2009a）の研究では，「中間テストなどの定期テストでは比較的成績が良いのに実力テストでは成績が振るわない生徒が存在する」

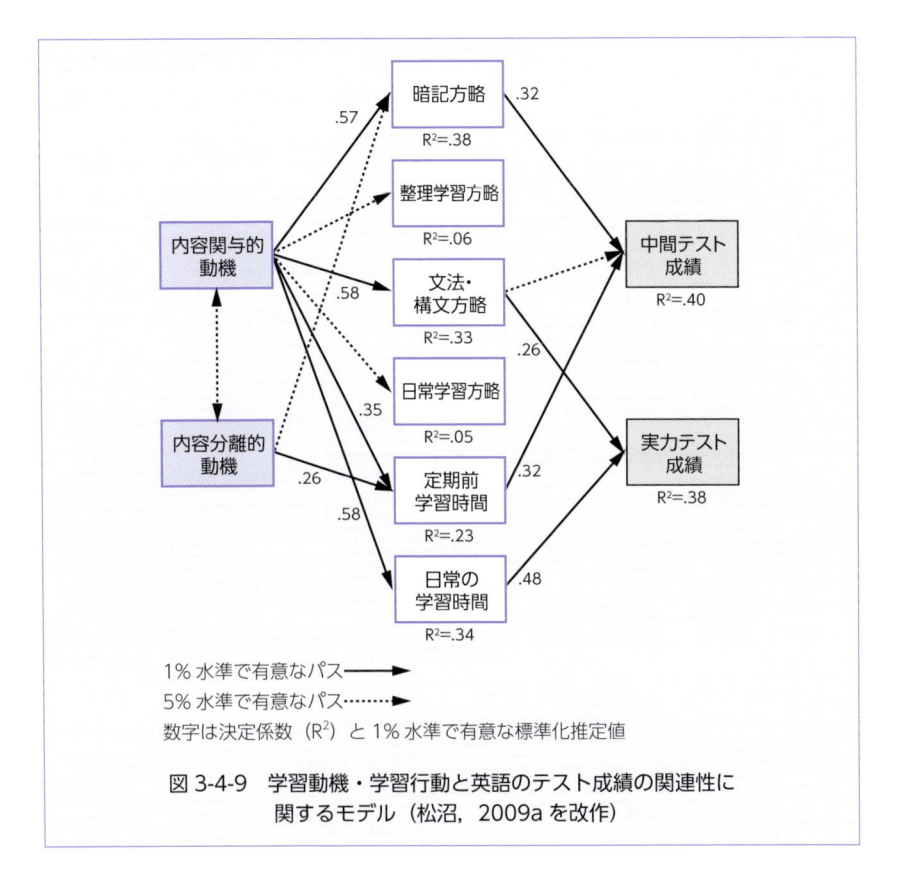

図 3-4-9 学習動機・学習行動と英語のテスト成績の関連性に関するモデル（松沼，2009a を改作）

という現象に対して，個人差に関する変数に着目して調査を実施し，その結果に基づき，現実の教育実践に対して，具体的なノウハウを提供している。本研究は，教育実践の場で問題が指摘される現象を取り上げ，教育心理学の観点から，当該現象の起きる原因を解明することを試みた興味深い研究であるといえる。

▶▶ 4-5-2 学習内容の理解および個人差に働きかける英語の授業実践に関する研究

ここでは，学習内容の理解と個人差に働きかける授業について検討した実

践的研究を1つ紹介したい。松沼（2009b）は，学習者の理解が不十分であることが想定される「英語の受動態の学習」を取り上げ，教育心理学の理論を用いた**教授方法**を独自に考案し，この教授方法の「学習内容の理解」および「個人差に関する変数」に対する効果を検討した。

　英語の受動文を作るには，能動文の他動詞の目的語を主語にして，動詞を「be動詞＋過去分詞」にし，能動文の主語を「by～」の形で動詞の後に置くという手順が必要となる（石黒，1999）。ここで重要なのは「受動文の主語には，能動文の目的語がなる」ということである。松沼（2009b）はこれを「受動態の前提」と名づけている。松沼は，学習者は受動態の前提を理解せず，日本語の受け身表現（れる・られる）を単純に「be＋過去分詞」で表すことができると考えている可能性があるとの仮説を立て，独自の評価問題を作成し，この仮説を検証した。具体的には，I was explained the rules of baseball by Tom. のような誤文を提示して正誤判断を求めた。松沼は，このような英文（誤っているにもかかわらず学習者が正しいと考えている可能性のある英文）を「標的文」と名づけた。大学生と高校生を対象とした調査の結果，予想通り，学習者は受動態の前提を理解していないことが明らかになった。この結果を受け，教育心理学の理論を用いた教材文（受動態について説明した文）を作成し，高校生を対象に，この教材文で授業を行なう群（実験群）と通常の教え方に基づく教材文で授業を行なう群（統制群）を比較した。

　松沼（2009b）は，教育心理学の理論を参考とし，3つの工夫をほどこして，実験群の教材文を作成している。1つ目は，教材文（授業）で，標的文が誤っていることを示し，学習者に受動態の理解が不十分であることを意識化させるというものである。教育心理学における誤った知識に関する研究では，学習者の誤った知識を正しい知識に変えるには，学習者の既存の知識では解答できない問題を用いて，正しい概念を教えることが有効であることが示唆されてきた（麻柄・伏見，1982）。この知見によれば，学習者を自らの知識では解答できない問題に直面させることによって，学習者に自分の知識の不適

切さを意識化させることができ，その結果，正しい概念の受け入れが促進されるとされる。

2つ目は，日本語と英語は構造的に異なる言語であることを学習者に意識づけるために，教材文の冒頭で簡単な例を用いてこの点を説明するというものである。松沼（2009b）は，これによって，学習者は両言語が構造的に異なることを意識するようになり，受動態についての説明を理解しやすくなることが期待できるとしている。これは教育心理学でいうところの一種の**先行要件**（奈須，1997）を養成する役割を果たすことが期待できる。先行要件とは，ある学習課題を学ぶのに前提として必要な知識などのことであり，学習を効果的に成立させるためには，学習課題の先行要件を把握しこれを養成することが大切であるとされる。

3つ目は，受動態の文を文法的に正しい文であるか否かを判断するのに必要な知識をどのように教えるかについてである。松沼（2009b）は，教育心理学の知見に基づき，「熟達者思考過程（プロセス）提示法」という**教授方略**（teaching strategy）を独自に考案し，これを用いて，学習内容を提示している。「熟達者思考過程（プロセス）提示法」とは，熟達者が問題解決場面において，頭の中で何をどう処理しているかを台詞の形式で表面化させ，学習者に提示する方法である。表3-4-1に実験群の教材文の一部を示す。表3-4-1の下線部（ア）が「熟達者思考過程（プロセス）提示法」を用いて作成された説明文である。この内容には，熟達者が，問題解決場面において，頭の中で行なっている活動を自ら振り返り，評価し，その評価に応じて活動を修正する過程が含まれる。これは教育心理学でいうところのモニタリング（monitoring）に該当する。Brown（1978）はモニタリングが学業成績を向上させるとしている。

松沼（2009b）は，受動態の理解を問うテスト問題に加え，①構造の重要性の認知（学習者が，英語を学習する際に，日本語と英語の仕組み（文法）の違いに注意することを，どの程度，重要であると考えているか），②文型の重要性の認知（学習者が，英語を学習する際に，5文型を，どの程度，重

表 3-4-1 「熟達者思考過程（プロセス）提示法」を用いた教材文（松沼，2009b を改作）

　A 君は「私は車をトムに盗まれた」を英訳して，I was stolen my car by Tom. …① と書きました。この英文は正しいでしょうか。実は，この英文は間違いなのです。能動態と受動態の書き換えは，次の原則を理解しておくことが大切です。

　　能動態　My father painted this picture. …②

　　受動態　This picture was painted by my father. …③

大切なのは，受動態の文（③）の主語（This picture）は能動態の文（②）では他動詞 painted の目的語だったということです。…［**大事な知識**］英語が読める人はこの［**大事な知識**］を使って，I was stolen my car by Tom. …①を誤った文だと判断しているのです。

　（ア）以下は，英語の天才高見沢君が頭の中でこの知識を使っているところです。「私は車をトムに盗まれた」を A 君は I was stolen my car by Tom. と書いたわけか。おや何か変だぞ。［**大事な知識**］を使ってこの受動態の文（I was stolen my car by Tom. …①）を能動態に書き換えると，主語（I）が他動詞 stole（盗んだ）の目的語になるはずだから，

　　受動態　I was stolen my car by Tom. …①

　　能動態　Tom stole me my car.

となる。でもこれじゃあ目的語が me と my car の 2 つになっておかしい。steal は〜を盗むという他動詞で第 3 文型を作る動詞だから目的語は 1 つしかとれない。それにそもそもトムが盗んだのは（第 3 文型を作る動詞「steal（他）〜を盗む」の目的語は）車（my car）であって，私（me）ではないはずだ。だから，①の文はおかしいな。

要であると考えているか），③英文法学習意欲（英文法に対する学習意欲）という3つの個人差を取り上げ，作成した教材文のこれらに対する効果を実験群と統制群を比較することで検討した。

実験の結果，(1) 実験群は，受動態の理解を問うテスト問題の成績において統制群を上回り，その効果は1ヵ月後も維持された。(2) 実験群の授業は統制群の授業より，学習者に日本語と英語の仕組み（文法）の違いに注意を払うことが重要であると意識づけることが示唆された。(3) 実験群の授業は統制群の授業より，5文型の重要性を意識させやすいことが示唆された。(4) 実験群の授業は英文法学習意欲には影響を及ぼさなかった（先行研究（松沼，2007；松沼，2008）では，教育心理学の理論を用いた教授方法によって，学習者の英文法に対する学習意欲が高まるとの知見が得られている）。

以上のように，松沼（2009b）は，教育心理学の理論を用いた教授方法を考案し，これによって授業を行なうことによって，「学習内容の理解」のみならず「個人差」を変容させることができる可能性を示唆している。

最後に，先述のATIの観点から，本研究に対して考察を行なっておきたい。並木（2010）は，ATI研究の成果をふまえて，大多数の学習者によい結果をもたらす教授方法でも，その教授方法とのミスマッチングに泣く学習者がたとえそれがどんなに少人数であっても存在する可能性があることを指摘している。したがって，本研究で考案された教授方法においても，何らかの学習者の適性を考慮した場合，ミスマッチングを起こす学習者が存在する可能性があり，当該教授方法を実践していく場合には，これらの学習者に対する教育的配慮が必要となろう。このように，本研究は，ATIという知見の観点からの検討が不十分であるという制約があるにしても，英語教育の現場で指摘される問題を直接的に取り上げ，心理学的な理論や方法を使いながら，その解決を目指した実践的研究であるといえる。

（松沼光泰）

4-6 ATI研究に基づく個別指導の時代を目指して

　かつて故印東太郎教授は，「心理学の目標の一つは常識の精密化である」と幾度か講義の中で喝破された。同一の学習環境の中でも個々の学習者の学習結果は大きく異なる。これは学校教育における常識である。より単純化して心理学の用語で表せば，同一の刺激条件下で個々人の反応性は大きく異なる。ATIパラダイムは，このような基礎的プロセスに基づく現象をより精密にとらえることを可能にする。あるいは，教育現場の常識をより精密化し，技術化して個性に応じた学習指導を可能にする。

　たとえば，医療の世界の20世紀のエビデンスは，A, B二つの薬剤のうちどちらがより多くの人に効くか，つまり主効果がエビデンスであった。しかし，21世紀のエビデンスは，個々人の遺伝子，その他の診断と薬剤の組み合わせ，つまり個人差と薬剤の交互作用にある。教育界も同様に，ATI研究に基づく個別指導の時代を迎えることを期待したい（並木，1993, 2008, 2009；中村，2012）。

（並木博）

引用文献

Alloway, T. P.(2011). 公開講演会：WMと発達障害：理論と支援の最前線.

Ausubel, D. P.(1960). The use of advance organizers in the learning and retention of meaningful verbal material. *Journal of Educational Psychology*, **51**, 267-272.

東　洋（1968）. 学習指導の最適化　波多野完治他（監）　学習心理学ハンドブック（pp. 633-648）　金子書房.

Baddeley, A. D. (2003). Working memory: Looking back and looking forward. *Nature Reviews, Neuroscience*, **4**, 829-839.

Bromage, B. K., & Mayer, R. E.(1986). Quantitative and qualitative effects of repetition on learning from technical text. *Journal of Educational Psychology*, **78**, 271-278.

Brown, A. L.(1978). Knowing when, where, and how to remember: A problem of metacognition. In R. Glaser(Eds.), *Advances in instructional psychology, Vol. 1.* (pp. 367-406). Hillsdale; Erlbaum.

Carroll, J. B.(1993). *Human cognitive abilities: A survey of factor analytic studies.* Cambridge University Press.

Case, R.(1980). The Underlying Mechanism of Intellectual Development. In J. R. Kirby & J. B. Biggs(Eds.), *Cognition, development, and instruction* (pp. 5-37). South Wales, Academic Press.

Cronbach, L. J.(1957). The two disciplines of scientific psychology. *American Psychologist,* **12**, 671-684.

Cronbach, L. J. & Snow, R. E.(1977). *Aptitudes and instructional methods: A handbook for research on intractions.* Irvington

Edwards, A. L.(1976). *An introduction to linear regression and correlation.* W. H. Freeman.（並木博・小林ポウル・内藤俊史・佐伯千鶴子（共訳）（1979）．直線回帰と相関―心理・教育・社会学のための統計学入門― 慶應義塾大学出版会）．

Gathercole, S. E., & Alloway, T. P.(2008). *Working memory and learning.*（湯澤正通・湯澤美紀（訳）（2009）．ワーキングメモリと学習指導 教師のための実践ガイド 北大路書房）

Glaser, R.(1977). *Adaptive education: Individual diversity and learning.* Holt, Rinehart and Winston.（吉田甫（訳）（1984）．適合的教育 サイエンス社）

南風原朝和（2011）．量的研究法 東京大学出版会．

樋口一辰（1985）．児童の学習動機と学習達成場面での原因帰属様式 学習院大学文学部研究年報, **32**, 253-272.

市川伸一（2001）．学ぶ意欲の心理学 PHP新書．

市川伸一（2004）．学ぶ意欲とスキルを育てる―いま求められる学力向上策― 小学館．

市川伸一・堀野緑・久保信子（1998）．学習方法を支える学習観と学習動機 市川伸一（編著）認知カウンセリングから見た学習方法の相談と指導（pp. 186-203），ブレーン出版．

石黒昭博（監修）（1999）．高校総合英語Forest 桐原書店．

狩野 裕・三浦麻子（1997）．グラフィカル多変量解析―AMOS, EQS, CALISによる目で見る共分散構造分析― 現代数学社．

久保信子（1999）．大学生の英語学習における動機づけモデルの検討―学習動機，認知的評価，学習行動およびパフォーマンスの関連―　教育心理学研究, **47**, 511-520.

麻柄啓一・伏見陽児（1982）．図形概念の学習に及ぼす焦点事例の違いの効果　教育心理学研究, **30**, 147-151.

Mayer, R. E.(1983). Can you repeat that? Qualitative effects of repetition and advance organizers on learning from science prose. *Journal of Educational Psychology,* **75**, 40-49.

松沼光泰（2007）．学習内容の体制化と図作成方略が現在完了形の学習に及ぼす効果　教育心理学研究, **55**, 414-425.

松沼光泰（2008）．学習者の不十分な知識を修正する教授方法に関する研究―等位接続詞andの学習をめぐって―　教育心理学研究, **56**, 548-559.

松沼光泰（2009a）．英語の定期テスト高成績者が実力テストで成績が振るわないのはなぜか？　心理学研究, **80**, 9-16.

松沼光泰（2009b）．受動態の学習における学習者の不十分な知識とその修正　教育心理学研究, **57**, 454-465.

McGrew, K. S.(1998). *The intelligence test desk reference: Gf-Gc cross-battery assessment.* Boston: Allyn & Bacon.

耳塚寛明（2007）．学習時間の回復―豊かな学びにどうつなげるか―　ベネッセコーポレーションVIEW21, **3**(1), 6-9.

文部科学省（2008）．中学校学習指導要領解説　総則編　ぎょうせい．

中村祐輔（2012）．がんワクチン治療革命　講談社．

並木　博（1982）．操作と作業記憶能力　波多野完治（監）　天岩静子（編）　ピアジェ双書第5巻　ピアジェ派心理学の発展Ⅱ（pp. 171-198）　国土社．

並木　博（1990）．認知機能の発達と学習　坂本昂（編）　教職課程講座2　発達と学習（pp. 79-101）　ぎょうせい．

並木　博（1993）．教授・学習研究におけるATIパラダイムと適性理論　教育心理学年報, **32**, 117-127.

並木　博（1997）．個性と教育環境の交互作用―教育心理学の課題―　培風館．

並木　博（2006）．概念的妥当性の検証―心理測定学的構成概念と認知心理学的構成概念の場合―　教育心理学年報, **45**, 134-144.

並木　博（2008）．教育評価と学習指導　並木博（編著）教育心理学へのいざない　第三版（pp. 105-131）　八千代出版．

並木　博（2009）．学校心理学の準拠枠としての適合的教育モデル：一人ひとりの教育の処方を求めて　日本学校心理士会年報, **2**, 55-63.

並木　博（2010）．ATIと授業　髙垣マユミ（編著）授業デザインの最前線Ⅱ―理論と実践を創造する知のプロセス―（pp. 119-133）　北大路書房.

並木　博・渡辺惠子（1992）．ひとりで学べる統計学入門―行動科学研究のための道具立て　慶應義塾大学出版会.（慶應義塾大学通信教育部テキスト：心理教育統計学）

並木　博・篠原幸人・山本正博・米倉康江（2002）．作動記憶理論と項目反応理論に基づく痴呆患者の神経心理学的検査（T-K-W式検査）：検査法作成の経過　精神神経学雑誌, **104**, 690-709.

奈須正裕（1997）．授業づくりの手立てをめぐって―方法論　鹿毛雅治・奈須正裕（編）学ぶこと教えること―学校教育の心理学―（pp. 75-101）金子書房.

尾崎幸謙（2003）．SEMとは何か　豊田秀樹（編）　共分散構造分析　疑問編―構造方程式モデリング―（p. 1）　朝倉書店.

Pressley, M., Tanenbaum, R., McDaniel, M. A., & Wood, E.(1990). What happens when university students try to answer prequestions that accompany textbook material? *Contemporary Educational Psychology*, **15**, 27-35.

Prifitera, A., Saklofske, D. H., & Weiss, L. G.(2004). *WISC-Ⅳ clinical use and interpretation*.(上野一彦（監訳）（2012）．WISC-Ⅳの臨床的利用と解釈　日本文化科学社）

Schneider, J., & McGrew, K.(2012). The Cattell-Horn-Carroll(CHC) Model of Intelligence: A Visual tour and summary. Institute for Applied Psychometrics (IAP) 2-10-12.

Schunk, D. H., & Zimmerman, B. J.(1997). Social origins of self-regulatory competence. *Educational Psychologist*, **32**, 195.

篠ヶ谷圭太（2008）．予習が授業理解に与える影響とそのプロセスの検討―学習観の個人差に注目して―　教育心理学研究, **56**, 256-267.

篠ヶ谷圭太（2011）．学習を方向づける予習活動の検討―質問に対する解答作成と自信度評定に着目して―　教育心理学研究, **59**, 355-366.

靜　哲人（2002）．英語テスト作成の達人マニュアル　大修館書店.

Snow, R. E.(1980). Aptitude processes. In R. E. Snow, P. A. Federico, & W. E. Montague(Eds.), *Aptitude, learning, and instruction. Vol.1. Cognitive process analyses of aptitude*(pp. 27-63). Lawrence Erlbaum Associates.

Snow, R. E. (1982). Education and intelligence. In R. J. Sternberg(Ed.), *Handbook of human intelligence* (pp. 493-585). Cambridge: Cambridge University Press.

Thiede, K. W., Anderson, M. C. M., & Therriault, D.(2003). Accuracy of metacognitive monitoring affects learning of texts. *Journal of Educational Psychology*, **95**, 66-73.

豊田秀樹（1998）．共分散構造分析　入門編―構造方式モデリング―　朝倉書店．

植阪友理（2010）．学習方略は教科間でいかに転移するか―「教訓帰納」の自発的な利用を促す事例研究から―　教育心理学研究, **58**, 8-94.

米倉康江（2001）．作動記憶理論による学習困難の分析：学業不振と老年痴呆の場合　早稲田大学教育学研究科紀要, 別冊8 (2), 85-95.

米倉康江（2008）．認知症診断のための神経心理学的検査の開発：認知発達心理学の精神神経学への応用　風間書房．

教育心理学コラム 19

人性観と教養行為

林文瑛

　これまでの研究によると父母の教養行為が子どもの発達に対して深刻かつ長遠なる影響を及ぼす。一方，父母の教養観は実際に取る教養行為に低い予測力を有するに過ぎない。このような「観念は行為を主導しない」という研究結果は大勢の研究者の予想外であって，多くの議論を引き起こした。研究者はこのような研究結果は，①教養観を明確に定義するのは難しい，②教養観と教養行為の関係は複雑で，単純には割り切れないためだという。けれども筆者は教養観より優勢な影響力を持つ認知要素を探す方向に系列的な研究を行ない，教養観はなぜ教養行為に対し予測力を持たないかという問題に取り組んだ。

　筆者は体罰行為を手がかりとして2,188人の父母を対象に台湾地区の体罰行為およびその背後の教養観を探求した。その結果，父母の教養観は実際の教養行為にあまり影響がないことが明らかであった。つまり，教養の観念と行為は相当程度解離的（dissociable）であることか確認された。

　しかし，なぜ教養観と教養行為は解離的なのか？　筆者は父母が体罰に賛成か反対かの理由に注目し，その大半は人性観に基づいていることに気づいた。たとえば，「江山易改，本性難移」（山河の形は容易に変わるが，持って生まれた人の心は変わることはない）は本質決定論，「珠磨かざれば光なし」は環境決定論を反映している。父母の教養観の背後には正に個人の人性観があった。筆者はこれにより，大胆に「人性観は教養観より深層，より優勢なる認知要素で，実際の教養行為に対して作用を発揮しうる可能性がある」という仮説を立てた。

　この仮説を検証するため，筆者は第二段階の研究を行なった。結果として，

以下のような幾つかの発見と示唆を得た。①人の人性観は「徳性」「智能」「個性」の三つに分かれていて，一様に扱うことはできない。②父母の多くは人性の可塑性について，徳性の可塑性は高く，個性の可塑性は中程度，智能の可塑性は相当に低いと思いこんでいる。よって，もし人性観が本当に教養行為に影響を及ぼすとすれば，間違いなく父母は教養事項によって異なる教養行為をとる可能性がある。③父母は一般的に努力が能力表現（つまり成績）の仲介変数と認めている。芳しくない成績が必ずしも子どもの天賦の才能の欠如とは断定し難いと思っている。④父母はより小さい子どもはより高い教養可能性を持っていると信じ，教養行為を子どもの年齢に応じて修正あるいは変える。

　この結果をもとに，人性観のなかの父母の智能観と，学業教養行為の関係を中心に，第三段階の研究を行なった。主な発見は，①父母の智能観は父母の学業教養行為に影響を与える。「低可塑性」を持つ智能観者は比較的負向教養行為を取る。逆に「高可塑性」を持つ智能観者は比較的正向教養行為を取る。②成績が良くないのに，子どもが「努力しない」場合，如何なる智能観を持つ父母でも子どもの成績は努力が足りないことによるものと信じる。反対に，子どもが「努力している」場合では，半分以上の父母が子どもの表現は聡明才智に欠けているためと決めつけている。③父母の智能観は子どもの成績に対する帰因（attribution）に影響を及ぼす。原則上，「低可塑性」智能観を持つ父母は比較的能力に帰因しやすい。「高可塑性」智能観を持つ父母は努力に帰因する傾向がある。「帰因」は人性観と教養行為の仲介変数であることを示す。④父母の智能観も父母の教養観に影響を及ぼす。一般的には「高可塑性」智能観を持つ父母は一番管理的な教養観を持っている。「低可塑性」智能観を持つ父母は教育によって成績の改善は無理と判断し，比較的のんびりした教養観を持っている。

　このような研究結果により，筆者は人性観，教養観と教養行為に対して，より具体的な概念性仮説を提出し得た（図19-1）。教養行為は少なくとも二つの認知基礎がある。一つは比較的内隠性の人性観，もう一つは比較的外顕

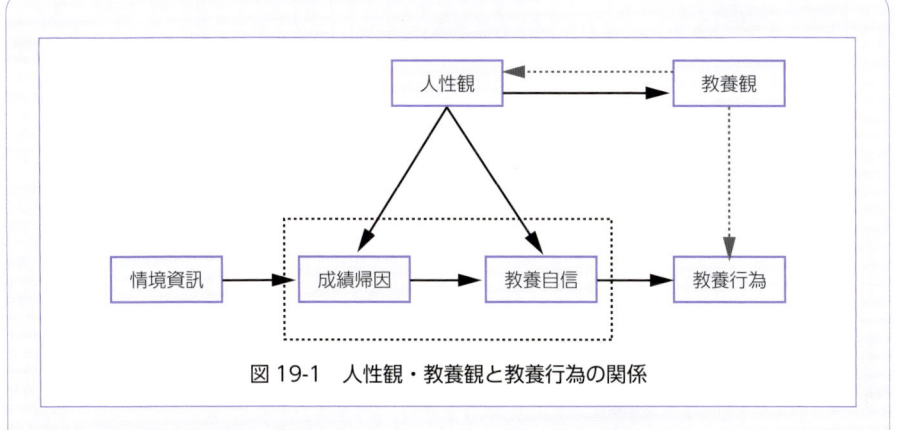

```
           人性観 ┄┄┄┄▶ 教養観
          ╱    ╲              ┆
         ╱      ╲             ┆
        ▼        ▼            ▼
情境資訊 ─▶ 成績帰因 ─▶ 教養自信 ─▶ 教養行為
```

図 19-1　人性観・教養観と教養行為の関係

性の教養観。教養行為は基本的には一つの問題解決の過程で，問題解決方式の選択はある部分では父母の子どもの行為に関する認知に決定される─即ち，父母が子どもの行為に対する帰因である。別の部分では父母の特定教養方式の有効性の信念に左右される─即ち，父母の教養自信である。人性観が行為の帰因と教養自信に介入することにより，教養方式の選択に影響を及ぼす。それに反して教養観が行為の帰因と教養自信に有効に介入されないことにより，必然的に教養行為に顕著な影響を及ぼさない。

（文責：並木博，内藤俊史）

索引

■用語索引

[数字]
- 10歳の壁 …………………………… 236
- 2-4-6課題 …………………………… 180
- 2因子説 ……………………………… 22
- 2ヵ月革命 …………………………… 94
- 4枚カード課題 ……………………… 181
- 9ヵ月革命 …………………………… 95

[A〜Z]
- Aタイプ→回避型
- ADDIEモデル ……………………… 237
- ARCSモデル ………………………… 238
- ASL ………………………………… 156
- ATI→適性処遇交互作用
- ATIパラダイム …………………… 297
- Bタイプ→安定型
- Cタイプ→アンビバレント型
- CAI ………………………………… 227
- Cattell-Horn Gf-Gc理論 …………… 302
- CHC理論→Cattell-Horn Gf-Gc理論
- CHILDES …………………………… 60
- Dタイプ→無秩序・無方向型
- DeSeCoプロジェクト ……………… 224
- DSM ………………………………… 127
- E-言語 ……………………………… 51
- e-ラーニング ……………………… 227
- g→一般知能因子
- IPI ………………………………… 299
- I-言語 ……………………………… 51
- KJ法 ………………………………… 191
- NEO ……………………… 119, 120, 124, 127
- PDCAモデル ……………………… 238
- QOL ………………………………… 244
- TCI ……………………… 121, 124, 127
- TT→ティームティーチング
- WISC-Ⅳ ……………………………… 308
- WM→ワーキングメモリ

[あ行]
- 愛着の世代間伝達 …………………… 86
- アイデンティティ ………………… 270
- アカデメイア ………………………… 4
- 足場かけ …………………………… 237
- 足場作り→足場かけ
- 足場はずし ………………………… 237
- アセスメント ……………… 283, 284
- 遊び ………………………………… 97
- アタッチメント ……………………… 83
- 誤った知識 ………………………… 320
- アルゴリズム ……………………… 185
- 安定型 ……………………………… 84
- アンビバレント型 …………………… 84
- 生きる力 …………………………… 224
- 一語文期 …………………………… 56
- 一般化可能性理論 ………………… 263
- 一般知能 …………………………… 21
- 一般知能因子 ……………………… 301
- 一般的（汎用的）知識獲得機構 …… 62
- 遺伝 …………………………… 34, 247
- 遺伝子 ……………………………… 247
- 異文化間カウンセリング ………… 222
- 異文化環境 ………………………… 220
- 異文化トレーニング・プログラム … 223
- 異文化の移行体験 ………………… 221
- イミテーション …………………… 150
- 意味ネットワーク ………………… 167
- 因果関係 …………………………… 245
- ウィリアムズ症候群 ………………… 54
- 埋め込み型の支援 …………………… 46
- エミュレーション ………………… 150
- 演繹的推論 ………………………… 179
- エンゲージメント ………………… 196

エンパワメント……………………………… 77
オオカミに育てられた子………………………… 33
扇効果……………………………………… 171
おばあさん仮説…………………………… 25
オペラント………………………………… 145
オペラント条件づけ……………………… 145
親子関係…………………………………… 81
オリジン感覚……………………………… 207
音韻意識…………………………………… 74
音韻ループ……………………… 163, 304, 305
音素………………………………………… 75

[か行]
回帰直線…………………………………… 298
外国語学習の臨界期……………………… 157
階層構造…………………………………… 166
概念的葛藤………………………………… 207
概念的妥当性……………………………… 261
概念ノード………………………… 167, 170
外発的動機づけ…………………………… 195
回避型………………………………………… 84
外部性……………………………………… 287
カウンセリング…………………………… 277
カウンセリング・マインド……………… 278
科学的概念………………………………… 175
関わりの三位相…………………………… 288
学業関連感情……………………………… 204
学業成績…………………………………… 317
学習………………………………… 13, 144
──の3技能……………………………… 309
学習観……………………………………… 312
学習環境…………………………………… 216
学習行動…………………………………… 317
学習時間…………………………………… 317
学習指導要領……………………………… 316
学習者特性………………………… 313, 314, 316
学習スキル………………………………… 235
学習性無力感……………………………… 199
学習動機…………………………………… 317
学習評価…………………………………… 252
学習ピラミッド…………………………… 309
学習方略…………………………………… 317

確証バイアス……………………………… 180
学力………………………………… 244-246
賢いアセスメント………………………… 285
仮説検証…………………………………… 180
仮説実験授業……………………………… 229
課題外生的価値…………………………… 200
課題関与…………………………………… 201
課題内生的価値…………………………… 200
価値………………………………………… 198
価値命題……………………………………… 7
学校…………………………………………… 3
活性化拡散理論…………………………… 167
葛藤処理方略……………………………… 273
家庭学習…………………………………… 313
刈り込み…………………………………… 155
カルチャーショック……………………… 220
感覚運動期………………………………… 26
環境………………………………………… 34
関係性への欲求…………………………… 202
間欠（部分）強化………………………… 146
観察学習…………………………………… 150
感謝………………………………………… 42
干渉………………………………………… 170
感情知性…………………………………… 20
感情論的アプローチ……………………… 204
完全習得学習……………………………… 227
記憶術……………………………………… 165
記憶範囲…………………………………… 161
疑似相関…………………………………… 246
気質………………………… 120, 122-124, 129
技術的熟達者……………………………… 250
偽相関→疑似相関
期待………………………………………… 198
期待×価値理論…………………………… 198
機能遊び…………………………………… 97
帰納的推論………………………………… 179
逆カルチャーショック…………………… 221
逆唱………………………………………… 309
客体としての自己………………………… 90
ギャング・エイジ………………………… 212
既有知識…………………………… 165, 171, 172
教育………………………………………… 2

——による学習 5
——の最適化 313, 316
教育環境 216
教育実践 216
教育心理学 3
教育評価 252
強化 146
強化子 146
教科書 273
共感 98
狭義の言語機能 51
教授方法 320
教授方略 321
鏡像の自己認知 92
きょうだい関係 86
協同 192
協同遊び 98
協同学習 230
共同注意 95
共分散構造分析 318
興味 204
共有環境 34
均衡 26
句 64
具体的操作期 27
形式的操作期 29
形成的評価 228, 254, 260, 261
形成的フィードバック 266
結果期待 198
結晶性知能 23, 299
結晶性知能因子 303
嫌悪刺激 146
言語 49
言語化 282
言語獲得の論理的問題 62
言語機能 50
言語機能の初期状態 63
言語使用の創造的側面 49
言語知識 50
検索 159, 162, 170
原叙述的コミュニケーション 95
原理 63

語彙爆発 56
広義の言語機能 51
攻撃行動 101
交互作用 298, 299
向社会行動 98
構成遊び 97
構成概念 256, 260
構造づけ 166, 167, 171
行動遺伝学 247
行動化 282
効力期待 198, 199
コーディネーター 288
誤概念 175
心のモジュール性 54
心の問題 281
心の理論 53, 96, 150
個人差 33, 308, 317
個人主義 275
誤信念課題 96
個体学習 149
個体発達分化の図式 14
古典的条件づけ 145
ことばへの気づき 68
子ども期 24
子どもに向けられた発話 58
個別学習 225
コミュニカティブ・アプローチ 79
孤立化 292
コントロール 174
コンピテンスへの欲求 202
コンピュータ支援教育→CAI

[さ行]
最低到達基準 228
最適化 300
サヴァン症候群 54
作業記憶→ワーキングメモリ
作動記憶→ワーキングメモリ
サリーとアンの課題 96
散開効果 171
三項関係 95
三項強化随伴性 145

算数学習	45
自意識過剰	291
シェマ	26
自我関与	201
視覚空間的記銘メモ→視空間スケッチパッド	
自我同一性	114
視空間スケッチパッド	163, 304, 305
ジグソー学習	231
刺激の貧困	62
自己一貫型	273
試行錯誤学習	149
自己決定理論	202
自己効力→効力期待	
自己効力感	241
自己実現への欲求	202
自己中心性	27
自己中心的言語	18
自己調整学習	233, 316
自己の識別	92
自己の統合	92
自己変容型	273
事実命題	7
思春期心性	292
思春期スパート	24
自然主義的誤謬	7
自尊感情	137, 241
失語症	53
視点取得能力	99
児童生徒理解	284
自発的微笑	111
社会学習	150
社会関係	81
社会構成主義	230
社会参加→エンパワメント	
社会性	246
社会的参照	95
社会的情報処理モデル	102
社会的微笑	81, 94
社会歴史的アプローチ	17
重回帰分析	300
習慣	204
習熟度別学習	231
集団基準拠評価	253
縦断研究	247
集団主義	275
収入	244, 245
主観的幸福観	211
授業研究	239
熟達者	186
樹形図	64
主効果	299
種固有性	50
主体としての自己	90
手段＝目標分析	185
守秘義務	287
受容遊び	97
主要部	66
主要部パラメータ	66
狩猟採集民	4
手話	156
順唱	309
照応形	64
条件刺激	145
条件づけ	144
条件反応	145
状態興味	205
状態不安	206
象徴遊び	97
情動調整能力	99
情報の転送	164
初語	6, 55
助産所	114
初心者	186
自律性	267
自立性への欲求	202
事例検討会	284
神経性大食症	294
神経性無食欲症	294
新生児模倣	81, 94
身体化	282
身体言語	282
身体知性	20
心的作業領域	162
信頼性	259, 261

随伴性認知	199
推論	178
スクールカウンセラー	286
スタートカリキュラム	235
ストレンジ・シチュエーション法	84
スモール・ステップ	226
性格	120, 122-124, 130
生活充実感	211
生活的概念	175
生活満足度	210
性指向	142
成熟	14
生成文法	54
精緻化	164, 165
性同一性	140
性同一性障害	142
性役割	141
石器製作	4
摂食障害	294
先行オーガナイザー	229, 311
先行要件	321
前操作期	27
全般の注意喚起効果	165
総括的評価	254, 260
相関関係	246
早期教育	16, 45
早期発見	280
相互依存的自己	274
相互教授あるいは互恵的教授	231
双生児法	34
創造的思考力	191
ソーシャルワーカー	288
促音	75
即時フィードバック	226
促進不安	206
束縛原理A	63
ソシオメトリック	89
素朴概念	175

[た行]

対人関係療法	295
態度	204
対話力	80
多因子説	23
多語文期	56
多重知能	23
達成目標理論	201
脱中心化	27
妥当性	259
多文化共生	78
多文化共生社会	79
短期記憶	160
——の容量	161
知識獲得	174, 175
知性	20
チャンキング	164
注意	306
中央実行系	163, 164, 304, 305
長音	75
聴覚障害	158
長期記憶	160, 164
調節	26
直接教授効果	165
貯蔵	159, 161, 166
チンパンジー	21
定位行動	81
ティームティーチング	232
適応感	244, 245
適合的教育	300
適性処遇交互作用	128, 268, 297-299
テスト	257
テスト不安	206
手続き的知識	168
転移	188
転送リハーサル	164
同化	26
動機づけ	195, 233, 267
洞察学習	150
動詞句	64
道徳教育	42
道徳的感情	42
特異性言語障害	53
特性興味	205
特性不安	206

特別支援教育　240
独立的自己　274
読解　174
読解方略　174
特恵的な教授方法　300
トランスジェンダー　140

[な行]
内言　18
内的作業モデル　86
内発の動機づけ　195
内部性　287
ナチュラル・ペダゴジー　152
喃語　55
二語文期　56
二重乖離　53
ニホンザル　111
認知行動療法　295
ネアンデルタール　21
ネガティブ感情　204
粘土板の家　4
脳　24

[は行]
バース・プラン　115
パーソナリティ　117, 118, 127, 130, 132
バズ学習　231
パターナリズム　77
罰　146
撥音　75
バックラッシュ　77
罰子　146
発達　12
　──の最近接領域　31
発達科学　13
発達最近接領域　14
発達障害　240, 284
発達心理学　13
発達段階　14
ハノイの塔　184
母親語　58
バビンスキー反射　144

パフォーマンス回避目標　201
パフォーマンス接近目標　201
パフォーマンス評価　257, 259
パフォーマンス目標　201
パブロフ型条件づけ　145
パラメータ　63
反感感情→バックラッシュ
反社会的行動　104
反証可能性　8
反省的実践家　250
判定基準　259
ハンドリガード　91
非共有環境　34
微笑　111
ビッグ・ファイブ　118, 124
否定証拠不必要の問題　59
ひとり遊び　98
批判的思考　188
ヒュームのギロチン　7
ヒューリスティックス　185
評価不安　206, 265
不安　205
フィールドベースのプロジェクト活動　235
複数言語主義　79
父権主義→パターナリズム
符号化　159, 160, 164
普遍文法　63
不良定義問題　183
ブレインストーミング法　191
プログラム学習　146, 226
プロジェクト学習　233
文　64
文化　46
文化間移動　275
文化的アイデンティティ　222
文化変容　221
分散分析　300
文法　49
並行遊び　98
弁別刺激　145
保育活動　46
保育者　249

忘却……………………………………… 161
報告義務………………………………… 287
ボキャブラリー・スパート…………… 56
ポジティブ感情………………………… 204
補償的教授方法………………………… 299
ホスピタリズム………………………… 112
保存………………………………………… 27
ボノボ……………………………………… 21

[ま行]
マザリーズ→母親語
マスタリー基準→最低到達基準
マスタリー目標………………………… 201
マスタリーラーニング→完全習得学習
待つ……………………………………… 280
ミラーニューロン……………………… 150
無条件刺激……………………………… 145
無条件反射……………………………… 145
無秩序・無方向型………………………… 84
群れて…………………………………… 292
名詞句……………………………………… 64
メタ言語意識……………………………… 68
メタ認知……………………… 174, 189, 233, 235
メタ認知能力……………………………… 68
モーラ……………………………………… 75
目標……………………………………… 201
目標基準準拠評価……………………… 253
モデリング……………………………… 150
モニタリング………………… 174, 175, 321
模倣………………………………………… 81
模倣学習………………………………… 150
問題解決………………………………… 178
問題行動………………………………… 281

[や行]
役割葛藤………………………………… 280
やわらかなまなざし……………………… 80
有意味受容学習………………………… 229
友人関係…………………………………… 88
幼児期の数知識…………………………… 45
幼児図式…………………………………… 81
用法基盤モデル…………………………… 62

欲求……………………………………… 202
欲求階層説……………………………… 202
欲求論的アプローチ…………………… 202
予防……………………………………… 280

[ら行]
リストカット…………………………… 283
リハーサル………………………… 160, 161
流動性知能…………………………… 23, 299
流動性知能因子………………………… 303
領域固有性……………………………… 24, 53
良定義問題……………………………… 183
臨界期…………………………………… 155
類推……………………………………… 186
ルーティング反応………………………… 90
ルーブリック…………………………… 259
霊長類……………………………………… 24
レスポンデント条件づけ……………… 144
連合……………………………………… 144
連合遊び…………………………………… 98
論理行動療法…………………………… 146

[わ行]
ワーキングメモリ…………… 160, 162, 240, 304
笑い……………………………………… 111

■人名索引

[A〜Z]

Anderson, J. R. 171
Baddeley, A. D. 163, 304
Bahrick, H. P. 172
Baker, L. 174
Binet, A. 301
Bower, G. H. 166
Case, R. 306
Cattell, R. B. 301
Cloninger, C. R. 118, 120, 124, 127, 130, 131
Collins, A. M. 167
Cronbach, L. J. 261, 263, 298
DeNisi, A. 267
Erikson, E. H. 14, 270
Eysenck, H. J. 118, 127
Glaser, R 300
Hattie, J. 266
Hitch, G. J. 163
Horn, J. L. 301
Kitayama, S. 275
Kluger, A. N. 267
Kohlberg, L. 30, 31
Lenneberg, E. 155
Loftus, E. F. 167
Markus, H. R. 274
Meehl, P. E. 261
Messick, S. 261
Miller, G. A. 161
Money, J 140
Newport, E. 156
Peterson, L. R. 161
Peterson, M. J. 161
Piaget, J. 14, 17, 18, 30, 31
Platon 4
Rothkopf, E. Z. 165
Schunk, D. H. 316
Sharps, R. A. 299
Shute, V. J. 266
Snow, R. E. 298, 299
Sternberg, S. 162
Tomasello, W. M. 19
Vygotsky, L. S. 17, 18, 31
Zimmerman, B. J. 316

[50音順]

秋田喜代美 174
印東太郎 324
大河内祐子 174
鹿毛雅治 265
三宮真智子 174
塘利枝子 274
並木博 261
西林克彦 175
伏見陽児 175
麻柄啓一 175

■編者紹介

安藤寿康　あんどう　じゅこう　**Juko Ando**（序章，intro1，1-1章，intro2執筆）

慶應義塾大学文学部教授。教育心理学，行動遺伝学，進化教育学。
『遺伝子の不都合な真実―すべての能力は遺伝である』（ちくま新書，2012年），『遺伝マインド―遺伝子が織り成す行動と文化』（有斐閣，2011年），『パーソナリティ心理学―人間科学，自然科学，社会科学のクロスロード』（共著，有斐閣，2009年）

鹿毛雅治　かげ　まさはる　**Masaharu Kage**（2-3章，intro3執筆）

慶應義塾大学教職課程センター教授。教育心理学。
『学習意欲の理論―動機づけの教育心理学』（金子書房，2013年），『モティベーションをまなぶ12の理論―ゼロからわかる「やる気の心理学」入門』（編著，金剛出版，2012年），『子どもの姿に学ぶ教師―「学ぶ意欲」と「教育的瞬間」』（教育出版，2007年）。

■本章・執筆者紹介（掲載順）

小町将之　こまち　まさゆき　Masayuki Komachi（1-2章執筆）

静岡大学人文社会科学部准教授。言語心理学，理論言語学。
「刺激の貧困」言語処理学会（編）『言語処理学事典』（共立出版, 2009年），「モジュール性」小池生夫（編）『応用言語学事典』（共著，研究社, 2003年），"Reconstruction Availability in the Parasitic Gap Constructions and the Nature of Islands." In V. Torrens *et al.* (eds.). *Movement and Clitics* (Cambridge Scholars Publishing, 2010年)。

磯部美和　いそべ　みわ　Miwa Isobe（1-2章執筆）

東京藝術大学言語・音声トレーニングセンター准教授。言語心理学。
「言語獲得」中島平三（編）『言語の事典』（共著，朝倉書店, 2005年），「ことばの理解のメカニズムをさぐる」大津由紀雄（編）『はじめて学ぶ言語学』（ミネルヴァ書房, 2009年）。

大津由紀雄　おおつ　ゆきお　Yukio Otsu（1-2章執筆）

関西大学客員教授，慶應義塾大学名誉教授。言語の認知科学。
『ことばの力を育む』（共著，慶應義塾大学出版会, 2008年），『英文法の疑問—恥ずかしくてずっと聞けなかったこと』(NHK出版〔生活人新書〕, 2004年)，『日本語から始める小学校英語—ことばの力を育むためのマニュアル』（共著，開拓社, 2019年）。

藤澤啓子　ふじさわ　けいこ　Keiko Fujisawa（1-3章執筆）

慶應義塾大学文学部准教授。発達心理学。
"Hyperactivity/inattention problems moderate environmental but not genetic mediation between negative parenting and conduct problems". *Journal of Abnormal Child Psychology*, 40（共著, 2012年），"Social network analyses of positive and negative relationships among Japanese preschool classmates". *International Journal of Behavioral Development*, 33（共著, 2009年），"Reciprocity of prosocial behavior in Japanese preschool children". *International Journal of Behavioral Development*, 32（共著, 2008年）。

木島伸彦 きじま　のぶひこ　Nobuhiko Kijima（1-4章執筆）

慶應義塾大学商学部准教授。パーソナリティ心理学，異常心理学。
「抑うつとパーソナリティ」坂本真士ほか（編）『実証にもとづく臨床心理学：抑うつの臨床心理学』（東京大学出版会，2005年），「パーソナリティ障害とパーソナリティの成熟」髙橋隆雄ほか（編）『医療の本質と変容：伝統医療と先端医療のはざまで』（九州大学出版会，2011年），『クロニンジャーのパーソナリティ理論入門—自分を知り，自分をデザインする—』（北大路書房，2014年）。

大村彰道 おおむら　あきみち　Akimichi Omura（2-1章執筆）

東京大学名誉教授，元慶應義塾大学文学部教授。教育心理学，認知心理学。
『教育心理学Ⅰ—発達と学習指導の心理学』（編著，東京大学出版会，1996年），『文章理解の心理学—認知，発達，教育の広がりの中で』（監修，北大路書房，2001年），『教育心理学研究の技法』（編著，福村出版，2000年）。

伊藤貴昭 いとう　たかあき　Takaaki Ito（2-2章執筆）

明治大学文学部准教授。教育心理学。
「学習意欲を高める授業の技術」広石英記編『学びを創る・学びを支える』（一藝社，2020年），「自己説明の力」山本博樹編『教師のための説明実践の心理学』（ナカニシヤ出版，2019年），「学習と思考」鹿毛雅治編『発達と学習』（学文社，2018年）。

藤谷智子 ふじたに　ともこ　Tomoko Fujitani（3-1章執筆）

武庫川女子大学短期大学部幼児教育学科，同大学教育学部教育学科教授。教育心理学，発達心理学。
「幼児の協同性の発達における論理的思考力—5歳児の発達過程に着目して—」『武庫川女子大学紀要（人文・社会科学）』64巻（2016年），「幼児期におけるメタ認知の発達と支援」『武庫川女子大学紀要（人文・社会科学）』59巻（2011年），「児童期における自己制御学習に向けた授業と家庭学習のシステム　その2—予習の効果に着目して—」『武庫川女子大学紀要（人文・社会科学）』57巻（2009年）。

山森光陽 やまもり　こうよう　Koyo Yamamori(3-2章執筆)

国立教育政策研究所総括研究官。教育心理学。
「学力低下論争，目標準拠評価の定着，学力テストブームの狭間で」『教育心理学年報』45集（2006年），「中学校英語科の観点別学習状況の評価における関心・意欲・態度の評価の検討：多変量一般化可能性理論を用いて」『教育心理学研究』51巻（2003年），"Using cluster analysis to uncover L2 learner differences in strategy use, will to learn, and achievement over time." *International Review of Applied Linguistics in Language Learning*, 41（共著，2003年）。

伊藤美奈子 いとう　みなこ　Minako Ito(3-3章執筆)

奈良女子大学研究院生活環境科学系教授，元慶應義塾大学教職課程センター教授。臨床心理学。
『不登校　その心もようと支援の実際』（金子書房，2009年），『思春期・青年期臨床心理学』（編，朝倉書店，2006年），『スクールカウンセラーの仕事』（岩波書店，2002年）。

並木　博 なみき　ひろし　Hiroshi Namiki(3-4章執筆)

早稲田大学名誉教授，元慶應義塾大学文学部教授。教育心理学，認知発達心理学。
『個性と教育環境の交互作用―教育心理学の課題』（培風館，1997年），"Determination of optimal instructional treatment in ATI of two aptitude dimensions and multiple treatments". *Japanese Psychological Research*, 19(2),（共著，1977年），「概念的妥当性の検証―心理測定学的構成概念と認知心理学的構成概念の場合」『教育心理学年報』45集(2006年)。

米倉康江 よねくら　やすえ　Yasue Yonekura(3-4章執筆)

文教大学非常勤講師，東京外国語大学非常勤カウンセラー。教育心理学，臨床心理学。
『認知症診断のための神経心理学的検査の開発―認知発達心理学の精神神経学への応用』（風間書房，2008年），「作動記憶理論による学習困難の分析」『早稲田大学大学院教育学研究科紀要』別冊8号（2000年），「作動記憶理論と項目反応理論に基づく痴呆患者の神経心理学的検査（TKW式検査）」『精神神経学雑誌』104巻8号（共著，2002年）。

篠ヶ谷圭太　しのがや　けいた　Keita Shinogaya(3-4章執筆)

日本大学経済学部教授。教育心理学。
「予習が授業理解に与える影響とそのプロセスの検討―学習観の個人差に注目して―」『教育心理学研究』56巻（2008年）,「高校英語における予習方略と授業内方略の関係―パス解析によるモデル構築―」『教育心理学研究』58巻（2010年）,「学習方略の展開と展望―学習フェイズの関連づけの視点から―」『教育心理学研究』60巻（2012年）。

松沼光泰　まつぬま　みつやす　Mitsuyasu Matsunuma(3-4章執筆)

成蹊大学文学部教授。教育心理学。
「英語の定期テスト高成績者が実力テストで成績が振るわないのはなぜか？」『心理学研究』80巻（2009年）,「受動態の学習における学習者の不十分な知識とその修正」『教育心理学研究』57巻（2009年）,「学習内容の体制化と図作成方略が現在完了形の学習に及ぼす効果」『教育心理学研究』55巻（2007年）。

■コラム・執筆者紹介(掲載順)

石黒広昭 いしぐろ　ひろあき　Hiroaki Ishiguro(コラム1執筆)

立教大学文学部教授。発達心理学，教育心理学。
『文化と実践―心の本質的社会性を問う』（共編著，新曜社，2010年），『保育心理学の基底』（編著，萌文書林，2008年），『子どもたちは教室で何を学ぶのか―教育実践論から学習実践論へ』（東京大学出版会，2016年）。

内藤俊史 ないとう　たかし　Takashi Naito(コラム2執筆)

お茶の水女子大学名誉教授。教育心理学，比較文化心理学。
『子ども・社会・文化―道徳的なこころの発達』（サイエンス社，1991年），"Gratitude in university students in Japan and Thailand". *Journal of Cross-Cultural Psychology*, 36（共著，2005年），「こどもの内在的正義の観念としつけ態度との関係―農村地域におけるケーススタディ」『社会心理学研究』3巻（1987年）。

榊原知美 さかきばら　ともみ　Tomomi Sakakibara(コラム3執筆)

東京学芸大学准教授。発達心理学。
『算数・理科を学ぶ子どもの発達心理学―文化・認知・学習』（編著，ミネルヴァ書房，2014年），「5歳児の数量理解に対する保育者の援助：幼稚園での自然観察にもとづく検討」『保育学研究』52巻（2014年），「子どもの数理解と文化」『心理学ワールド』88号（2020年）。

垣花真一郎 かきはな　しんいちろう　Shinichiro Kakihana(コラム4執筆)

明治学院大学心理学部准教授。発達心理学，言語心理学。
「濁音文字習得における類推の役割」『教育心理学研究』53巻（2005年），「幼児は拗音表記習得時に混成規則を利用しているか」『教育心理学研究』56巻（2008年），「幼児の仮名文字の読み誤りパターンに影響する文字要因，及びその習得過程における変化」『発達心理学研究』31巻（2020年）。

倉八順子 くらはち　じゅんこ　Junko Kurahachi(コラム5執筆)

和洋女子大学日本語教員養成課程非常勤講師，東京富士語学院副校長・教務主任。教育心理学，コミュニケーション心理学。
『「日本語教師」という仕事―多文化と対話する「ことば」を育む―』(明石書店，2021年)，『対話で育む多文化共生入門　第2刷』(明石書店，2020年)，『多文化共生にひらく対話―その心理学的プロセス―』(明石書店，2001年)。

川上清文 かわかみ　きよぶみ　Kiyobumi Kawakami(コラム6執筆)

聖心女子大学名誉教授。発達心理学。
『対人関係の発達心理学』(共編，新曜社，2019年)，『子どもたちは人が好き―幼児期の対人行動』(東京大学出版会，2018年)，『ヒトはなぜほほえむのか―進化と発達にさぐる微笑の起源』(共著，新曜社，2012年)。

柴原宜幸 しばはら　よしゆき　Yoshiyuki Shibahara(コラム7執筆)

開智国際大学教育学部教授。発達心理学，教育心理学。
「日記に表れた初妊婦の心理的変容（1）：妊娠中における胎児に関連した記述の分析」『郡山女子大学紀要』35号（1999年），「0―3ヶ月児をもつ母親のニーズの構造についての考察―地域保健センターにおける育児支援を念頭に据えて」『日本橋学館大学紀要』2号（共著，2003年），『新・乳幼児発達心理学―もっと子どもがわかる　好きになる』(共著，福村出版，2010年)。

鎌倉利光 かまくら　としみつ　Toshimitsu Kamakura(コラム8執筆)

愛知大学文学部心理学科教授。発達・教育・臨床心理学。
"Genetic and environmental effects of stability and change in self-esteem during adolescence", *Personality and individual differences*, 42 (2007年), "Genetic and environmental influences on self-esteem in a Japanese twin sample", *Twin Research*, 4, (2001年), 『こころを支える臨床心理学と発達教育〔改訂版〕』(北樹出版，2011年)。

佐々木掌子 ささき　しょうこ　Shoko Sasaki（コラム9執筆）

明治大学文学部心理社会学科准教授，慶應義塾大学非常勤講師。臨床心理学，性科学。
「中学校における「性の多様性」授業の教育効果」『教育心理学研究』66巻（2018年），「トランスジェンダーの心理学―多様な性同一性の発達メカニズムと形成」（晃洋書房，2017年），"Genetic and environmental influences on traits of gender identity disorder: A study of Japanese twins across developmental stages", *Archives of Sexual Behavior*, vol. 45（共著，2016年）。

今井むつみ いまい　むつみ　Mutsumi Imai（コラム10執筆）

慶應義塾大学環境情報学部教授。認知科学，言語心理学，発達心理学。
『ことばと思考』（岩波新書，2010年），『学びとは何か―〈探求人〉になるために―』（岩波新書，2016年），『英語独習法』（岩波新書，2020年）。

福永信義 ふくなが　のぶよし　Nobuyoshi Fukunaga（コラム11執筆）

元敦賀短期大学教授（2012年12月逝去）。教育心理学，応用言語学。
「助産院から見えたコミュニティメンタルヘルス」氏家靖浩（編）『コミュニティメンタルヘルス』（批評社，2003年），敦賀短期大学地域総合研究所（編）『社会科教育・歴史教育の未来像』（同成社，2005年），「英語のリスニングにおける学習者の言語形式への注意―事前の文法教授の効果―」『敦賀論叢』20号（1996年）。

小林　亮 こばやし　まこと　Makoto Kobayashi（コラム12執筆）

玉川大学教育学部教授。教育心理学，文化心理学，異文化間教育。
「留学生の社会的アイデンティティと対日イメージとの関連について―ドイツ人留学生と中国人留学生の比較」『異文化間教育』32号（2010年），『ユネスコスクール―地球市民教育の理念と実践』（明石書店，2014年），「ユネスコの地球市民教育（GCED）が目指す共生型のグローバル人材育成の試み」『国際理解教育』Vol. 25（2019年）。

敷島千鶴 しきしま　ちづる　Chizuru Shikishima（コラム13執筆）

帝京大学文学部心理学科教授。社会心理学，行動遺伝学。
"Culture moderates the genetic and environmental etiologies of parenting: A cultural behavior genetic approach," *Social Psychological and Personality Science*（共著，2012年）."A simple syllogism-solving test: Empirical findings and implications for *g* research," *Intelligence*, 39（共著，2011年），「共感性形成要因の検討―遺伝・環境交互作用モデルを用いて―」『社会心理学研究』26巻（共著，2011年）。

中野隆司 なかの　たかし　Takashi Nakano（コラム14執筆）

山梨学院短期大学保育科教授。教育心理学，発達心理学。
全国保育士養成協議会（編）『保育実習指導のミニマムスタンダード―現場と養成校が協働して保育士を育てる』（共著，北大路書房，2007年），「保育士養成システムのパラダイム転換Ⅱ―養成課程のシークエンスの検討―」『保育士養成資料集』46号（共著，全国保育士養成協議会，2007年），蓮見元子（編著）『教育相談―子どもの理解とカウンセリング―』（分担執筆，大学図書出版，2012年）。

大家まゆみ おおいえ　まゆみ　Mayumi Oie（コラム15執筆）

東京女子大学現代教養学部教授。教育心理学，青年心理学。
"Self-Regulated Learning and Creativity as Related to Age and Gender in the transition from Elementary to Junior High School". In A. G. Tan (Ed.), *Creativity, Talent and Excellence*（共著，Springer Verlag, 2013年），"The Intersection of Psychology and Leisure Studies After March 11, 2011 in Japan". *Creativity and Leisure: An Intercultural and Cross-disciplinary Journal*, 1(2)（2012年），Y. Tsubonou, A. G. Tan, and M. Oie, (Eds.), *Creativity in Music Education*（共編，Springer Verlag, 2019年）。

塘　利枝子 とも　りえこ　Rieko Tomo（コラム16執筆）

同志社女子大学現代社会学部現代こども学科教授。発達心理学，文化心理学。
『アジアの教科書に見る子ども』（編著，ナカニシヤ出版，2005年），『子どもの異文化受容―異文化共生を育むための態度形成―』（ナカニシヤ出版，1999年），"A Cultural Comparison of Conflict-Solution Styles Displayed in the Japanese, French, and German School Texts," *Psychology Research*, 2(12)（2012年）。

讚岐真佐子 さぬき　まさこ　**Masako Sanuki**(コラム17執筆)

慶應義塾大学学生相談室カウンセラー，臨床心理士。臨床心理学。
「現代思春期・青年期が抱える諸問題の特徴について」『学生相談室紀要』38号（2008年），「学生相談室から垣間見る昨今の男子学生像」『学生相談室紀要』40号（2010年），「学生相談の諸特性に関する一考察—開設初年度の事例をとおして—」『学生相談研究』18巻2号（1997年）〈学会研究奨励賞受賞〉。

前川浩子 まえかわ　ひろこ　**Hiroko Maekawa**(コラム18執筆)

金沢学院大学文学部教授。教育心理学，発達心理学，行動遺伝学。
"Risk factors for anorexia nervosa and bulimia nervosa in Japan and compared to a U.S. sample", *International Journal of Eating Disorders*, 54(共著，2021年)，「子どもにおけるやせ願望の背景」『子どもと発育発達』14号（2018年），「青年期女子の体重・体型へのこだわりに影響を及ぼす要因—親の養育行動と社会的要因からの検討—」『パーソナリティ研究』13巻（2005年）。

林　文瑛 りん　ぶんえい　**Lin Wen-Ying**(コラム19執筆)

中原大学理学院心理学研究中心教授（台湾）。教育心理学。
The moral judgment under different contextual considerations: comparison between Taiwan and Japan. Psychologia, 29(共著，1986年)，「教養觀背後的人性觀—以能力觀為例」『本土心理學研究』20号（2003年），From beliefs about human nature to parenting behavior: The mediation process model. *Journal of Education and Psychology*, 32(2009年)。

教育心理学
——教育の科学的解明をめざして

2013年5月15日　初版第1刷発行
2021年4月1日　初版第2刷発行

編　者————安藤寿康
　　　　　　鹿毛雅治
発行者————依田俊之
発行所————慶應義塾大学出版会株式会社
　　　　　　〒108-8346　東京都港区三田2-19-30
　　　　　　ＴＥＬ〔編集部〕03-3451-0931
　　　　　　　　　〔営業部〕03-3451-3584〈ご注文〉
　　　　　　　　　〔　〃　〕03-3451-6926
　　　　　　ＦＡＸ〔営業部〕03-3451-3122
　　　　　　振替 00190-8-155497
　　　　　　http://www.keio-up.co.jp/
デザイン————渡辺澪子
印刷・製本————株式会社加藤文明社
カバー印刷————株式会社太平印刷社

　　　　　　Ⓒ2013 Juko Ando & Masaharu Kage
　　　　　　Printed in Japan ISBN978-4-7664-2035-7